U0573816

播种真爱，花开未来

肖延红与北京市海淀区北部新区实验幼儿园

肖延红 ◎ 著 //

北京师范大学出版集团
BEIJING NORMAL UNIVERSITY PUBLISHING GROUP
北京师范大学出版社

图书在版编目（CIP）数据

播种真爱，花开未来：肖延红与北京市海淀区北部新区实验幼儿园／肖延红著.—北京：北京师范大学出版社，2023.3

（海淀教育名校名家丛书）

ISBN 978-7-303-28583-9

Ⅰ.①播…　Ⅱ.①肖…　Ⅲ.①幼儿园－教育管理－海淀区　Ⅳ.① G617

中国版本图书馆 CIP 数据核字（2022）第 258662 号

图书意见反馈：gaozhifk@bnupg.com　010-58805079

营销中心电话：010-58802755　58800035

北师大出版社教师教育分社微信公众号　京师教师教育

出版发行：北京师范大学出版社　www.bnupg.com
　　　　　北京市西城区新街口外大街 12-3 号
　　　　　邮政编码：100088
印　　刷：鸿博睿特（天津）印刷科技有限公司
经　　销：全国新华书店
开　　本：787mm×1092mm　1/16
印　　张：16.75
字　　数：280 千字
版　　次：2023 年 3 月第 1 版
印　　次：2023 年 3 月第 1 次印刷
定　　价：85.00 元

策划编辑：郭　翔　　　　　　　责任编辑：李锋娟
美术编辑：焦　丽　　　　　　　装帧设计：北京轻舟教育咨询有限公司
责任校对：陈　荟　姚安峰　　　责任印制：马　洁

海淀教育名校名家丛书

主　　编：赵　欣

编　　委：（按姓氏笔画排序）

于　文　于会祥　马万成　马志太　王　钢

毛向军　尹　超　冯　华　刘　畅　刘　燕

刘可钦　刘彭芝　许培军　孙　哲　李继英

杨　刚　肖延红　肖建国　沈　军　沈　杰

宋继东　陈　进　陈　姗　陈恒华　陈淑兰

范胜武　郑佳珍　郑瑞芳　单晓梅　赵璐玫

郭　涵　曹雪梅　窦桂梅　戴文胜

本 册 作 者：肖延红

成长中的教育家

顾明远 题

总　序

　　《国家中长期教育改革和发展规划纲要(2010—2020年)》中明确提出："鼓励教师和校长在实践中大胆探索，创新教育思想、教育模式和教育方法，形成教学特色和办学风格，造就一批教育家，倡导教育家办学。大力表彰和宣传模范教师的先进事迹。"

　　为贯彻落实党的教育方针，"办让人民满意的教育"，更好总结、积淀、提升海淀区名校名家办学的先进理念，海淀区委教工委、北京师范大学出版社以海淀区名校、名校长教育教学改革成果及教育管理理念为基础，精心建设海淀区"名校名家"精品文库，就是现在呈现于读者眼前的这套"海淀教育名校名家丛书"。

　　这些学校，有的是著名大学的附属学校，有的是从延安过来的有着光荣革命传统的学校。但学校不是有一个什么名分就能成为名校的，这些名校有着悠久的历史传统，在历任校长、师生的共同耕耘下，办出特色、办出成绩，创造了新鲜的经验，在全国乃至国际上享有良好声誉，这才成为现在的所谓名校。在创名校的过程中，校长无疑起着不可替代的作用。作为优秀校长，他们用先进理念和管理才能，带领全校教师，为一个共同愿景而努力。本套丛书正是聚焦这样一批名校长，近距离观察他们是如何在教育海洋中破浪前进的。

这些校长个性迥异、经历不同，办学思路也不尽相同，但相同的是在各自的学校创造了一段教育的传奇。他们是所在名校的灵魂，他们的言传身教，时时刻刻引领着教师和学生的发展。这些校长共有的特质是专业知识扎实，具有深厚的人文底蕴。他们具有灼热的教育情怀和教育激情；他们富有童心并热爱儿童；他们淡泊明志、宁静致远，以教书育人来体现他们的人生价值。

这套丛书并没有展现波澜壮阔的历史、恢宏博大的叙事，也没有解读深奥莫测的理论、长篇累牍的范例，而是讲述这些名校长在日常管理和教学方面的一件件小事，通过短篇故事形式，娓娓道来，让读者去品味和欣赏。

在这套丛书里，我还看到了海淀教育趋于成形的大器，海淀教育秉承红色传统、金色品牌、绿色发展，坚持党的教育方针，以优秀传统为基础，以现代教育观念为先导，引领时代风气之先，坚持鲜明的价值追求，增强改革创新的意识，提升可持续发展的能力，从而涌现出一批各具特色的教育品牌。

解读海淀教育，形成海淀教育大印象，让海淀基础教育名校名家载入中国教育发展的史册。

是为序。

/ 自序 /

把最好的献给你

我出生在一个军人家庭，父母给我起的名字是延红，好像在冥冥之中，我就与延安和红色有了血脉的联系。1984年，不满二十岁的我从北京幼师毕业，走进了六一幼儿院那扇厚重的大门，懵懂青涩的我那个时候还没有清晰地意识到，自己这一生都将与孩子们在一起，幼教将是我这一辈子的事业。

六一幼儿院的前身延安第二保育院，是在朱德总司令和康克清同志的关怀下于1945年创办的，"一切为了革命，一切为了孩子"，这是六一人从保育院成立那天起就坚守的革命信念。院史馆里陈列的一张张革命先辈们穿越敌人的封锁线、誓死护送孩子的老照片，行军路上一个个动人心魄、催人泪下的故事，"大人不在，孩子也要在"的铮铮誓言，显示出那是怎样一种坚不可摧的意志和深沉的爱啊！从此，"一切为了孩子"这句话在我的心中扎下了根。在老院长姚淑平、老班长陈卓英老师等老一辈六一人的言传身教和红色基因的陶染中，我更懂得了如何践行这一理念，小到要蹲下和孩子说话，大到如何规划设计孩子的一日生活流程。"一切为了孩子"不是一句空洞的口号，而是体现在如何设计每一次活动、如何关注幼儿园工作的每一个细节，如何让孩子们每一天都安全、快乐、健康地成长！

在六一幼儿院的二十六年里，我度过了整个青春年华，成长为北京市劳模，并担任六一幼儿院的副院长。人生就像一段旅程，当你越过一座山丘，就会看到下一座山丘。2010年5月，我接到组织任命，到海淀区北部创办第一所公立幼儿园，担任园长，并且必须在年底开园。

十年前，在中国的教育高地北京市海淀区，北部新区却是海淀区的学前教育洼地。这里没有一所区教委开办的幼儿园，"入园难""入园贵"是压在居民心坎上的"石头"。一切从零开始，要在短短半年的时间里创办一所新园看起来是一项几乎不可能完成的任务。而当时的我，单枪匹马，只有一座要作为未来校园的废弃已久的中学旧址。也许是军人家庭和六一幼儿院所赋予我的精神气质吧，我觉得既然上级给了我这个任务，我就必须尽全力去完成。有问题就一个一个解决，办法总比困难多。尤其是当我们在社区走访调研时，社区老百姓那期盼的眼神、那激动的话语，更激发了我心中熊熊的斗志——要在北部新区建一所像六一幼儿院那样的好园，让北部新区的孩子们享受到优质的学前教育！

校园建设百废待兴，时间又非常紧迫，我和后来组建的筹委会的几位老师一起，并肩作战，争分夺秒，所有的工作都坚持高标准和高起点，从校园建筑的每一处细节设计到园所文化理念的凝练、从园所制定的每一条规章制度到每一个标准的工作流程，无一不是按照一所理想的优质园来规划和设计的。我们的初心就是把我们所能做到的最好的奉献给北部新区的孩子们！

当我们排除万难、坚持这样做的时候，幸运之门向我们打开：幼儿园获得了新建的园址，上至教委领导和各科室，下至社区街道和群众，都给予了我们很大的支持和鼓励。幼儿园不仅在当年 10 月提前开园，而且在 2011 年年初，作为新建园承办了北京市教委举办的解决"入园难"问题现场会；2013 年，被评为北京市一级一类幼儿园；2015 年，又被评为北京市示范园。在五年内，建三所园并被评为市级示范园，这样的发展速度在北京市幼教历史上是从未有过的。随后，我们又创建了天阅园，形成了一园四址的格局，创造了北部新区教育的"奇迹"，在优质教育资源聚集的北部新区成为学前教育的标杆。

回顾这一路走来，我们提出了"文化立园、特色兴园、人才强园"的管理思路，凝练了"笑对笑开花，手拉手成林"的葵花森林文化理念，形成了"科技引领、绿色环保"的办园特色，打造了一支"懂得尊重、善于接纳"的人才队伍，在这个过程中，我也把那份红色基因传承到了这里，坚持党的教育方针政策和育人目标，以党建铸师魂，引领团队发展方向，倡导有信仰、讲奉献的工作作风……但我想所有这一切，皆源于那份初心——"把最好的献给你"。

学前阶段，对于孩子们来说，是人生最无忧无虑、美好快乐的时期，同时也是智力和情感发展的关键时期。心理学家阿德勒说过，"幸运的人一生都被童年治愈，不幸的人一生都在治愈童年。"作为幼教工作者，我们深感责任重大。帮助孩子们系好人生的第一粒扣子是我们的职责和使命！正如我们所提出的园所的教育愿景——"三年叶花果，一生木林森"，我们希望在这三年里，孩子们经历长叶、开花、结果的体验，在老师们的爱护和培养下，茁壮成长，而这三年又能为他们的一生奠定良好的基础；希望从北新走出的孩子们一代胜过一代，由木变林最终成森，做对自身、对集体、对国家有用的人。

在幼教这方土地上耕耘几十载，我初心未改。对于自己而言，"最好的"是一个提神器，时刻提醒自己，坚持再久一点，耐心再多一点，要求再高一点；对于孩子来说，"最好的"便是一把量尺，教育孩子要时刻把握一个度，有关爱，但不溺爱，要放手，但不放任。日复一日，年复一年，在不断地积累和探索中，我把自己最好的献给了我最热爱的幼教事业，当然也收获了无数个宝贵的"美好记忆"，感谢"海淀教育名校名家丛书"给了我机会，我将这些经历整理成册，记录在此书当中，是一次温暖的回忆，也将成为一份沉甸甸的纪念。相信读完此书，您便会更加理解并认同"把最好的献给你"这句话的含义。

"把最好的献给你"是我们心中对自己所从事的幼教事业的美好期许，也是督促自身不断与时俱进的动力，更是需要事事努力做好来兑现的一句承诺。它如同一束光，始终引领和照耀着我们前行的道路。一切过往，皆为序章。带着时代使命，我们将继续前行！

2021 年 5 月

目　录 | 播种真爱，花开未来
肖延红与北京市海淀区北部新区实验幼儿园

第一章

初心·为你而来，肩挑使命

　　我是幸运的，一毕业便能走进六一幼儿院——这个被称为"马背摇篮"的光荣集体。在老一辈革命教育家的言传身教和红色基因的陶染中，我从一名懵懂青涩的幼师毕业生成长为一名优秀的骨干教师，并担任六一幼儿院的副院长。在六一幼儿院的二十六年，艰辛不易，却也充实幸福。

　　一路走来，陈卓英老班长的言传身教、身体力行，启发了我对"保教合一"理念的深入理解；姚淑平老院长淡泊明志、无私奉献的革命精神和教育情怀，提醒着我在幼教路上不忘初心、牢记使命；史慧中老教授的衣钵相传、智慧引领让我明白专业研究是教育的木之根、水之源；六一幼儿院这个集体的朴实、善良更让我真切地体会到组织文化、集体人格的重要意义……

　　记忆里珍藏的那些人、那些事，就像引领自己不断前行的一束束光，闪闪发亮！

/ 一 / "马背摇篮"走来的种子园长

初识六一

1984 年 7 月，正值盛夏，刚从北京市幼儿师范学校毕业的我被通知到六一幼儿院（简称"六一"）报到。我对"六一幼儿院"这个名字并不陌生，在学校读书的时候就常常听老师们提起，它是战争年代的"马背摇篮"，也是历史名园。一想到要去那里工作，我的内心充满了期待。

当我真正走进六一的那一刻，眼前的景象和我想象的幼儿园还是不大一样，红门高墙，很大的院子，看不到头，从前望去是一排很深的"工"字形的二层楼房，宽大整齐。一棵棵巨大的古树立在院子里，映出斑驳的光影，到处都显示出古朴厚重的感觉，于是我便多了一份敬意和好奇。

正在这时，三位老教师迎面走来，一番沟通过后，我才了解到眼前的三位长辈是保教主任孙长莲老师、资料室王桂玲老师和李文玉老师。至今还记得孙老师看到我们时说的第一句话："你们看，多么年轻的小姑娘啊，年轻的一代是我们六一的希望啊！"三位老师的热情和轻松的谈话氛围让我紧张的心情慢慢放松下来。

由于时值暑假，院里没有孩子，便显得格外安静，三位老师带我们参观了园所，从大门口到办公楼，再往院子里面走还有很深的路。在参观过程中，孙老师如数家珍地介绍六一的情况：什么时间迁到的北京，怎么选的这个地址，这里占地 120 亩，有一部楼、二部楼、三部楼，院子里有 100 多种树木，这棵是法桐，这棵是泡桐，那棵是丁香，还有柿子树，等等。老师们甚至说起了每棵树的年龄和花期，在三位老师的讲解中我深深地意识到每一处环境都有教育意义。走进教学楼，三位老师还详细介绍了现阶段的班级构成及人员情况，她们在介绍六一幼儿院时脸上洋溢着说不出的幸福与骄傲，就像是在介绍自己最亲近的家人一样。听着听着，我仿佛真的听到了孩子们的欢声笑语，看到了老师们在园里忙碌的身影。那一刻，让我更加憧憬未来与他们一起工作的日子……

参观中给我印象最深的是院子里的游泳池，据说是苏联时期的教育专家支援建造的，为的是给孩子们营造开放健康的成长环境，让孩子们感受日光浴带来的快乐。

孩子们可以在水池里自由嬉戏，累了可以躺在旁边的人造沙滩上沐浴阳光。虽然这一设施已经停用了，但是由于它体现了当时先进的教育理念和友好的国际关系，所以被保留了下来。院子里到处都是郁郁葱葱的花草树木，种类丰富多样，我想孩子们在这样美丽的环境里生活该有多幸福呀！

参观结束后，孙老师送给我们每人一本书——《马背摇篮》。她认真地把书递给我，并语重心长地对我说："回去好好看看这本书，这都是咱们的历史，可以让你更好地了解六一，对你以后的工作会有帮助的。"

我小心翼翼地接过书，沉甸甸又充满希望。我想我的幼教生涯将在这里起步，我要向前辈好好学习，将来也要为六一做出贡献。

老班长的言传身教

在《马背摇篮》的陪伴下，我的学生时代的最后一个暑假结束了。再次走进六一，我便成了一名真正的幼儿教师，被分到小三班，跟随老班长陈卓英老师学习。陈老师是福建人，由于带点口音，说话很有特点，平日里对待幼儿严格中带着朴素的爱，总能无微不至地照顾到班里的每一个孩子。

为了让我能够更快地了解幼儿的一日生活流程，更好地掌握保教工作的要点，陈老师一遍又一遍地操作演示，一次又一次地叮咛嘱咐，不厌其烦地给我讲解，那一幕幕仿佛就在昨天：

"小肖啊，咱们是寄宿制，孩子们需要在园里过夜，所以要值夜班，夜班很重要，可马虎不得。要常巡视，我们还会提前和家长沟通孩子的'叫尿'次数，有的一次，有的两次，这个将来都要记清楚。

"孩子早上起床呀，穿衣服也有固定顺序，一定要叮嘱孩子先套上上衣，然后穿袜子，再穿裤子，最后套上外套。提醒孩子收起拖鞋，放进小柜子，关好柜门……"

听到这里，我有些好奇，陈老师为什么要强调穿衣服的顺序呢？孩子们穿衣服一定要按照这个顺序吗？穿戴好不就可以了吗？我思来想去，还是忍不住向陈老师提出了自己的疑问。听到我的问题，陈老师欣慰地笑了笑，回应道："穿衣服也有学问在，按顺序穿衣服看似死板，却包含着保教合一的科学道理。起床后先引导孩子们打开衣柜，套上上衣，这样身体就不会感到冷，孩子们就不容易着凉感冒。又因为寒从脚起，所以需要拿出袜子穿上，寒气就上不来，之后再套外裤，这样的顺序，也避免了后穿袜子时容易被裤腿儿绊住的麻烦。最后一定要记得引导孩子们把小拖鞋收进小柜子，关好柜门。这一套流程不仅保护了孩子们的健康，还让孩子们学会了照顾自己，规范自己的行为。在这样井然有序的操作中，孩子们不仅提高了生活自理能力，更是培养了条理性和逻辑性。长期坚持，孩子们不仅可以有个好身体，还可以养成一种好品质，对不对？"

听完这番讲解，我深刻意识到幼教工作不是简简单单地看好孩子，而是有科学规律的，幼教工作者需要在一日生活中，多总结，多思考，精心巧妙地设计活动，让孩子们在每个环节都有所收获，有所成长。从那以后，我对保教合一的理念有了更深的理解。

第一次值夜班也是我人生中最难忘的经历之一。记得那一天，陈老师将一个本子交到我手上，并嘱咐我要记得巡视，本子上面清楚地记录着23个孩子的"叫尿"次数和时间。陈老师走后，怕黑的我一直不敢关灯。不记得过了多大一会儿，我听见走廊里有脚步声，赶紧起身，看见陈老师又回来了，"小肖呀，为了孩子们的睡眠质量，你要关上教室的灯。你如果怕黑，可以打开走廊的灯，这样会有光照进来，就不会害怕了"。陈老师一边说一边把卧室的灯关上，顺手又帮我把走廊的灯打开。

陈老师走到熟睡的孩子中巡视一周，摸摸孩子的额头，弯腰听听孩子的呼吸，顺手为孩子们盖盖被子，又帮趴着睡的孩子翻过身来，一串动作连贯且流畅。她走到班级门口又转过身来，向我叮嘱道："小肖啊，看孩子睡眠时不仅要看他们是否睡着了，还要看孩子的睡眠状态，呼吸是否均匀。如果有呼吸异常情况说明孩子可能是生病了，或者有异物堵塞了呼吸道，需要及时唤醒孩子进行处理；还需要观察孩子的睡眠姿势，有的孩子趴着睡觉，可能是胃肠不舒服，而且有堵住口鼻的危险，要帮孩子及时调整睡姿；有的孩子喜欢蒙头睡觉，一定要帮他把被子拉下来，因为蒙头睡觉不仅被子里空气不流通，还容易堵住呼吸道；有的孩子喜欢蹬被子，要及时给他们盖好防止着凉感冒……"

听完这些，本就怕黑的我内心不免有些紧张，那些注意事项在脑海中过了一遍又一遍，时不时地起来去看看孩子们，按着陈老师的嘱咐做好每一项，并按时叫尿，生怕忽略了哪个孩子。难忘的第一次夜班结束了，好在一切安好。第二天，我也学着陈老师准备了一个小本子，抽空记录下每个孩子的情况。为了能够更好地照顾到每个孩子，我开始制作小卡片，将关键信息如叫尿次数与时间一并记录在23张小卡片上，贴在孩子的小床头，提醒自己不要忘记。

与陈老师之间有多少个值得回味的瞬间，我无法一一道来。在走上工作岗位的第一年，能遇到陈卓英老师，并被她的一言一行深深地感染和影响，我是幸运和幸福的。陈老师可以说是老一辈六一的传承人，从她身上我体会到了什么是"保教合一"，什么是"爱和奉献"。她绝不仅仅是我的老班长，更是我幼教生涯的引路人。

老院长的柳条筐

在陈老师言传身教的影响下，我养成了仔细观察、不断记录、善于总结和思考的好习惯，很快便掌握了各项工作要领，在年轻教师中脱颖而出，也因此受到老院长姚淑平的赏识，有机会和她一起编纂六一经典《幼儿一日生活常规》。

姚淑平院长是六一幼儿院的第三任院长，二十八岁时丈夫就在战争中英勇牺牲，之后她未再嫁，独自抚养三个孩子长大。在20世纪60年代的特殊时期受到过冤屈，但是她从不抱怨生活的苦难和不公，而是怀揣着对幼教工作的热爱，一生致力于学前教育事业的发展，把自己的全部都奉献给了六一幼儿院和这里的孩子们。

姚院长几乎每天都会到班级里转一转，看看可爱的孩子们，了解一下老师们的工作情况。每次与孩子沟通，她都是蹲下来与幼儿对话。虽然受年纪影响，身体不太好，但在姚院长心中，孩子们是第一位的，她对待孩子从不敷衍，从不马虎。蹲下来，平视孩子的眼睛，与孩子面对面，微笑着，语音轻柔，又或者是拉一拉孩子的小手，抚摸一下孩子的头。每一个动作都能让人感受到姚院长对孩子们的喜欢和关爱，让人莫名地感动！姚院长蹲下来与孩子们对话的动作至今都深深地影响着我，让我在几十年的幼教生涯中，只要跟孩子们说话，就一定要蹲下来，让孩子们感受到平等和尊重。

姚院长的柳条筐也让我印象深刻。20 世纪 80 年代，每周只有一天休息日，可是每到周日，我都不能休息，因为离休的姚院长总会拎着她的那个柳条筐来到园里，和几位老教师一起，整理、总结、编写《幼儿一日生活常规》。

姚院长对我说："小肖，你最年轻，手脚麻利，也善于总结和思考，你就负责记录和整理文字吧，我和其他老师一起总结和讨论咱们培养孩子一日生活常规的方法，你把我们的讨论内容进行整合，并逐条记录下来。"刚开始，年轻的我还有点不理解，心想："老院长都退休了，为什么还这样忘我地工作？每周都带着生病的身体来加班，图什么呢？"但很快，我就被吸引住了。在接下来的日子里，姚院长和几位老教师开始罗列一日生活常规的理念和具体做法，并对其进行系统的梳理、总结和反思，这是六一的传统特色，更是几位老前辈的经验和心血。作为参与这项工作的一员，我有幸接触到六一幼儿院经过几十年实践得来的宝贵财富。在那段日子里，我也忘记了疲惫，沉浸其中，如饥似渴地学习，每个周末都盼着拎着柳条筐的老院长的到来。

在六一幼儿院那个小小的办公室里，姚院长和老教师们仔细地回忆着工作中曾经实践过的保教方法和流程，讨论哪些是规范和科学的，哪些需要调整和完善，哪些还需要创新和实践……从幼儿生活、消毒要求到生活技能培养，从活动形式、活动内容到引导方法，她们把幼儿的一日生活按照从早到晚的顺序分解成 26 个生活环节，反复推敲每一个细节，将每个环节的分工精确到岗，按照幼儿需要，一一列出班长、教师、保育员

的职责，形成一套幼儿一日生活常规指导策略和方法。

经过一个又一个加班的周末，姚院长柳条筐里的材料越来越多。不知不觉两年多过去了，一本汇集六一幼儿院数代幼教人宝贵经验和智慧的《幼儿一日生活常规》终于呈现在了案头，这是姚院长和老前辈们代表六一幼儿院献给幼教界的一份珍贵礼物。

在整理《幼儿一日生活常规》的过程中，姚院长和老教师们的身体力行、言传身教，让我感受到了老一辈教育者的无私奉献精神和博大教育情怀，认识到了六一幼儿院"马背摇篮"的红色基因和光荣传统的意义所在。那段时间的学习和工作，让我终生难忘。

幼教泰斗助成长

来到六一工作的第二年，在和姚院长编写《幼儿一日生活常规》的同时，我有幸得到了幼教泰斗史慧中老师的指导。

史慧中老师当时是中央教科所的所长，也是留美回国的幼教专家，在学前教育领域有很高的造诣和威望。1985年，她来到六一幼儿院进行"幼儿语法教学"的课题研究实验，我有幸成为实验班的老师，在史老师的带领下，探索"幼儿语法教学"在中班的教学实践。

初见史老师，我便被她由内而外的优雅气质所吸引。一头淡黄色的卷发，白皙的皮肤，神采奕奕，说话总是特别温柔和蔼，让人倍感亲切。

史老师做课题研究并不是单纯地询问案例和进行理论指导，她会走进班级和我们一起进行实践，她带来的教学方法为我们的语言教学注入了新鲜血液，让语言学习变得更加丰富有趣。在教学实践中，她会巧妙地利用上自己编排的儿歌、相声、诗歌、散文、童话故事，等等，有趣的故事情节、欢快的韵律、朗朗上口的歌词都是孩子们的最爱，全程吸引着孩子们的注意力。而那时的我也深深地被史老师的课程感染着，每周四都盼望着史老师早点来园。

秋天来到了，史老师为了让孩子们理解秋天落叶的美景，就自编儿歌。至今我还记得她编的那首儿歌："一片树叶飘呀飘，我们捉呀捉呀捉不到，飘来飘去多奇妙，好像随风在舞蹈……"孩子们在欣赏中，了解了树叶的特点，孩子们开心地朗诵着，学习着，潜移默化地理解着语言的韵律，感知着大自然的美好，而且还学会了创编相似的语句，这让我十分惊讶，工作以来第一次感受到了语言教学的魅力和乐趣所在。史老师的文学功底深

厚，自编自创，乐在其中，这一点也引发了我的深思：在幼儿教学过程中，优美的语言、有趣的情节、欢快的韵律是值得我们好好探索和应用的法宝。

史老师每次的教学内容都很精彩。记得有一次为了让孩子们掌握一些好的词句，史老师把这些词句编成了相声，课上，我们俩把这段相声表演出来，台下的"小观众们"听得入了神，欢声笑语不断。这种教学方式很新颖，教学内容有趣生动，孩子们在欢乐的氛围中掌握了语言目标，并且能够活学活用，和身边的小伙伴创编了自己的相声。

每次活动后，史老师都会根据孩子们对教学内容的理解和表现与我进行研讨：这个字是不是比另一个字更能表达语言意境？这个词是不是更符合孩子的年龄认知特点？这种教学方式是不是比另一种方式更容易吸引孩子的注意力，让孩子快速掌握教学目标，达到更好的教学效果？……史老师和我一起字斟句酌，反复研磨，不断尝试，只为找到最合适、最科学的教学内容和方法。在这种琢磨推敲中，一天的时间总是显得异常短暂。

那时候的交通还不够发达，史老师每次来，都是坐公交车到北宫门，再从北宫门步行到六一幼儿院，这一段路大概需要15分钟的时间，课程结束后，再步行回到北宫门坐公交车回家。每次目送史老师远去的背影，想到史老师这么大年纪还在为幼教事业一丝不苟地研究和奉献，我都会深深地感动并由衷地敬佩。

两年的时光很快过去了，在反复尝试和不断研磨中，科研课题也结出了累累硕果，我们共同编撰了一套完整的小、中、大班语言发展策略研究的具体内容和方法。

并在 1987 年的夏天由我代表六一幼儿院参加了在黄山召开的"全国幼教研讨会"，在会上做了"对幼儿进行语法教学"的专题发言，我的发言得到了与会专家的一致好评。

当然，我收获的不仅仅是这一个课题的成果，更重要的是学到了老一辈教育家对待教学研究一丝不苟的态度和科学严谨的教研方法，更认识到教科研对于学前教育的重要价值。这些宝贵的经验对我日后的成长起到了积极的影响作用。

来之不易的一等奖

得益于史慧中老师两年的指导和影响，我在教学方面有了突飞猛进的提高；也得益于六一幼儿院的全国影响力，越来越多的幼教同行来到我的班级进行观摩，我的一系列教学活动也得到了幼教同行和领导的认可。

1988 年，北京市组织开展"北京市半日评优"活动，在领导和同事们的鼓励下，我报名参加了比赛，比赛需要通过三级评选，第一级在六一幼儿院进行评选，择优推荐到海淀区进行评选，再择优推荐到北京市参赛。经过前两级的评选，我的科学活动"认识青蛙"被推荐到了北京市参赛。

随着比赛的临近，我的压力越来越大，在院内和区级评选过程中，我选用的教学材料是青蛙图片和自制道具，虽然得到了领导和专家的认可，但我心里一直觉得不够完美。我想：兴趣是最好的老师，参与体验能激发孩子们的深度学习，要满足孩子们的兴趣需要，观察真实的青蛙一定比观察图片更能激发孩子们的兴趣。于是我决定亲自去为孩子们捕捉活青蛙。

可是对于胆小的我来说，抓青蛙是一件想想都会紧张的事，更不知道去哪里抓

青蛙，怎么抓。无奈之下我不得不去找哥哥，从小就调皮的哥哥一听说要抓青蛙，兴奋得像个孩子，这是哥哥童年时最擅长的事情，他像个专家似的说了一大堆经验技巧："河里的水是流动的，里面很少有青蛙；池塘不能去，水太深太危险；稻田是最好的地方，青蛙的食物多，青蛙就多，而且水浅好抓。我们带上竹篓和手电，晚上去抓，用手电一照青蛙的眼睛，它就不动了，然后抓住放到竹篓里就行了……"，听哥哥说完，我貌似掌握了抓青蛙的要领，虽然还没看到青蛙，但至少看到了希望，也期待着活蹦乱跳的青蛙来到我们班。

说起来容易做起来难，到了晚上，我和哥哥一起来到稻田，确实听到蛙声一片，但是找了半天也看不到青蛙，明明听到叫声却看不到在哪儿。夏天的夜里，虽然气温较高，但穿着凉鞋踩在稻田里，还是感觉透心凉，而且深一脚浅一脚的淤泥，总让人感觉鞋子要掉，总让人担心脚会陷进泥里拔不出来。幸好有哥哥在，我才能忍着害怕强装镇定，一直跟着他。他真的很有经验，经过一阵子的摸索还真的找到了青蛙，他抓了一只给我，我开心极了，想都没想就接了过来。可是当我用手攥住青蛙的一瞬间，那软软的、滑滑的感觉，让我浑身都起了鸡皮疙瘩，伴随着一声尖叫，我手不受控制地把青蛙扔了出去。

哥哥被我吓了一跳，紧接着就是哈哈大笑："你都多大了，至于吗，你这样怎么教小朋友啊，你得给他们起到示范作用。"在他的鼓励下，我慢慢适应了拿青蛙的感觉，然后鼓起勇气自己去抓。

当一只欢蹦乱跳的小青蛙来到孩子们面前时，孩子们高兴地观察着、争论着、思考着。我的"认识青蛙"教学活动最终获得了"北京市半日评优"活动一等奖，得到了评委专家的一致好评。至今我还清楚地记得当时北京市教委学前处处长吴晓燕对我的评价："管而不死、活而不乱"。

小王磊的糖豆

在六一工作了二十六年，有很多事令我难忘。我和孩子们建立了深厚的感情，还记得带班的时候，当班里有孩子发热住院时，一下班我便急急地赶去看望他们，给他们带去好吃的；脏衣服来不及送洗衣班时，就自己动手给他们洗；天气变化时，自己忘了加衣服，却记得一进班便替孩子们找衣服，当家长赶来送衣服时，孩子们

早已穿得暖暖和和了。为了丰富幼儿的生活，我经常带他们到户外认识各种动植物，和他们一起开垦园地，种植蔬菜，领他们去参观养鸭场，回来后让他们用自己的小巧手布置我们的活动室。这使幼儿开阔了眼界，增长了知识。

孩子的感情是最纯真、最善良的，只要你对他付出一片真情，他会用加倍的爱回报你。记得有一次我们班王磊小朋友的父母因临时有急事，不能来园接他，于是，我把他接回自己家，怕他想爸爸妈妈，就给他找出许多书和玩具，做了他最爱吃的饭菜，又带他到公园里散步。到了晚上，我帮他洗漱之后，他却说什么也不睡觉，非向我要纸和笔，我以为他要画画，就给了他。过了一会儿，我一看，只见王磊在纸上画了许多弯弯曲曲的线，我不明白就问他："画的是什么？"王磊抬起头说："这是到您家的路啊！"我问他："为什么画这个？"他认真地说："等我长大了，好来看您呀，我现在不画出来，以后就该忘了。"说完，他仔细地把纸叠好，小心地放在兜里。

多细心的孩子啊！我感动得半天说不出话来。谁说孩子小不懂事，谁说孩子小不懂感情，听了孩子这发自内心的话语，谁会不动情呢！

1989 年，由于工作需要，院里派我和赵文萍老师、张英老师到塔院幼儿园支援工作。要离开和我朝夕相处两年多的孩子们，心里真舍不得，当我和孩子们告别的时候，许多孩子都掉下了眼泪，我也十分难过。

来到新的岗位，一切从头开始，面对陌生的环境，我想：我代表的是六一幼儿院的所有教师，我要把六一的好传统、好作风带给兄弟园所，不辜负大家对我的信任。但对于日托园的各种生活习惯我们都不熟悉。为了做好工作，我们三个人加班加点，打扫卫生，布置活动室，制定日托园常规，走访家长，了解情况，用业余时间制作玩教具，创设幼儿识字卡，还总结了日托园的常规文字材料。新年联欢会时，为了让每个孩子都能登台表演，我们不怕辛苦，赶排节目，超额完成了任务。家长们都非常满意，他们

说："孩子在这里，不仅养成了好习惯，还学到了很多知识。"半年时间一晃就过，虽然时间短暂，但我们已把六一的好作风传给了同行，同时，我们也从同行身上学到了许多宝贵的经验，和他们建立了深厚的感情，我们在同一岗位上，共同努力着。

我们多像基石，默默地把大厦托起；我们多像萤火虫，身躯虽小，却把光献给了人间。我们不论走到哪里，都不会忘记与孩子们在一起的甜蜜；我们不论怎样生疏，一提幼儿教师便缩短了彼此的距离。

在我们将要返回六一的那天，传达室的人告诉我有人找，我奇怪地走出去，看见王磊把头夹在铁栏杆那，正眼巴巴地望着，看到我，他立刻喊了起来："肖老师，肖老师！"然后连蹦带跳地跑了过来，扑到我怀里。我高兴极了，一下抱住了他。他抬起头，从兜里掏出两个小朱古力豆，认真地说："我让妈妈带我来看您，这个是我给您的，这个是咱班小朋友给您的！"呵，孩子，看到你的小手在阳光下捧着这小小的糖豆豆，我满足得无话可说，我别无所求！我从没想过回报是什么！因为有了你们，我耳边只多了家长的担心和嘱托；有了你们，我只觉肩上责任重大，我在尽心尽力地工作，努力做一名合格的教师。可今天，我的心里像打开了一扇明亮的窗户，我的爱心有了回报，那也是一颗关心他人的爱心，那是孩子们纯真而挚热的爱心，那是希望在萌芽、在发展，那是我们教师辛勤耕耘的结果，那是为社会、为人类所种下的爱的种子，教师的快乐就在这小小的糖豆中，就在这幼小的心灵里！

尽管现在已经做了幼儿园的管理者，但我永远不会忘记和孩子们在一起的快乐，正是他们那纯洁的童心，净化了我的心灵，激励我在幼教事业中不断进取，努力攀登！

管理就像弹钢琴

经过老班长和同事们的无私帮助，再加上自身的努力钻研，我的思想和价值观越来越成熟，专业能力和水平也在不断提高，我先后获得"五四青年奖章""科技十佳青年"等奖项。在领导的鼓励和支持下，从1995年开始，我逐步走上了管理岗位。

我一开始担任的是大班年级组长，六一的大班组相当于一个普通幼儿园全园的规模，八个班二百余名幼儿，孩子多，活动多，对老师们的要求高，管理者任务重。对于刚刚三十出头的我来说，担任大班年级组长压力还是很大的。

为了把工作落实在促进幼儿发展上，在抓好一日生活常规的同时，我把每年的重大活动和经典活动固化成系列活动内容，比如每年九月进行常规观摩，老师们互相学习，以此固化经典的常规培养，引领新教师的专业成长；十月进行秋季运动会；十一月开展冬季锻炼；十二月进行为期四周的庆新年系列活动，包括音乐会、传统文化进校园、家长开放活动、庆新年表演会，让孩子们开阔视野、得到锻炼，让家长了解幼儿园，促进家园共育；另外，每个月举行一次打破班级界限的游戏大会，让孩子们自由选择游戏，以增强孩子们的自主选择能力和游戏水平；每周三我们还进行阳光体育活动，也是打破班级界限，让孩子们自由选择活动场地和游戏内容，在快乐运动中，增强孩子们的体质，促进孩子们的健康成长。

但丰富多彩的活动，确实给老师们增加了很多工作量，于是问题也开始出现。

一天，大一班的李老师急匆匆地跑过来找我："肖老师，我们班有个孩子磕破了胳膊，您快去看看吧！"没过几天，又有老师来找我处理孩子的磕碰问题，各班的孩子接二连三地发生磕碰，这让我十分着急，孩子的人身安全是幼儿园工作的重中之重，现在频繁发生孩子磕碰问题，肯定是哪里出了问题。

一筹莫展的我只好向领导汇报，在讨论会上，院长魏淑文的一席话让我茅塞顿开。魏院长是六一的第五任院长，温文尔雅的她看上去很柔弱，可骨子里有一股以柔克刚的倔强。她并不是幼教专业出身，来到六一担任院长之后便开始自学学前教育专业知识并考入北师大教育系，一边工作一边学习，需要什么就学什么，学什么就能专什么，她的学习能力和研究精神是最令我佩服的，她也是我在管理方面的导师和引路人。多年以后，魏院长写了一篇关于我的成长经历的文章《心有大爱》，发表在《中华英才》杂志上，那是我们多年情谊的见证。

在那次问题讨论会上，魏院长并没有批评我们，而是说："管理就像弹钢琴，如果没有高潮就没有效果，如果只有高潮就太过紧绷，会出现问题，所以要抑扬顿挫、张弛有度，而且左右手要互相配合，才能弹奏出优美动听的乐曲。管理工作也是一样，要把握好节奏，快慢结合、松紧有度，和老师们做好配合，多听取他们的意见和建议，出了问题不要害怕，不要逃避，哪里有问题就针对哪里进行修正，问题自然会越来越少。"简单的一席话，让我在迷雾中找到了方向，豁然开朗。"管理就像弹钢琴"，是呀，管理的思想先让老师们理解，好的想法有序落实，才能达到好的效果。活动过于密集，幼儿容易浮躁，再加之教师在配合时没有细致研磨，这都是问题发生的原因。于是我们及时调整了活动方案和频率，既保证了安全，又促进了活动的开展。

在领导的培养和帮助下，我有了更大的进步，管理工作也越来越得心应手，不久被提拔到保教主任的工作岗位上，负责全院的保育教育工作，并于 2000 年被任命为六一幼儿院副院长。随着多年工作经验的积累，我的教育思想越来越成熟，管理理念也在不断完善，在老师们的积极配合和支持下，幼儿园的保教工作取得了很大成绩，我个人也被评为北京市劳模。

/ 二 / 四合院里的艰辛与梦想

接过建园使命

2010 年 5 月 10 日，海淀区教委正式任命我为北部新区实验幼儿园的园长。因为新建幼儿园已经列入海淀区"为民办实事"工程，这是政府对老百姓的承诺，所以接受任命的时候，领导还对我提出了一个具体要求——尽快投入工作，年底必须开园。

最开始的时候，人力、财力不足，也没有前人的经验可供参考，一切从头开始，各方面工作都要靠我自己去想去做。可是从哪儿做起呢？凭自己二十六年的工作经验和从各方面查询了解到的信息，我拟了一个时间表和十件大事。

一个时间表就是年底必须开园的计划表。十件大事就是我思考的开园前必须完成的十件大事：第一，找设计单位做幼儿园的整体设计；第二，找工程单位，了解如何做改造幼儿园的建设；第三，找优秀的人才，组建团队，招聘教职工；第四，办理各种资质手续；第五，思考幼儿园的办园理念，确定办园的宗旨；第六，设计园标，做品牌化幼儿园的一体化思考；第七，做生源的调查；第八，做硬件设施的准备；第九，出台幼儿园的各项管理规章制度；第十，与幼儿园周边社区、单位沟通，寻求各种支持和帮助。

看起来只有寥寥十件事，但每一件都是大事，不是一句话就能完成的。我爱人看了我的计划之后说出了他最真实的感受："筹建幼儿园，就凭你一个人做这些事，要想在年底开园，估计够呛！"其实我也深知此项任务的艰巨，但是我别无选择，只能迎难而上，一天当作两天用，加快脚步，提高效率，争取按时完成开园任务。

毕竟一个人的智慧、能力和精力都是有限的，我需要更多有能力且热爱这份工作的人和我一起去解决这些问题，但我那时已经离开了六一幼儿院，原来的同事处理自己的工作就已经非常忙碌了，找他们帮忙肯定不现实。正巧这时有人向我推荐了成利新老师和崔德清老师，成利新是北京师范大学学前教育专业毕业的研究生，毕业之后在幼教机构做过幼儿阅读专业指导，理论基础扎实，那段时间她刚刚生完小孩，在家照顾孩子，可以辅助我做一些前期筹备工作；崔老师有着丰富的基建经验。有了她俩的加入，有些事情我们可以一起商量，共同细化，打报告、做申请，安排一些具体工作。两位老师虽然说各有各的困难和不便，一个要照顾年幼的孩子，另一个年纪大了，身体也不太好，但是为了能早一天让山后的孩子进入新的幼儿园，都和我一起没日没夜地工作，四面八方地跑，没有一句怨言。成利新老师说："我虽然没有这方面的经验，但是我有信心和勇气跟您一起创建新园！"崔德清老师说："为了能早一天开园，我什么都能做！"这让我非常感动。

刚开始的时候，没有办公场所，我们三个有时候在我家里办公，有时候在快餐店里碰头，有时候直接在办理手续的机关单位一直忙到人家下班关门。随着筹建任务的加剧，我们的队伍也不断壮大，我的六一同事武春静、丁一，还有西苑小学庞红梅老师、大学刚刚毕业的小李迎，相继加入我们的队伍，于是三人行变成了七人组。

我们一直很幸运，总能遇到贵人相助，在办理各项手续和业务的时候，大家知道我们是为了山后孩子能够早日进入公立幼儿园，都很支持，当时后勤领导侯所长看到我们没有地方落脚办公，就临时借给了我们一处可以办公的场所——位于屯佃大桥旁边的一个四合院平房，自此，这个小四合院就成了我们的筹建阵地，大家的工作热情更高了，那段时间，小院的灯光经常亮到晚上十来点钟。

四合院里升起五星红旗

2010 年 7 月 5 日，是我们正式进入四合院工作的第一天。有了正式的办公地点，我们召开了第一次筹委会全体人员会议。

会议之前，我们先在会议室正面墙上挂上了国旗和党旗，成立了临时党支部，并在党旗下重温入党誓词，在国旗和党旗两侧贴上了"公正无私、团结一致、不怕困难、努力创新"十六个字，然后在侧面墙上贴上了"秉承六一精神，努力打造北部新区第一所优质公办园！"的口号，许下了以最快的速度为山后孩子建最优质学前教育园所的诺言。

在这次会议上，我非常真诚地和大家分享了我的亲身经历与感受：

"近些天，在大家的陪伴和付出下，我们的筹建工作正式开始，感谢大家的辛苦付出。我在六一幼儿院工作多年，'团结奉献、不怕吃苦、努力创新、公正无私'的精神深深影响着我，我总觉得，六一的革命传统、延安精神在新的园所应该得到继承和发扬，所以在被领导选派过来筹建新园时，我觉得我不仅代表我个人，更带着一种传承的使命感，要把六一在学前教育方面好的经验、优质的教育资源和积极的精神在新园发扬光大。这算得上是我在建园初期树立的一个目标，也是我们整个团队的共同目标。"

"非常感谢大家加入这个团队，我们几个作为新园的创建者，都有着不怕艰苦、无私奉献的精神，将来我们的队伍会越来越壮大，我们也要把这种精神传递给团队的每一个人，把六一精神和为国为党的使命传承下去。即使将来我们离开了这个岗位，也要把这种精神留下，这也是我们的使命。"

听完我的分享之后，老师们感触很深，纷纷做出了响应。

武春静老师说："您放心，我们之所以选择到山后，就是来吃苦的，我们早有心理准备，有困难我们一起克服，没有过不去的火焰山。"

丁一老师说："我非常同意园长说的话，精神传承很重要，我们也确实要带好队伍，只有这样，我们的队伍才能发扬光大。"

庞红梅老师说："能走到一起既是缘分也是我的福气，虽然之前我是小学老师，对幼儿园工作不是很了解，但是世上无难事，我有的是热情与干劲，而且又是在我的家乡办优质的幼儿园，我一定会竭尽全力做好自己力所能及的事情。"

刚刚毕业的小李迎回应道："加入这个队伍很是荣幸，我虽然没什么工作经验，但是我会努力学习，积极配合大家，努力完成任务。"

……

听完老师们的回应，我非常感动，也信心倍增，对大家的表态给予了充分肯定。第一次筹委会全体人员会议结束了，虽然人少，但我们有了办公地点，有了明确的发展目标，提出了具体的口号，在日后的工作中它们将时刻提醒我们，不怕艰苦，无私奉献，为人民服务。建园工作渐渐步入正轨。

更换园址，重新规划

入驻四合院的第二天，2010 年 7 月 6 日，我们筹委会全体成员一起来到了即将接手的园址——原九十九中学旧址。

进入大门，正面是一座废弃很久的四层小楼，应该是原九十九中学的办公楼，很有年代感，绕过小楼是一片操场，再往里是四排平房，每排又分为左右两座，应该是原九十九中学的教室。中学的建筑结构和场地设计明显不符合幼儿园的实际需求，加上已经废弃了十几年，荒草丛生的院子、杂乱无章的树木、破旧不堪的建筑物，用手一推好像就要倒塌的门窗，多数屋顶已经坍塌的教室，横在教室里的残垣断壁，为建园工作增加了难度。

一行人站在操场上，面面相觑，似乎不知道用什么语言来形容此刻的心情。从大家的表情上，我看到了失落和些许的沮丧，其实这个场景也在我的意料之外，之前只是听说要使用原九十九中学旧址办新园，心里还想着中学校园的面积大，教室宽敞，应该可以像六一幼儿院那样，建一所很大很好的幼儿园，此刻的景象也给了我很大的打击，之前所有的设计构思和理想憧憬都化为泡影，年底前开园的计划似乎真的成了不可完成的任务。

一阵混乱的思绪飘过，我马上回过神来，作为负责人，我必须起积极的带头作用，于是便对同行的老师们说："我也没想到旧址会荒废成这样，没关系，大家不要灰心，办法总比困难多，我们今天参观完后，回去一起出主意，想办法。"

开弓没有回头箭，我不能把消极的情绪传递给其他人，于是强做镇定，为大家

鼓气，一边思索着解决办法，一边带着大家往回走。积极努力的人运气都不会太差，就在我们往回走的路上，距离原九十九中学旧址大概 200 米的位置，有一所新建的幼儿园，透过熊猫轮廓的铁栅栏，可以把里面看得清清楚楚。这所幼儿园面积不大但很规整，大门紧锁空无一人，很明显是刚刚建成的小区配套园，但是被搁置了。

武老师顺口说了一句："这个幼儿园不是建好了吗，我们要是能在这里办园就好了，能省很多事，就能在年底前开园了！"在当时的情境下，这应该是我们所有人内心的想法。

心动不如行动，我们回去之后，又召开了一次临时会议，讨论过后，大家都觉得这个园应该被充分利用起来。于是我们分头行动，去了小区售楼处，咨询幼儿园的情况。回到四合院，我们分享消息，得知那所幼儿园目前还没有承办方，开发商还没有决定交给谁。大家目目相对，眼神中透着光亮，我们决定找教委申请这所园的承办权。

匆匆吃过午饭，我就带着这个想法到教委请示领导，希望向领导汇报九十九中学旧址建园的难度之大，并向领导申请更换园址，争取把北辰香麓小区配套园承办下来，作为北部新区实验幼儿园的园址。我怀着急迫的心情走进教委办公楼，正巧碰到了孙鹏主任，当时孙主任回应道："你的建议很好，只要能保证早日开园，让山后的孩子早一天入园，咱们就一起努力。我们马上开会进行商议，一有消息立刻通知你，你先着手准备，就按这个思路来办。"

当我走出教委办公大楼时，阳光正好，我抬头仿佛看到了新的希望，一个多月以来第一次发自内心地高兴。我第一时间给在四合院等我的同事们打了电话，召集大家一起赶往北辰香麓，开始讨论新园的建设规划。

一个星期之后，教委通过行政审批，正式决定由"北京市海淀区北部新区实验幼儿园"承办北辰香麓园。这一天也是新园创建的转折点。

科学调研必修课

确定了新的园址之后，为了了解周边生源情况和当地百姓需求，我们一起制作了调查问卷，设计了调查的思路和方法，筹委会全体人员分工合作，深入周边社区街道，通过问卷调查、随机采访、属地部门咨询等方式，进行了科学调研。

调研的主要目的是了解周边居民结构、教育资源和生源分布情况，同时了解家长们对学前教育的认知和期许，以及属地部门的分布和功能等。从获得的数据来看，周边社区适龄入园幼儿 1056 人，其中户籍注册的约 900 人，入园需求量很大；由于没有公立园，幼儿入园难、入园贵，家长对公立园的需求非常迫切，但对学前教育的认识不够科学，侧重于让孩子学习文化知识而不是培养良好的习惯；另外，我园紧邻中关村环保科技示范园，未来将迁入大批高科技人才，对幼儿园品质的追求将会提升。

调研之后，我们明确了周边情况和百姓需求，对办园方向和理念有了更加清晰的认识，也为将来对孩子的培养和与家长的沟通奠定了良好的基础。

在调研过程中，我感受最深的是山后百姓对优质学前教育的渴望。其中有几个家长和孩子给我留下了深刻的印象。

有一个年轻的妈妈，女儿是中班年龄，听说我们要建公立幼儿园，热情地拉着我的手，激动地说："太感谢你们了！什么时候能开园啊？有中班吗？我们家孩子能赶上入园吗？"她一连问了好几个问题，我想笑却忍住了，说："我们年底前开园，会有一个中班，孩子只要符合我们的招生条件，应该是可以赶上的。"她半信半疑地又问："年底开园？这么短的时间开得了吗？"我微笑着点点头，她又急切地说："那真是太好了！要是年底能开园真是奇迹啊，我就让孩子等着上你们幼儿园啦！"她当时的神情让我记忆犹新，之后真正开园时，这位妈妈还真的领着孩子，带着锦旗找到我，与我交谈了很久，那一刻我深深地感受到了家长的开心和感激之情。

曹嘉诚的爷爷是海淀区温泉镇的人大代表，他也是激动地说："我每年的代表提案里都会写上，希望在山后建优质的公立园，让山后的孩子也可以享受到像六一、北海那样的教育，今年终于可以实现了！谢谢你们给山后的孩子带来了福音，有什么困难尽管找我，我一定会想办法帮你们！"朴实的话语让我们心里非常温暖，幼儿园开园之后，曹嘉诚的爷爷成了幼儿园的志愿者，帮助幼儿园做了很多公益活动。

还有一个叫唐诗的小朋友让我记忆深刻。小唐诗是一个乖巧可爱的小姑娘，调研的时候她正跟着奶奶玩耍，她的奶奶把我们请进家里热情地招待，沟通结束后对我们说："我们是土生土长的山后人，一直盼着孩子能在家门口上好的幼儿园，现在终于有盼头了，如果有什么需要帮助的，尽管找我，我可以调动全家资源来帮你们！"

看到孩子们的天真可爱，看到家长们的热情期盼，听到他们一句句真诚的话语，我们心里是满满的感动。通过面对面的深入交流，我们感受到了周边居民对我们工作的积极配合，也感受到了他们对公立幼儿园的迫切需求。此次调研让我们内心有了更强的动力，也更加清楚自己肩上的责任有多重。

申请预算，彻夜无眠

在建园的过程中，经费申请是很重要的一环，所有的改造和设备都需要资金，而财政资金的申请和使用有着严格的规定和审批流程，尤其是大额资金，必须先做好预算，向教委申请。一直主管教育教学业务的我，对财务工作一窍不通，只能一边摸索学习一边向前推进，由于时间紧迫，大家经常一起加班加点，争取早一天完成。

记得有一次申请资金，是关于教育装备的，涉及的物品种类繁多，标准不一，大到电视电脑，小到玩具材料，每一项都需要列出名称、数量、单价、规格型号、设备参数，等等，以供审核人员评审后做出预算，任何细小的错误都可能导致这一项被砍掉，也可能导致整个申请被驳回。为了尽可能提前获得审批，各岗人员一起努力，决定用一天的时间做好所需设备和材料的资金申请表。

我们先是讨论确定了需求，然后分工合作，有操作电脑制作表格的，有查找相关规章制度的，甚至有跑到市场查看实物和价格的，最后确定了一张自认为准确无误的资金申请表。下午一点钟，我和武老师把申请资料带到教委学校后勤管理中心初审，初审通过后才能拿到教委办公会审批。

后勤管理中心在青龙桥，就在六一幼儿院往西300米的地方，因为离六一很近，这里也是我很熟悉的地方，本以为轻车熟路地去交完材料就搞定了，没想到，这一去就是一个通宵，直到第二天早上五点才彻底完成任务。

给我们初审的是后勤管理中心负责装备科的杨杰副主任。杨主任做事特别认真，他把清单里的内容一条一条地跟我们核对，找出了很多问题并帮着我们修改。他怕我们不耐烦，安慰我们说："别着急，今天既然来了，咱们就把它弄好了，保证明天教委办公会能一次通过，就可以节省好多时间。我陪着你们，咱什么时候弄完，什么时候算。"确实有点着急的我们，听完杨主任的话，真是又感动又佩服，心想人家领导为我们的工作都能全力配合，我们还有什么好说的！

我和武老师电脑操作比较慢，杨主任就亲自操作，在杨主任的耐心指导和帮助下，无论是申请的内容还是具体的价格以及表格的形式，都在不断地完善着。天色渐渐暗下来，大家专注地核对每一条关键信息，不知不觉，时间已过午夜，武老师和杨主任还在继续商讨着，我们都丝毫没有睡意。看着电脑上的表格一页页被修改完善，我的内心也跟着变得越来越踏实，不经意间，我抬起头发现窗外已经蒙蒙亮了，然后就听到一声鸡叫，看一看墙上的时钟，已经是早上五点了，我们三人相视一笑，太不容易了。这一夜让我感受到了财务工作的专业和不易，也感受到了创建新园的艰辛。而那一天的申请单，也真的一次通过，为我们之后工作的推进节省了很多宝贵的时间。

那一夜，是我们无数个加班熬夜的缩影，深深地印在了我的脑海中。

零点起步，共话蓝图

接收新的园址，全面开启新园建设工作，首先要思考的就是办园宗旨。树立什么样的目标，打造什么样的环境，都关系着幼儿园长远的发展。在我心里，一直有一个宏伟的蓝图——创办一所幼儿喜爱、家长满意、社会认可、富有特色的幼儿园，创出自己的品牌。但要如何做呢？针对这个目标，我们开了一次研讨会。

在研讨会上，我还引导大家开展头脑风暴："我们的园址定了，设备材料资金顺利获得了审批，这都是大家共同努力的结果。但是我们要打造怎样的一所幼儿园？办园理念和宗旨至关重要，决定着我们园所未来的发展方向。我们的特色在哪里？大家对此有什么想法，咱们一起交流下。"听完我的分享，大家展开了讨论，之后纷纷发表了自己的观点：

武春静老师说："园长，我觉得北新实幼有很强的地域特点，它地处山后，属于城乡接合部，既可以感受城市化过程中的飞速发展，又可以感受大自然的美好。"

成利新老师说："园长，咱们的北新实幼位于海淀区着力打造的高科技、生态环保开发区呢，科技是不是也可以成为一个特色？咱们幼儿园地处科技园区，是海淀区中关村的后花园。海淀区将来必成为科技领先地区，许多科技企业如华为、小米、国核电力等都聚集在此呢。"

丁一老师也表达了观点："我国是拥有悠久历史的国家，除了这些，还需要让孩子们感受咱们的传统文化，成为名副其实的'中国娃'"。

我特别赞同大家的建议，同时也在思考：环境保护是一个全球性的问题，环保教育也必将成为一个大的趋势，我们可以设计丰富多彩的环保活动，从中培养幼儿的环保意识，让幼儿养成爱护环境、爱护大自然的行为习惯。

庞老师也表达了自己的观点："社会不断发展，家长们对孩子们保护得越来越好，作为启蒙者，我们要让孩子们从小养成好的社会生活习惯，具备与人交往的能力，乐于与人沟通和交流"，"园长，科技是不断发展的，我们的生活节奏越来越快，人们用于读书的时间越来越少了，读书是个好习惯，我觉得也要培养。但是不能让孩子们死读书，还要引导他们了解自己，有自己的爱好和兴趣"。

……

听完老师们的想法，我得到了很大启发，回应道："大家说得太好了，给了我很多灵感。随着社会的发展，环境保护势必成为社会发展的一个方向，所以在课程设置和对孩子的思想教育中，我们一定要关注环保。悠然自得的大自然对应着'环保'，城市快速发展对应着'科技'，咱们可以借助这样一种得天独厚的资源条件，让幼儿园的孩子从小就能感受到科技的发展。所以'现代、科技、生态'的特点值得我们深入挖掘。另外，结合社会大背景以及家长们的需求，在这个年龄段，我们需要侧重培养孩子的良好品格和学习品质，而不是关注掌握了多少个具体的知识点，这也是需要我们深入思考的一点。通过三年的培养，我们要让孩子们学会与人为善，乐于交往，热爱读书。同时保护好孩子们的好奇心和求知欲，让孩子们养成积极向上的求学态度，将来成长为博学的人。"

在此次研讨会上，结合地域特点、周边生态自然环境，以及未来发展的基本素质需要，我们提出了"双色教育"办园宗旨——"以人文、科技、环保为特色，营造适宜幼儿生活的绿色成长空间；融乐群、博闻、智趣为一体，铸就促进学前发展的金色教育家园"。（"铸就促进学前发展的金色教育家园"是对我们的老师和孩子的共同要求，希望大家携手把幼儿园打造成一个金色教育家园，使所有人在其中健康成长，促进师生的全面发展）。我们还设计在园内给孩子开垦种植园地，让孩子

们可以有更多的机会接触大自然，感受周边的风土人情和自然环境，让他们更加活泼、快乐。

从园内装修布置，到后期的课程设计和安排，我始终坚持与办园宗旨相呼应，还有专门设计的醒目的园标来不断提醒我们奋斗的目标。

我们的园标是一朵由绿叶衬托着的金色的向阳花。以向阳花为园标，象征着我们的教育如向阳花永远追随太阳，温暖清新，朝气蓬勃；怒放的花朵则象征着我们教育事业光辉的前景。其中向阳花的花蕊采用甲骨文设计，形态上类似田字格式，意味着幼儿园浓厚的田园气息；花瓣呈辐射状，寓意我们所提供的优质教育将像阳光一样辐射；同时，整个太阳花处于园标的西北方向，标志着我们所处的地理位置。整个园标呈现黄、绿两种色彩，其中绿色代表生态——自然与环保；金色代表希望——光明与未来。

园标和"双色教育"共同形成了我们园所文化最初的形态，为幼儿园的发展绘制了蓝图，指明了方向。

/三/ 山后第一所公立幼儿园

交接钥匙，马不停蹄

2010年8月11日，我们正式接管北辰香麓社区配套幼儿园，时任海淀教委王方副主任、基建科刘晓汉和王宏斌科长，以及北辰香麓社区开发商郭总和张经理一同出席了交接仪式。

交接仪式从上午九点开始，交接之后，王方副主任带着我们几个人仔细地查看了一遍，包括班级教室、食堂装备，甚至楼顶上都查看了。北辰香麓社区的幼儿园

外表看起来很不错，但内部什么装修都没有，而且还存在许多安全隐患，远远达不到开园要求。记得在楼顶上，王方副主任语重心长地跟大家说："时间很紧张，工作很辛苦，虽然还有很多地方需要改善，但是我相信肖园长肯定没问题！有什么困难可以再找教委协调。"我听了之后备受鼓舞，感觉自己干劲十足！

领导们中午走了之后，我和在场的筹委会老师都没有离开，丁老师负责查看班级教室，武老师负责查看后勤食堂，我主要负责查看公共环境和户外，我们三个人带着笔记本和笔，分头查看哪些地方不符合幼儿园的要求，列出详细的单子。凡是不符合的，不论问题大小，都记录在本子上，我们转一圈就碰一下汇总。时间在一分一秒地流逝，不知不觉，天都黑了。最后，我们就坐在门前的台子上，一起汇总了28项主要需要改造的地方，比如尖角要改成圆角的，食堂缺面点间、粗加工间，洗手间设施不符合幼儿需要，保健室还需要改造，等等。这时我看了一眼手表，都快晚上八点了，这一天一直奔走在园所的各个角落里，中午饭都没吃的我们现在才有了饿的感觉。

就在这时，庞老师打电话过来，她说："肖园长，我和李老师办完那一系列资质手续了，你们还在幼儿园吗？"我说："还在这边呢。"她说："那你们稍等一会儿，我们马上就过去！"可能因为是第一天交接，我们又欣喜又激动。她们两个进来时，庞老师手里提着一大袋煮熟的玉米，冲着我们说："我就猜到你们还没吃饭呢。"我们啃着玉米，畅想着幼儿园未来的发展，感觉玉米特别香甜，心里也特别幸福。那天晚上，我们一人啃了好几根玉米。虽然我们就五个人，人很少，但是心很齐。当时园里没有灯，我们就借着小区里星星点点的灯光往外走，几个人都一步三回头，我非常开心地说："以后，这儿就是我们的幼儿园啦！"

紧锣密鼓搞装修

交接钥匙的第二天，我就找来相关工程人员和设计人员，针对我们统计出的28处需要改造的地方，现场勘察，进行重新设计，论证新设计的必要性和可行性，以确保改造后能真正达到我们想要的效果。打造一所符合安全标准、卫生标准、既有现代风格又有田园风情、同时体现教育意义的温馨家园。

以上都是硬装修，另外还有软装修，也就是环境打造。我们力求做到环境与教育思想相融合，使每一个角落、每一面墙壁都充满教育性，不求奢华，但哪怕是一个小小的角落都要体现出教育价值。

然后是装修材料的使用，我经常跟施工人员说："幼儿园的建设不能马虎，更不能偷工减料，每一个细微之处都关乎孩子的身心健康和众多家庭的幸福。材料一定要用环保的、无毒无味的，贵点不要紧，重要的是不能危害孩子的健康，如果最后质量不达标，是绝不能开园的。"所以每一种材料都要经过严格的把关和验收才能使用，尤其是油漆，都是我们亲自到市场上比选确定的。

最后就是工期，经过前期的准备，真正的装修工作是从8月份开始的，离开园的日子越来越近了，后面还有教育教学设备采购安装、人员招聘、招生工作等大量的开园准备工作，时间已经很紧很紧了，于是我们开会决定必须在8月份完成全部的装修改造工程，采用倒计时的方法，倒推出时间节点，每一个时间节点必须完成相应的工作，哪怕是连轴转也要完成。

整个8月份，筹委会全体人员一直在为装修忙碌着。加班、熬夜早已成了家常便饭，忙得昏天黑地。记得有一天我凌晨一点才忙完回家，想刷个牙赶紧睡一觉，可是脑子里还在想着工作的事，浑浑噩噩

地挤了牙膏，快刷完的时候感觉不对劲，仔细一看才发现原来是把洗面奶当成牙膏用了，我赶紧接水好好地漱了漱口，换了牙膏继续刷牙。虽然近期有些小小的忙乱，但是心里是满满的充实感和幸福感。

招贤纳士，强师铸魂

优秀的人才是高质量发展的保障，如何选择优秀的人才、选择志同道合的伙伴，是一项十分重要的工作。

首先确定用人标准，选择一个人做幼儿教师，最重要的是品德，同时兼顾个人能力。只有善良，有爱心，爱孩子，爱幼教事业，才能做好幼儿教师。经过集思广益，我们制定了一套相对完善的用人标准，从师德师风、专业能力、个人才艺等多方面进行考核，并确定了具体考核的三个步骤：第一步面试，考查应聘者的思想状态、反应能力和表达能力；第二步笔试，考查应聘者的专业水平和写作能力；第三步才艺展示，考查应聘者的个人才艺和特长，包括弹钢琴、跳舞、讲故事，等等。

由于优秀教师本就是稀缺资源，加上当时北京市大力兴办公立幼儿园，各个园所都在招聘优秀人才，使得招聘优秀教师的竞争更加激烈，我园地处山后偏远地区，只靠等是很难等到的，必须开辟多种渠道，引进来和走出去都要抓。一方面在网上公布招聘信息，另一方面积极参加海淀区教委组织的人才招聘会，以及各大高校的校园招聘会，而且每次招聘都认真准备，取得了很好的效果。

曹明正老师就是一个典型的例子。她是首都师范大学学前教育专业毕业的研究生，有扎实的理论基础和良好的精神面貌。当时，她在招聘会现场观察、比较了各单位的招聘信息，最后把简历投给了我们。我问她："你是学前教育的研究生，可

以选择一些大园和名园，为什么选我们这个刚起步的新建园呢？"曹老师说："我选择您这里有两个原因，第一，是因为我觉得新建园需要新生力量，您新园的定位和发展理念我很喜欢，觉得将来会是一所优质园，新建园虽然会很累，但是也会让我学到很多东西，相信自己能在园所的发展中大有作为。第二，是因为我见过很多园长，但是您的亲和力和专业素养吸引了我，招聘会您全程站着与应聘者交流，言谈举止和蔼可亲。招聘栏的内容、面试的提问、笔试的测试题都显示出您有很高的专业素养和管理能力，您的人格魅力很吸引我，所以我选择了这里。"就这样，曹老师成了北新实幼第一位拥有研究生学历的老师，当然她的进步也是最快的，经过十年历练，她现在已经成为最年轻的执行园长。

经过多次招聘的精心挑选，我们最终找到了12位志同道合的优秀教师，组成了精兵强干的教师队伍。

教师素质是决定园所品质的核心要素，而刚刚招聘来的教师，专业水平和综合素养不一，所以，教师培训至关重要。于是我们决定一边进行装修改造，一边进行教师培训，采取请进来和走出去相结合的方式，多维度、多渠道地对教师进行岗前培训，为顺利开园做好准备。

通过师德培训，树立教师对孩子的爱，对工作岗位的爱，使之用一颗慈爱的心，去关爱和包容每一个孩子，滋养孩子的健康快乐成长。有爱的集体才是有温度有发展动力的集体。

招生宣传，亮相新区

忙碌的日子更觉得飞快，转眼来到了8月底，距离开园的日子越来越近，是时候启动招生工作了。

因为是新建园，还没有正式开园，所以首先需要进行招生宣传，让周边的家长和孩子们认识我们，了解我们，顺便还可以进行生源摸底，是一举两得的事情。

为了更好地宣传，我们特地制作了一本招生宣传册，把幼儿园的园标、办园理念、师资队伍、课程介绍、制度管理以及在山后建设优质园的初衷和决心都做了详细的说明，希望家长从宣传册中体会到幼儿园的用心，感受到幼儿园的规范和园所对高品质的追求。

经过前期的培训和准备，我们计划召开一个招生宣传现场会，但由于园内正在进行紧张的装修改造工程，无法召开现场会。有一天，我下班经过温泉公园，突然灵感涌现，"为什么幼儿园的招生工作一定要在园里进行呢？何不利用附近美丽的温泉公园开展一场与众不同的招生工作？"我跟领导班子成员说出这个想法时，大家一致表示赞同！

经过一个星期的准备，在招生现场会召开的前一天，我们召开了全体老师动员大会，会上，我发表了题为"一路追求，一路思索"的发言，首先对大家的工作做出了肯定和表扬，然后带大家一起回顾了交织着艰辛与汗水、收获与快乐的筹建之旅，最后对新园的建设提出了新的期望，对于第二天首次的招生工作提出了具体要求："为了能以全新的面貌接待我们的第一批家长、第一批孩子，各位老师都要在语言、神情和接待态度上体现出我们的专业性，这既能加深家长对我们的了解和认可，也可以给孩子们带来一种正面引导！我们在做的是一项开拓性的事业，大家的努力与付出都被记录在北新发展史中，我相信明天的招生工作一定会成功的。"

第二天早晨还不到六点钟，老师们就来到了温泉公园布置招生现场，有的老师打气球，有的老师拉警戒线，有的老师给孩子们布置活动区域，温泉镇派出所还派来了警察负责维护现场秩序。

现场布置了五个区域：第一个区域是家长咨询区，通过与家长交流，了解家长的个人素养和孩子的成长环境，对以后有针对性地采取教育方法有基础性的指导意义；第二个区域是卫生保健区，保健医测评孩子身体各项指标，通过数据指标判断孩子的身体状况，为以后促进孩子身心健康成长留下参考资料；第三个区域是游戏区，在这里老师带领孩子做各种有趣的游戏，通过与孩子接触，了解孩子的性格特征及兴趣爱好；第四个区域是运动区，通过活动能力再次观察和测评孩子的身体状态和性格特征；第五个区域是阅读区，通过读绘本、讲故事等形式了解孩子的认知水平，为以后的教学工作做好铺垫。各个区域同时开展，相辅相成，吸引了越来越多的家长带着孩子前来咨询，整个招生活动氛围非常愉快，效果出奇地好。最后，报名的人数远远超过了我们预计要招收的人数，家长们对我们的招生形式和老师们的表现赞不绝口。

招生活动不仅得到了孩子们和家长们的赞美，也给北新招来了优秀的教师。葛富清老师是北航幼儿园的骨干教师，家住在温泉镇，孩子也在入园的适龄范围，她早就知道附近要建一所公办园，但对办园质量没有抱太大的期望。招生当天葛老师抱着观望的态度带着孩子也到了温泉公园，当她看到整个招生过程如此专业、规范、有序、有趣，园长和老师们都很善良、和蔼，整个团队高效、和谐时，一下就觉得这是一个有活力、有实力的团队，并最终决定带着孩子一起加入北新实幼。

就这样，我们用新颖的方式、真诚的态度、专业的知识，圆满地完成了第一次招生宣传工作，在北部新区有了第一次漂亮的亮相，开启了北新实幼高起点、高品质的发展之路。

心存遗憾的家长会

"空山新雨后，天气晚来秋。"秋天是收获的季节，秋天的山后更加美丽迷人。

经过两个月日日夜夜的奋斗，终于一切就绪，开园的日子定在了 2010 年 10 月 11 日，比教委规定的年底还早了两个多月。

开园前，家长会是必须要召开的。尤其是新建园，家长对幼儿园不了解，对老师不了解，对幼儿园的文化理念和管理制度不了解，家长会是家园交流的桥梁。于是经过讨论，我们把第一次家长会定在了 2010 年 10 月 7 日。

为了开好第一次家长会，我可以说是下足了功夫。我先把这 5 个月的酸甜苦辣总结汇总，放在了一个演示文稿中，把新建园的创办历程进行了总结，把师资团队进行了介绍，把幼儿园的园标、办园理念、文化体系进行了讲解，把从各种途径收集到的、家长普遍关心的问题进行了汇总分析，把孩子入园后可能遇到的问题及需要家长配合的工作进行了告知，等等。之后又进行了试讲，我在台上讲，老师们在台下听，边听边提意见，然后大家讨论如何修改。如此反复多遍，直到大家都觉得

完美了才定稿。

遗憾的是，精心准备自以为万无一失的时候，我却在家长会现场晕倒了。

或许是因为一直以来的过度劳累，或许是因为 直紧绷的神经高度紧张，家长会开场不到两分钟，正在讲话的我突然感觉头晕目眩，两眼发黑，我想努力地控制住让自己恢复过来，情况却更加严重，我不得不停下来，说了句："不好意思，我有点晕。"

有家长见状迅速递过来一瓶矿泉水，我喝了一口水，歇了一会儿准备继续讲解，可是不管怎么努力，眩晕的状态不但没有好转，反而越来越严重，我甚至无法站立，无奈之下，我只好被保健医搀扶着回到保健室休息。现场的家长中有一位医生，他看到我的情况主动跟过来，给我做了简单的检查后决定输液治疗。也不知道过了多久，我慢慢清醒了，可还是无法起身继续参加家长会。

谁也没有预料到这种突发情况，也没有做应急预案，我只好委托丁一老师接替我的工作，按照演示文稿中的内容继续讲解，丁老师毫无准备，可是没有办法，只能硬着头皮上场，好在之前多遍的试讲让她了解了里面的内容，可以顺利地完成家长会。之后，老师们按照原计划，举办了帮助幼儿适应园所生活的亲子活动，孩子们在快乐的游戏中与老师们一起唱儿歌、做游戏。整个家长会，老师们的专业、环境的优美及其中蕴含的教育理念，都得到了家长的一致好评。

可这第一次家长会在我的心里留下了永远的遗憾。事先精心准备了很多内容，自己却在关键的时刻倒下，心里有说不出的滋味。但任何事情都有正反两面，在这个时候，我们的队伍表现出来的临危不乱、团结互助，关键时刻不掉链子，让我的心里备感踏实；在这个时候，家长表现出来的关心和支持，让我的心里格外温暖。

多年以后，每每回想起那次家长会，我都可以清晰地记起，家长们关切的目光，焦急的询问，一瓶递过来的矿泉水，以及我下台时热烈的掌声，就像是多年以来我们的家长工作的缩影，一份真挚的感情，两方真诚的合作，互相尊重一起携手，共同为孩子们撑起一片健康快乐成长的空间，给他们一个灿烂光明的未来。

开园之日，时光之门

2010年10月11日，这一天终于到了，北部新区实验幼儿园开园了！

那天清晨，天气格外好，天高云淡，秋高气爽，秋风微凉而空气干净。我们全体教职工早早地来到幼儿园，每个人都是这里的主人，每个人都显得很兴奋，紧张有序地忙碌着开园前最后的准备工作。

每个人进入幼儿园，第一眼看到的都是幼儿园的大门。一组简单朴素的镂空铁艺大门，主体是黑色，分为左右两扇，中心设计有红色的圆形装饰物，其中左半边是一个方向标，右半边是一个时钟，设计初心是希望无论老师、孩子还是家长，每次推开大门进入幼儿园的时候都能明白：人生要有方向，做事要珍惜时间。我们称之为"时光之门"。

时光之门的故事，我给每一个加入幼儿园的老师都讲过，也在家长会上给家长讲过，开园第一天也给所有的小朋友讲了。懵懵懂懂的孩子们，似乎并不能理解其中的含义，但一定能形成初步的意识，这将对他们今后的生活产生潜移默化的影响。

经过紧张忙碌的一天，放学之后，可以明显地看出，老师已经非常疲惫，但为了总结这一天的工作，改进不足，提高质量，我还是决定召开总结会。开会的同时，我给老师们准备了水果和茶点，在轻松自由的氛围中总结工作，在鼓励和表扬老师的同时，也提出了需要改进的地方，老师们也畅所欲言，说出了自己的问题和看法，这样互相促进，调整状态，准备迎接第二天的到来。

会后，我要求老师们给每个家长打一个电话，沟通这一天孩子在幼儿园的表现，让家长了解幼儿园的情况。一开始有些老师不知道怎么与家长沟通，我就做示范，并且陪同老师打电话，还制作了联系考核表，把重要的注意事项都写出来，提醒老师们打电话时别忘了。这样练习之后，老师们越来越熟练地掌握了如何与家长沟通，如何向家长清晰地表达孩子的在园情况。

电话沟通后，家长的反馈给了我们意外的惊喜。这一小小的举动，让家长非常

感动，对我们的工作非常认可。有家长特意跟我说："肖园长，您太懂我们家长的心了，尤其是打电话这件事，老师们记录下了我家孩子在园里的成长与变化，还告诉我们，我们真是特别感动。"

晚上忙到了很晚，走出幼儿园的那一刻，我回头望向园内，那扇时光之门再次让我感慨万千，"要让每一个走进幼儿园的孩子和家长都知道，人生要有方向，做事要珍惜时间"的话再次回响在我的耳边。这一天，是我们正式开园的第一天，也是幼儿园给孩子和家长的"第一张名片"，今后的日子，只有全心全意为孩子和家长着想，才能让孩子在幼儿园开心，让家长在家里放心，这也是一张无形却有力量的名片！

开园之后，我们受到了社会的广泛关注，各大媒体纷纷进行了专题报道，称赞我们是"建园奇迹"。

11月13日《中国教育报》报道《北京海淀北部新区实验幼儿园开园》；11月17日《北京日报》报道《北部新区第一所大型公办幼儿园开园》，《光明日报》报道《新区有了首座公立幼儿园》；11月22日《海淀报》报道《北部新区添大型公立园》；11月23日《城市周刊》大篇幅报道《海淀北部有了第一座公办幼儿园，当地幼儿告别入园难历史》；等等。

第二章

奋斗·扎根北部，十载耕耘

　　高起点开园之后，北新实幼坚持"快速起步，稳定发展"的原则，短时间内便驶入稳步发展的快车道。开园仅四个月，北新实幼就代表海淀区教委成功举办了北京市解决"入园难"问题现场会。

　　2013 年被评为北京市一级一类幼儿园，2015 年被评为北京市示范园。乘着学前教育改革的春风，我们制定了以"文化立园、特色兴园、人才强园"为宗旨的发展规划，构建了葵花森林文化体系：以"笑对笑开花，手拉手成林"为教育理念、以"三年叶花果，一生木林森"为教育愿景，以"有爱、有趣、有益"为工作园训。

　　经过十年的发展，北新实幼成为海淀区北部新区百姓心中向往的名园、优质园，不仅以优秀的育人品质树立品牌形象，还积极发挥示范、辐射作用，带动其他园所共同进步，促进学前教育的蓬勃发展。

/ 一 / 小荷始露尖尖角

载入史册的现场会

春天的风摇曳着 4 月的风铃，天也蔚蓝轻暖，春天总会令我们欢欣鼓舞，因为在这个季节，希望的幼芽开始苗壮成长了。有天上午，我正在回顾过往，总结开园180 天以来的经验，电话铃声突然响了起来。接起电话一听，原来是学前科杨科长，在电话中杨科长通知我们：“北京市教委决定，将在海淀区举办解决‘入园难’问题现场会，区里决定这次会议在你们园召开，时间就定在 2011 年 4 月 15 日……”挂了电话，我心想，这对北新实幼来说又是一件大事、难事，因为我们刚开园不久，很多工作还在完善中，时间紧张，我们要马上着手准备。

我立刻通知了老师们，召集他们开紧急会议。在会上，我说：“北京市教委决定在海淀区召开一次关于解决‘入园难’问题的现场会，这是史无前例的。这也说明北京市教委对于我们曾经面临的‘入园难’问题十分重视。”我还很自豪地跟大家说：“因为我们大家的共同努力，得到了领导的认可，因而成为海淀区新建公办园的代表，现场会要在我们园召开。”老师们听后都很积极地表示会全力以赴，做好准备。

我们在会上讨论了该如何承办这次规格非常高的会议，会议的主题主要关注百姓民生，具体落实、解决“入园难”问题，是与社会时代背景紧密联系的，影响力非常大。能够在建园四个月就承办如此重要的会议是领导对我们过往工作的肯定，也是领导对我们的重视和信任，但是，毕竟我们初出茅庐，为此，我们更是精益求精地进行准备，不敢有丝毫马虎。

而且实际情况也摆在了我们的面前，武老师说：“我们毕竟刚刚开园，第一步建设的肯定是孩子们需要用到的东西，许多办公设备仍没有到位，尤其是开会需要用到的多功能厅更是什么都没有。”开会之前，我也认真思考了这个问题，我说：“开会最起码也要有主席台、演讲台、椅子，等等，而这些，我们现在都没有，没有怎么办，我相信办法总比困难多，我们一定可以圆满完成任务！”

那几天，随处可见老师们忙碌的身影。会前两天我突然收到通知说，需要在现场会上播放影片，所以我们又紧急买来投影仪和音响，在试播放时发现，现场必须有窗帘遮光才能保证播放效果，因此在开会前一天，我们又紧急安装上了窗帘。我非常感动，全体老师对这次现场会的付出，他们既要照顾好孩子，还要着手准备这次现场会。毫不夸张地说，全体老师真的是加班加点地做准备工作。

为了让会议当天的效果更好，我们进行了多次彩排。谁负责背景音乐，谁负责背景幕布变化，谁负责准备礼物（这是我们精心设计的环节，会议当天，我们准备给每一位来宾发一个我们的开园纪念牌，纪念牌是由孩子们设计的，上面写着"因为有您，我们的事业充满阳光"的字样，包含着我们的心意和幼儿园的教育理念）……所有细节都需要反复核实、确认。

每次活动我都争取把所有教职工和孩子联系在一起，这次也不例外。而且筹备如此高规格的现场会活动也再一次锻炼了我们整个团队的能力。对我们来说，这不只是一次简单的会议，还是对整体队伍的一次考查。我也很欣慰，我们的老师都非常尽心尽力，从登记、签到，到安排与会人员位置，每个细节都能把各方面考虑到，这实属不易。

当天，现场会在幼儿园多功能厅举行，由北京市教委学前处张小红处长主持。

会议正式开始后，海淀区政府、海淀区教委首先以短片形式汇报了2010年以来海淀区政府、海淀区教委为破解"入园难"问题所做出的努力、取得的成绩以及从中获得的重要经验。

短片过后，尹丽君主任做了开场发言，主要讲述了海淀区政府、海淀区教委为破解"入园难"问题所做出的努力与取得的重大成绩。海淀区政府在解决适龄儿童"入园难"问题上，主要坚持以下原则，即坚持学前教育公益性和普惠性，努力构建覆盖城乡、布局合理的学前教育公共服务体系，保障适龄儿童接受基本的、有质量的学前教育；坚持政府主导，社会参与，公办民办并举，落实各级政府责任，充分调动各方面积极性；坚持改革创新，着力破除制约学前教育科学发展的体制机制障碍。讲话中，尹主任以具体的数据为与会人员呈现了海淀区教委在学前教育事业发展中所取得的重大战果。

接下来，我做了题为"因为有您，我们的事业充满阳光"的发言。之后，两位主任对此次现场会做了总结发言。

海淀区教委孙鹏主任代表海淀区教委发言。孙主任指出海淀区教委创办新园既要冷，也要热，冷即冷静分析当前海淀区"入园难"现状，针对区情制定教育方针政策；热即大力发展公办园，对幼教事业的关注热度不变。在讲话中，孙主任特

别强调了破解"入园难"问题需政府主导，但非政府全管，应采取多形式、多途径，公办、民办（幼儿园）共同努力方式，共同促进海淀幼教事业的繁荣。

最后，北京市教委罗洁副主任在总结发言中强调了学前教育发展的四种关系，即义务教育与幼儿园教育基本普及的关系；幼儿园举办政府主导与社会参与办园主体多元之间的关系；学前教育的普惠性目标与日益提升的社会需求多层次多样化之间的关系；尊重幼儿身心发展规律与幼小衔接的关系。罗主任特别强调，幼儿时期是人一生中身心品质形成的关键时期，幼儿园在满足家长需求的同时，应注重发挥家庭的教育功能，引导家长培养孩子，因为家庭对于孩子的影响十分重要。

此次现场会的交流气氛一直非常热烈，所有与会人员针对学前教育问题做进一步思考和讨论，为学前教育的更蓬勃发展打好了前战。我们作为参与者和承办单位，在这个过程中也学习到了很多。这一天，可以算是让我记忆犹新的、载入幼儿园史册的一天！

意义非凡的制度建设

在建园初期，我们一直忙于应接不暇的筹备工作。我一般都是直接与相关的老师讨论事情，然后按照讨论结果执行任务。可是有一次，有位老师问了我一些其他老师问过的问题，我还需要事无巨细地重复说明。这显然不利于工作效率的提高。其实，从我接任建园的这项任务开始，制度建设问题就一直缠绕在我的心中。记得以前我和领导班子的老师讨论过这个问题："我们园所的管理应该靠什么？怎么才

能利于园所的发展呢？"李老师就说："哎呀，园长，您说什么，我们就照做，我们听您的就行了。"但是我认为，虽然我们有了办园理念和宗旨，但是规范人的行为，靠口口相传肯定是不行的。所以在创建的同时，我就酝酿着该如何制定我们的制度。

一位著名校长在快要退休的时候说了一句话，给了我很大启发，有记者采访她："如果您退休了，最想给学校留下什么？"她回答道："当我退休的时候，我最想留给学校的就是一套完善的管理制度，因为管理制度对于学校长远发展来说是一个标准和方向。"我觉得她说得很有道理，此外，我还专门看了一些管理方面的书，也了解到一些学校和企业非常重视规范的管理制度和工作流程。这样，不管是谁来做管理，谁来做员工，都要按照规范的管理制度和流程来执行。所以我觉得，不应该是人管制度，而应是制度管人、文化育人。

庞老师提出了她的疑问："制定制度也不是件容易的事情啊，因为不同岗位的老师，职责都是不一样的。"她的疑问提醒了我，我说："没错！我们必须从每个人的工作的角度去思考，这样制定出来的制度才能深入人心，才能贯彻落实得到位。"我们就循着制定人性化的管理制度的思路，让所有加入我们团队的老师，包括后勤人员，都参与到管理制度的制定当中。

记得丁老师说："在众多的规范制度中，我认为对日常工作的考核是最重要的。"武老师说："是啊，毕竟，我们的核心工作就是在日常生活中照顾好孩子，让孩子们在我们的幼儿园中既可以享受到童年的乐趣，又能学到丰富的知识。"我非常赞同她们的想法："没错，不过对于制度的制定，我们要具体到每天早晨要用什么样的语言、态度和方式将孩子从家长手中接过来，怎样保证孩子在进餐的时候摄入正常所需的营养，组织有意义的教育活动应达到怎样的标准等细节上，因为这些都是需要老师认真思考并落实到自己的实际工作中的"。

北新实幼也很幸运，因为它迎来的第一批教师中不乏经验丰富的老教师，有区级骨干教师，也有在其他幼儿园从教多年的优秀教师，起点比较高。即使是刚刚投身学前教育行业的新人，也都个人修养很高，理论基础很硬。再加上我和几位筹委会的老师在六一幼儿院工作过，我们就结合园所的特点，借鉴了一些适合我们园所的规章制度。我们这些老教师的言传身教，更把六一幼儿院的思想精华传授给他们，整个团队的综合水平很高。

制度的制定也是老师们培训、成长并达成共识的过程。最终经过筹委会讨论，形成了我们园所最基础的规章制度。我们对入园新生的一日生活进行量化要求，方方面面都涉及；此外，还有各岗位工作人员的职责、工作标准、检查打分标准、工资制度、奖惩制度等。制度全面、规范，将大大有利于团队的管理和长远发展。在以后的日子里，我们也会根据实际情况不断完善。在整个过程当中，就形成了自上而下和自下而上制定管理制度的方法。

"抒"写幸福册

北新宝宝们的每一抹笑容都离不开老师们的细致关怀，每一次细微的成长都离不开老师们的辛劳付出。北新实幼在为孩子们打造绚烂多彩人生的同时，也密切关注着教师的职业发展和幸福生活，这也充分体现了我们"快乐工作，幸福生活"的和谐园所文化。"经师易遇，人师难遭"，高素质的教师团队是打造高品质幼儿园的关键之一，尤其在建园之初，这一点更是极为重要。因此，加强教师队伍的建设一直是我不懈努力的方向。

那么，如何能让我们的老师更加热爱幼儿园工作，热爱幼教事业呢？对于这个问题，我考虑了很多。我觉得，"小小幼儿园，暖暖我的家"，能让老师们体会到家的感觉，并以之为继续努力的起点。家，是一个人心里永远也不会熄灭的灯，而作为园长，我深知老师们因为工作不能时常陪伴家人的苦涩。我自己也是因为工作，不能经常陪伴自己的家人。我既然选择了这条道路，便走得无怨无悔，但有时候还是会对自己的女儿心怀愧疚。于是，我做出决定，开展了"爱在北新，共庆新年"茶话会活动，让全体教职工在"快乐工作"的同时，享受"幸福生活"，并将幸福的感受传递给他们的家人。看到大家喜气洋洋、其乐融融的样子，我的心里也感到

甜蜜和幸福。

当然，老师们的身体素质和专业素养也要一起抓，因此，我们开展了教职工运动会、建园一周年登山大赛活动、云蒙山水上拓展运动，等等，这些活动不仅增强了北新人的体质，更展现了我们健康向上的精神风貌。业余时间，我们还组织教师学习发型梳理与丝巾系法；成立教师舞蹈团，提升教师仪表仪态素养；为了培养教师们高尚的师德品格，开展了"铸师魂、树师德、展风采"师德演讲比赛。丰富多彩的文化活动不仅塑造了良好的师德风范，更增进了集体的向心力和凝聚力。

在精心的培育和锻造下，我欣喜地发现我们这支年轻且背景多元的新团队，越发健康、积极、富有朝气地成长，因为她们时时会发自内心地表达对园所的热爱、对孩子的真情、对亲历建园历程的难舍难忘。那么如何将老师们的心路历程记录下来，更有效地增进团队凝聚力，成为我们继续前进的动力呢？我们突然想到了书写幸福册的方式。

在 2011 年 2 月，新学期来临之际，我怀着激动的心情展示了为纪念园所筹建及发展历程精心设计的《幸福册》，老师们非常积极，纷纷挥洒笔墨，书写新学期寄语，祝福幼儿园，祝福教育，祝福我们的明天！同时，我决定将幸福册的内容艺术化地呈现在公共环境之中。每次走过，大家都会忍不住看看这些美好心愿，互相鼓舞，并且感受到了一股蓬勃向上的力量。这种力量来源于我们对幼教事业共同的憧憬与热爱，这里不仅是工作的地方，也是成就事业的舞台，更是铸造多彩生活的家园！

"因缘，你我相聚北新实幼。犹记，汗流浃背；犹记，夜以继日；犹记，会心一笑。感谢你的时间，给我生命中一份关于奋斗的回忆，让我们共同守护北新实幼，且行，且珍惜！"（武春静）

"一个人只有时刻保持幸福快乐的感觉，才会使自己更加热爱生命、热爱工作、热爱生活。在北新实幼工作的我：很幸福，和同事相处很快乐，我会保持这种幸福、快乐的感觉，让它充满我的每一天！"（王海宇）

"人生最精彩的不是实现梦想的瞬间，而是坚持梦想的过程，加油！北新实幼！加油！伙伴们！"（宋晓双）

……

我希望，这样的方式能够得到延续。《幸福册》是园所文化力量的一种沉淀，体现了年轻教师对美好教育人生的追求。目前，她们正努力地按照自己的目标，孜孜不倦地献身幼教事业。我也欣喜地感受到，这支幸福的队伍正在手挽手、心贴心地共同成长。作为管理者，我体会到了前所未有的自豪与幸福！

教育传播，网络助力

幼儿园的工作琐碎而又细致，我们既要把园内的工作做好，又要让家长和社会在了解的基础上理解，只靠宣传手册和家长会是不行的。因此，在建园之初，我就萌生了建立幼儿园自己的网站的想法。在我的理念中，一所优质的幼儿园一定是处于开放状态的，不能关起门来办园。我想，这种开放应该体现在方方面面，既要有效地展示幼儿园的风采，又要传播园所文化，树立幼儿园的品牌形象。

建网站不是一件容易的事情，我们的要求更是严格。网站的整体设计结合了我们园所的特色和文化，甚至在网页色彩方面都要做到整体统一，力求做到最好。令我激动的是，经历了重重挑战，我们最终成功了，2011年2月11日，在全体教职工的努力下，我园的网站终于全面开通了！在此，我也非常感谢每位兢兢业业的教职工，他们的努力我看在眼里，记在心中。

我们设置了园所概况、新闻动态、班级主页、卫生保健、社区早教、党建专栏、招生信息、凯盛园和苏家坨园这几大版块。其中比较有特色的"班级主页"，将各班的活动实时展示给家长，让家长了解幼儿园的教育理念，真正做到家园共育。当然，我们的网站不是一成不变的，

而是随着幼儿园的发展不断更新完善。

开始建设网站时，我发现，老师们上传的内容可能在教育专业性方面有所欠缺，并不适合幼儿园良好形象的树立；有时活动的照片没有顾及班里的每一个孩子，家长对此可能会有意见。这些都是我们需要改进的。一方面，幼儿园不断地对老师进行培训，为大家找到更适合的宣传角度；另一方面，我们也开设了网页评比活动，通过这种相互学习的方式来提高网站水平。

有老师跟我提起，某个班的网页格外吸引人，我就想，应该每月组织所有老师进行一次网页交流。老师们自己介绍当月班上开展了什么活动，活动的目的、进行过程中的亮点等都可以和大家交流分享，好的想法互相学习，有问题的地方集思广益，共同解决，下次争取避免。等到年底的时候，我们还会组织老师们互相投票，评选出制作网页最优秀的班级进行奖励，这也算是一种有效的激励手段。

在与家长的沟通当中得知，家长们对班级新闻、卫生保健等内容比较感兴趣。也有不少家长提出希望可以在网站上建立一个留言空间，让大家把自己的看法发表在上面。但考虑到网络的不可控性，对于这个建议我们仍在斟酌中，不过如果家长对我们办园有什么好的建议或是批评指正，我们非常欢迎他们发邮件与我们交流，幼儿园也会及时把信息反馈给家长。

随着新媒体的发展，在 2015 年，我们又开通了"北部新区实验幼儿园"微信公众号，为实现幼儿园、孩子和家长的共同成长提供了又一平台。

争创一级一类幼儿园

回顾 2013 年，这真是北新实幼满载收获的一年，北新实幼自成立至 2013 年，已经迈进了发展的第三个年头。经过前两年的打磨，园所渐渐进入平稳发展期，如果这个时候没有新的目标，园所就会停滞发展。于是，我就和领导班子的老师们开会讨论，最终决定争创北京市一级一类幼儿园。

记得一开始，有的干部说："有很多园所也是按照一级一类的标准开园办园，可是他们也不着急经过级类验收。"听完，我表达了自己的真实想法："现在两个园所的发展大致稳定，正是向前迈步的大好时机。而且我觉得，我们不应该安于现状，相信经过这一次级类验收，我们整个队伍将会有一个很大的提高。"老师们也纷纷表达自己的意见，认为大家作为幼儿教育工作者，更应该有积极进取的精神。

在新学期伊始，我思前想后，经过多方考虑，有了大致的思路。之后与领导班子的老师们进一步探讨这个思路的可行性，确定了详细的争创北京市一级一类幼儿园的步骤。首先，最重要的一步，就是在前期做动员。记得丁老师说过："老师们是这次争创一级一类的重要组成，只要调动起大家的积极性，这个目标就完成了一半。"所以，在新学期的开始，我就召开了全体教职工大会，让两个园所的老师有了一定的思想准备，树立了这样一个大的目标和方向，让大家形成了一个共识——我们一定要争创北京市一级一类幼儿园！

随后我们将前面的思路落实在了行动上，采取了相应的具体措施。首先，我们根据北京市一级一类幼儿园的标准树立标准，对照标准自己查找问题。我们请了很多专家来看，包括保健专家、教学专家等，请他们来把关，经过他们的具体指导和帮助，我们的工作逐步完善。

在准备验收的过程当中，对老师们的动员大会收到了很棒的效果。大家时时刻刻都在查找自己园所的问题，包括专家们提出的一些细节的问题。我们领导班子针对问题考虑解决方法，大家都会制订计划，按时完成。老师们白天带完孩子，晚上还要加班，虽然很累，但是都无怨无悔。记得庞老师有天晚上跟我说："我看到有些老师看上去很累，就想让她们先回家休息，结果那些老师真是赶都赶不走。"我听了非常感动。

当时，相关领导也会来指导工作，他们在指导过程中提出：班里的环境还需要改善，各班老师组织活动的水平需要再拔高一些。于是我们就针对这两个问题采取措施，班级环境，除增加了绿色植物，还增加了自制玩具；而老师们组织孩子进行活动的能力，靠突击是突击不出来的，我们就一遍一遍磨，一遍一遍改，加紧时间培训、锻炼，老师们非常积极，将这次的验收当作提升自己能力的平台。经过一遍一遍的试教和提升，老师们也得到了磨炼。

验收的那一天即将来临，我们的老师虽然充满了信心，可是毕竟是第一次迎接大检查，心里还是有些紧张。于是我召开了动员会，鼓励大家说："在前期创建园的过程当中，大家已经形成了一种奉献精神的氛围，也形成了团队统一的标准，所以这次争创一级一类，是我们锻炼成长的机会，大家不用紧张，只要发挥出我们的真实水平就很棒了！"

专家组成员通过实地考察，对我园以人为本、和谐民主的园所氛围，教师朝气蓬勃、积极向上的精神面貌，一切为了孩子、优化教育环境的做法给予了高度评价。最后打分的时候，在同时争创一级一类的所有园所里，我们园所的得分是最高的，我及时和老师们反馈了这个消息，大家都很激动。本次验收工作的成功，是我园发展过程中的一个里程碑，它标志着我园的发展从此迈上一个新台阶。我们将用更高标准的要求，推动园所的发展！

/ 二 / 创建分园，融合发展

接管苏园，任重道远

2011年6月17日，经海淀区教育委员会第七次主任办公会研究决定，苏家坨镇幼儿园纳入北部新区实验幼儿园管理。我兼任该园法人，并在苏家坨镇幼儿园举行了任命仪式，海淀区委教工委副书记、区政府教育督导室主任尹丽君，海淀区教工委副书记郭景玉，组织科科长甘丽萍，海淀区教委学前科科长杨宝玲参加了会议。郭书记向我颁发证书，尹主任说道："希望北部新区实验幼儿园充分利用自身教育资源提供优质的学前教育服务！"

接管苏家坨镇幼儿园，对当时的我来说压力非常大。因为北新实幼刚刚走上正轨，各方面还处于起步阶段，很多工作都需要不断调整和完善。此时，又要接管苏家坨镇幼儿园，发展一个不同特色的新园，我的压力可想而知。而且苏家坨镇幼儿园各方面都和北新实幼有一定的差距，要想把它打造成一所优质幼儿园，确实任重而道远。

尽管如此，但我坚信"世上无难事，只怕有心人"。在全体教职工大会上，我真切地对大家说："我有信心做好，也相信我们这个新团队可以做好！"为了避免有老师担心两个园所的待遇有差别，我做出了"三个同等"的承诺："一是要实现北新实幼和苏家坨镇幼儿园同等的教育质量，二是要给两所幼儿园的老师同等的培训机会，三是让大家有同等的教职工待遇。"这是我对苏家坨镇幼儿园里的教师们的真心承诺，也是对与我共同奋斗过的教师们的激励，虽然表态有些过早，但这是我的真实想法。同时管理两所幼儿园，必须实现一体化，各方面的标准都要统一。

在全面接管苏家坨镇幼儿园之后，我马上与苏家坨镇幼儿园的领导班子进行座谈，全面了解了苏家坨镇幼儿园管理、教育和后勤的工作现状，把原在北新实幼任职的丁一调到苏家坨镇幼儿园担任执行园长，全面管理幼儿园工作。

针对一些问题，我和领导班子提出了"四大改造工程"——安全工程、卫生工程、礼貌工程、培训工程。我们一致认为，安全问题对于一所幼儿园来说是最基本的。丁老师一眼就看出一些问题，她说："这儿的大门很低，一般成年人都能迈过去，可能会危害到孩子们的人身安全"，"走廊里的楼梯也有漏洞，小孩子打闹时可能一不留神就摔下去了。大门要加高，楼梯旁应加扶栏，等等，这些问题都是我们需要立即着手处理的"。

老师们在执行园长的带领下做得很不错，一周后我带着领导班子前去检查时发现幼儿园已经焕然一新了。我非常开心大家能够一鼓作气干事业，也对他们这种认真的工作态度给予了肯定。之后利用假期时间，我对苏家坨镇幼儿园的老师们进行了培训，以提高他们的专业能力。不过对老师的培训和对孩子的教育一样都不是一蹴而就的，需要慢慢地引导，不可急于一时。当时，我也在一步步抓紧完善，在当年9月开学之前有了一个很大的改变。

此外，苏家坨镇幼儿园毕竟不同于北新实幼，它也需要一个全新的特色和主题，关于这个问题我还在思考中，老师们提出了很多不错的建议，我们也请过一些专业人士给我们设计方案，但一切还处在摸索过程中。经过齐心协力大刀阔斧的改革，现在的苏家坨镇幼儿园已经慢慢建立起了团队的凝聚力。改造过程中发生过很多磕磕绊绊的事情，我们一直按照规章制度处理，奖惩得当，树立了良好的风气，为幼儿园后期发展奠定了良好的基础！

凝聚团队，走进798

北辰园接管苏家坨镇幼儿园后，我召集北辰园的干部，跟大家做了沟通。我向大家表态："虽然现在我们还有困难，还没有完全建好，但是领导给了我们这样的任务，我们就要承担起来。"

动员归动员，但是在人力资源调配上还是存在一些困难。北辰园的干部和教师们有的不理解，认为北辰园刚建不久，再负责一个幼儿园会有难度，而且由于一些原因，干部们都不愿意离开辛苦经营的北辰园，为了照顾老师们的情绪和意愿，我们讨论决定暂时不进行人员调动，先让大家思考怎么在苏园开展工作。

第二天，原计划北辰园的老师要去北京 798 艺术区进行参观学习。我想：既然已经接过了苏园的管理，而且承诺要给两所幼儿园的老师同等的培训机会，那这次培训不正是两园教师融合的一次良好契机吗？当我把自己的想法说出来后，干部们都很支持，大家决定邀请苏园的老师一起去 798 艺术区参观学习。

幼儿园租了两辆大巴车。我在安排座位上用了个小心思，让两园的老师分散开坐在车上，你中有我，我中有你，这样大家便可以在旅途中互相交流，培养感情。苏园的老师大概是第一次参加这样的培训活动，年轻的老师们扬着稚嫩的面庞，很是兴奋。

来回的路上是让大家互相认识的好时机呀！我们在路途中精心设计的小游戏也让苏园和北辰园的老师们加深了了解，增进了感情，车厢里是一张张热情洋溢的笑脸，车厢外飘荡着爽朗的笑声。

终于到了 798 艺术区，我们将两所园的老师们穿插组队，以小组的形式进行参观。老师们在 798 艺术区尽情享受艺术带来的快乐，在轻松愉悦的氛围中，大家不断交流。这次参观不仅提高了老师们的审美水平，还增进了彼此之间的感情。尽管只有短短一天的时间，但 798 之行让两所园的老师们认识了、亲近了，有了一家人的感觉。培训结束后，大家合影留念，每个人都绽放着笑颜。在回去的路上老师们已经变得熟络起来，一路欢声笑语，大家有着聊不完的话题。今天，再看到当年的那张大合影，依然能够感受到当时每个人内心的喜悦和幸福。

为什么老师们笑得如此开心？因为北辰园和苏园老师们的心正在慢慢靠拢，相信用不了多久心就会连在一起！而当心连在一起时，两所园的美好明天还会远吗？

隋书记的"六一"慰问

家园共育也是我们工作的重点之一。在区妇联及海淀区教委的引领下，我们园所有幸成为"走进幼儿园，寻找最美家庭"主题活动的主要园所。为了更好地促进家园携手，使优秀的教育理念对幼儿的家庭教育产生积极的影响，以此活动为良好契机，我园开展了"忆家训、展家风"——北新实幼爱家文化展活动，通过经典家训故事展、最美家庭家训格言展的形式展示和谐、美好的家庭文化，同时宣传科学的家庭教育观。孩子们体会到了"生活是个大课堂，要给孩子更多体验的机会"，"尊老爱幼，学会分享"，"尝试做一些力所能及的事"，"能够体会家长的辛苦"，等等，并拍摄了相关的照片与其他小朋友分享成长的快乐。

每年开学初，为了帮助幼儿更好地适应新学期的生活，同时让社区居民有机会了解与幼儿互动的科学方法，我们还会选择在附近的公园开展亲子见面会活动。孩子们在教师的引导下尽情享受与家长一起游戏的快乐，增进亲子情感，体验集体生活的乐趣。这些活动有效地避免了幼儿因新学期初的不适应而引发的焦虑情绪。为了更好地发挥家庭教育辐射作用，我们还会邀请家长参与幼儿园的教育活动，他们会走进班级，扮演教师角色，为孩子们带来生动的课程。这不仅增进了家园之间的教育默契，还为我们的日常教育添加了新的生命力。

幼儿园的教育活动和开放活动丰富多彩，不仅得到了家长们的认可，还被大家口口相传。海淀区委隋书记听说后，对我园一系列活动非常认可，也很感兴趣。随着2014年六一儿童节的临近，海淀区委书记隋振江同志，区委常委、区委办公室主任李彦来同志，区委常委、区纪委书记芦育珠同志，区妇联主席车苇歆同志，区

委教工委书记张卫光同志，区教委副主任张彦祥同志以及温泉镇党委书记方海强同志、镇长林航同志一行 12 人莅临我园，为我们园所的孩子们送来了节日的慰问。

我陪同领导们参观了我园"忆家训、展家风——最美家庭在身边"照片的展览，还请来了大班的小朋友对照片里的故事进行讲解。

各位领导观摩了幼儿班级环境及安全教育活动，观看了"欢庆六一，放飞梦想"儿童节汇报演出。在整个过程中，各位领导对我园的整体环境打造、精致的校园文化、优质的教育教学水平，以及孩子们自信大方的精神面貌给予了高度评价，并鼓励北部新区实验幼儿园全体教职员工扎根北部，为海淀教育事业做出更大的贡献。对于我们全体北新人来说，这既是很高的荣誉，也是极大的鼓励。

难忘的示范园征程

回首 2015 年，争创北京市示范园的过程依然历历在目。当时按照要求，申报示范园的园长要先去给领导做试汇报。有一天早上，我接到教委的通知，说是第二天就要去进行述职汇报。其实我一开始还没有特别大的决心，一是因为时间太紧了，距离验收已经不到两个月了；二是因为在二期学前教育三年行动计划的有效推动下，这几年老师们都很辛苦，我想让大家都休息一下。但是在领导的鼓励和老师们的建议下，我还是决定一试。

那天一共去了十几家幼儿园进行试汇报，试汇报结束之后，领导说："今天参加试汇报的还需要再经过筛选，有条件、有能力的才会报上去，进行最后的验收和评选。"领导跟我说："肖园长，你的思路和方法都没什么大问题，可以申报，但是必须做好充分准备呀！"我当时听了领导这句话，心里既高兴又发愁，我本来就是

想试一试看看行不行，结果可以参评。现在能不能经过验收评上市级示范园，就看我们下一步的准备工作了，所以新的压力又来了。

我记得当时还在寒假期间，刚放了假想让大家都好好休息一下，结果第二天，正值周六，我就把领导班子的老师们叫来开会，跟她们简单明了地说明了情况，"领导说我们可以去参加评选市级示范园了，我们要决定一下，要不要去参选"。刘老师说："既然有这个机会，我们不能放弃啊。"大家也一起分析了我们到底是上还是不上，分别进行了表态。结果大家一致认为，困难再大我们也要上，但是时间非常紧张，4月16日就要正式验收示范园了。我立刻表明了自己之前的思路："我们市级示范园的争创也要循着一级一类验收的思路，首先要统一全员意志！"

于是在开年之初，北新实幼就正式拉开了争创市级示范园的序幕，全园上下齐心拧成一股绳。整个寒假期间，我和老师们都没有休息。领导班子成员就加班加点整理资料，在那么短的时间里，我们整理出来206盒的材料，多次召开头脑风暴研讨会，只为争创示范园做充分准备。还记得老师们加班加点进行环创以及多轮备课磨课，只为提高教育教学质量；还记得北新实幼深夜里灯火不熄，后勤人员整理物资，只为服务好大家。

在评示范园的过程中，有无数个感人的瞬间，至今我都清晰地记得。

那段时间，无论前勤还是后勤，大家都在为争创示范园忙碌。有一天晚上，小李迎拿着一个自制的小蛋糕，上面插了一根蜡烛，走到后勤主任刘少杰老师身边唱了一首生日歌，那一刻刘老师才意识到那天是自己的生日。小小的蛋糕，暖心的举动，让我感受到了一家人互相惦记的温馨。虽然辛苦，但是感动的瞬间无时无刻不在发生。老师们就是这样全身心投入评示范园的工作中，忘记时间，舍小家为大家。

终于，我们迎来了这重要的一天。记得那天来验收的一名专家对我说："我对你们园所的印象实在是太深刻了，北京市现场会的时候来过你们园所，当时你们连班都还没开起来，但是现在，你们已经在全市领跑了！"另一名专家说："时至今日，你们都建成三所园了，能争创市级示范园确实非常不容易啊！头一天还刮大风、沙尘暴，是漫天的黄沙，你们要是赶上那样的天气进行验收，估计就会受影响了。"我说："是呀，肯定是我们的辛苦付出，感动了天地，才会有这么美好的蓝天白云助力！"

那天，市级专家也是非常严谨地对我园几年来所付出的努力和取得的成绩进行验收检查，通过家长问卷调查、班级活动观摩、园长汇报、集体讨论、领导班子答辩、总结反馈等环节，从办园条件、园所文化、园所管理、队伍建设、教育教学、后勤保障、安全工作、卫生保健、社区早教等方面，全面系统地进行验收检查。专家们对所有方面都进行了评价，尤其是在理念上，跟我们讲解了许久，希望我们能够深入挖掘，再接再厉，让我们的理念发展得更加具体和明确。有位科长还特地提到，"他们的队伍是这么年轻，争创市级示范园确实要比其他园所困难，他们的工作量比其他任何园所的工作量都要大，在这么短的时间里建了三所园，对管理的要求也要相对更高一些。"

看到我们这支年轻队伍的成长，我也是无比自豪。在争创示范园的过程中我就发现，相比争创一级一类幼儿园的时候，我们的老师在专业方面和管理方面已经有了很大提升。不过争创示范园的要求和标准更高一些，有了之前的基础和经验，他们能够发现自身存在的一些问题，并且针对这些问题，迅速改善和提升，尽快达到标准。他们知道了自己的方向，自发要求进步的内动力也更强了。作为管理者，我在不断地检查、提要求的同时，也不断地提出解决思路，和大家一起努力。在这个过程当中，我们也培养了一批优秀的人才。

2015 年是北新实幼发展历程中值得铭记、骄傲的一年。我们以五年的时间取得了三步走、建三所园、实现三跨越的卓越成绩，光荣地成为北京市示范园。专家组对我园取得的成绩给予了充分肯定，并提出了未来发展需要进一步提升的建议。我园会始终坚持"绿色促成长 金色铸品牌 努力打造促进幼儿全面发展的温馨家园"的教育理念，以孜孜不倦的"绿色"情怀，去追逐"金色"阳光，为孩子们描绘更为灿烂的未来！

科学城里建新园

中关村科学城北区总面积 226 平方千米，北接昌平未来科学城，西以军温路连接门头沟，是辐射带动北京西北部高质量发展的强大引擎，是海淀区建设全国科技创新中心的战略腹地和发展纵深。北京市人大代表、海淀区委书记于军同志于 2020 年对中关村科学城北区提出"聚焦城市功能，进一步补齐配套短板，包括加快推进 22 个教育配套设施建设"等发展策略。

中关村壹号地处中关村科学城北区核心区域，天阅西山社区是新建社区，它右邻中关村壹号，相隔一条马路。随着北部新区的不断发展，高素质人才的不断引进，对高品质教育的需求也不断增强，尤其需要优质学前教育为科学城的发展服务，引进一个优质的公立幼儿园就显得尤为重要。于是组织上决定由北部新区实验幼儿园来承办这个新园。我们深知此次建园不仅是给海淀的教育增加新的活力，更是给海淀的前进和腾飞在助力，大家都怀着一种强烈的责任感和使命感。

当我第一次来到新园址时，立刻感受到了科学城北区给我的文化冲击，那里处处渗透着科技的气息。于是我们对园所的发展定位有了方向：如何为这里的科技人才服务，提供最优质的学前教育？我们就要从园所的整体设计到规划，以及前期基础建设，融进我们对教育的思考以及为海淀北区发展服务的理念。带着这样的思路，我们开启了天阅园的创建工作。

组建优质团队，助力园所发展

为了使天阅园能更好地传承北新优质教育品牌，组建领导班子和团队建设是我们深入思考的重点。

陈洁是一名从山后走出的优秀幼教人，对北部发展有着特殊的感情。毕业以来一直在六一工作、成长，在团队的培养下，骨子里浸润着一种红色奉献精神，不怕吃苦，勇于担当。十多年来，她逐渐从一名青涩的新教师成长为专业过硬并有一定管理经验的党员教师，曾带领团队分别承担国家级、市级"十三五"课题研究，荣获区级三八红旗手称号，曾获海淀区半日评优一等奖等荣誉。通过比对和推选，我们决定选派陈洁为天阅园的执行园长，并希望其能将自身的专业素养为园所发展注入新的力量。

保教工作不容忽视，它是传承文化和教育理念最基础的一个关键点。张磊是北新成长起来的优秀骨干教师，是北新文化的建设者和传承者，为人亲和、爽朗。她不仅熟悉幼儿园一日生活流程，而且还能立足于幼儿发展开展深入的课程研究，为北新的课程建设发挥了很大的引领辐射作用，是幼儿喜爱、家长认可、老师赞许的优秀教师，近几年还被评为区级骨干教师。她还是区级语言领域核心骨干组研究成员、"十三五"生命科学课题实践者等。基于以上条件，我们决定由张磊承担天阅园保教主任工作，负责园所全面的教育教学管理工作。希望她能很好地将北新文化传承、将教育理念传递，助力幼儿的发展。

谷振国在建园初始就来到北新承担食堂的管理工作，十年磨一剑，一直默默无闻地坚守在自己的岗位上，为园所尽心尽力、奉献心血。在他的身上，我们常能看到一股北新人特有的"干劲儿"，一种无私奉献、不计得失的精神，一股谦逊待人、向阳向善的处世态度。后勤工作既和谐统一又错综复杂，食堂管理是新建园后勤工作中特别重要的一环。谷老师有着多年的食堂管理经验，对于食堂内容早已铭记于心并践于行。相信谷老师能很好地胜任后勤主任一职，更好地为天阅园的建设出谋划策。

在园所建设的过程中，北辰总园的干部们一边为建园前期的各种项目做申请，一边为天阅园择选精兵能将。2020年8月27日，天阅园第一批成员顺利集结，由天阅园的干部们组织大家开展团队建设活动。每个人心中都燃起了勇往直前、凝心聚力建园的信心和力量。谭老师说："我从朝阳调过来，当走进北新时，就被园所文化深深地吸引了，老师们都非常热情，孩子们有朝气，就连环境创设风格也是那么现代。我特别喜欢这里，希望能在天阅园的建设中贡献自己的力量。"虽然老师们的话语朴实无华，但从中能看出她们对园所文化的感悟，对新园建设的期待和决心。大家都坚信，在接下来的日子里，我们定会扬帆破浪，不负韶华，谱写北新天阅建园新篇章。

开疆拓土，砥砺前行

2020 年对于全世界来说都是不平凡的一年，新冠肺炎疫情席卷全球。天阅园面临着如何既做好防疫工作又保质按期完成施工改造的难题。乘风破浪，踏歌而行，我们相信心中有信仰，脚下有力量。于是大家一同制定了各项防疫管理措施，采购各种防疫用品，并对保安及工人全面开展防疫培训，严把进门关，测体温、查看"北京健康宝"、填写来访人员登记表等，每一个人都认真完成各项防疫工作。

天阅园的干部们每天都会来到工地盯工程、订材料、碰设计，没有办公室就找一间屋子临时代替，建设期间无法起火做饭，大家有时从家里带一些，有时以泡面充饥，没有餐桌就露天席地而坐。有一次陈洁来到北辰总园汇报工作，会计看到她说："怎么感觉你今天没有以前精神啦？脸色不太好。"她笑笑回答："最近天阅园开始

土木工程，刚从工地过来，可能是脸上和头发上落灰的缘故。"其实我心里很清楚，他们都是在牺牲休息时间拼命工作，太累了。艰苦的环境，并没有阻挡我们建园的热情，天阅人表现出了吃苦耐劳、勇于奉献的北新精神，每个人都在用积极阳光的态度来面对每一次的挑战。最终，在大家的共同努力下，天阅园装修改造工程按时并保质保量地完成，历时 150 余天。

环境启迪，文化浸润

"笑对笑开花，手拉手成林"是我园的办园理念，园所标志也同样表达着这样的含义，"老师和孩子们手牵着手在美丽的葵花园中快乐成长"。针对天阅园建设的思路，我们在原有标志的基础上添加了机器人的形象，象征着"科技与幼儿园生活的融合"。

在园所建设过程中，将楼前地面下沉区域依型改造成具有文化元素的玻璃悬空地台。地台落空 35cm 左右，首先映入眼帘的是中间的文化标志，随着光影的折射给予孩子探索的无限可能。地台内四周由五彩 LED 灯带环绕，夜晚霓虹闪烁为楼前空间增添了许多科技的幻彩。这样的设计除了借型打造、文化浸润，也给孩子们提供了更多的发现惊喜的空间。地台运用悬空玻璃的处理方式，在孩子们第一次走上去时，会对其心理产生挑战和冲击感，但站在未来的角度去思考，让孩子们在生活中经历不同的刺激，使他们去感受、传递多元的思考方式，定会为他们的成长助力。

万事俱备，天阅喜迎小新叶

2020 年 9 月 21 日，伴随着金秋的美好与芳华，北部新区实验幼儿园天阅园在海淀区教委领导的支持下，在西北旺镇政府和科学城领导的关心下，经历了疫情之中的装修改造、文化创设、家具和玩具的采买以及各项区级检查后，在同期建设的 9 所公立园中，率先开园啦！这座屹立在

北部新地标——中关村壹号之中的葵花园，翻开了崭新的一页。相信在未来的日子里，我们天阅人将会继续秉承北新实幼"笑对笑开花，手拉手成林"的文化理念，用心做教育，用爱育幼苗，不断精益求精，开拓创新，将优质的教育资源辐射北部新区，为民服务，为海淀发展做出贡献。

如今我园已经是一园四址，灿烂的葵花园在山后开枝散叶，造福山后的百姓，为海淀教育增添了亮丽的一笔。"人生百年，立于幼学"，我和我园的老师们会扎根山后，为孩子们深耕一片幼教沃土，静待他们长成参天大树！

/三/ 文化提升，开创新纪元

向品牌化迈进

五载征程路，满满收获行，北新人经过五年的奋斗，取得了一系列令人瞩目和称赞的荣誉，自 2010 年 10 月建园到高质量完成市级示范园验收，北新实幼经历了五年"三步走""三跨越""建三园"，成为百姓口中的"建园奇迹"。五年的发展，我们在文化中成长，在文化中积淀，也在践行文化的过程中不断探索教育的真谛！站在全新的历史起点，我们需要沉下心来思考我们的文化，思考什么样的文化更适合园所的长远发展，如何更好地服务孩子的发展，如何真正建立自己园所的品牌文化。

幼儿园文化建设的核心是园所文化。园所文化是在长期实践、琢磨中不断筛选、提炼、凝结起来的一种具有独特凝聚力的道德规范、行为方式、管理理念和文化氛围。它不是一朝一夕所能形成的，需要有一个不断推进、发展、保持的过程。你如果想去看徽州建筑，自然会想到西递、宏村；你如果想去看明清时代的宫殿、园林、民居，首先想到的会是北京的故宫、颐和园和四合院，这就是文化积淀的力量。如果说到北部新区实验幼儿园首先会让人想到什么呢？幼儿园要想创建特色，树立个性，将教职员工凝聚在一起，增强幼儿园的核心竞争力，就必须打造自己的"园所文化品牌"。

随着新课程改革的不断深入，教育集团化进程逐渐加快，幼儿园管理正在从经验管理、制度管理向文化管理转变，我们也越来越意识到文化对教育、发展的重要

意义。"扎根北部新区，实现幼有所育，办好人民满意的教育"是北新人的内心独白，"培养什么人、怎样培养人、为谁培养人"是北新人教育思考的核心问题。遵循立德树人的教育本真，在教育现代化的背景下，结合国内外先进的教育理念，从优秀传统文化中汲取精神力量，我们对园所文化进行了新的定位和规划。基于"双色教育"理念，注重"触摸前沿，放眼世界"，同时"着眼当下，看见儿童"，进而确立了"葵花森林"文化特色定位，即"笑对笑开花，手拉手成林"的办园理念、"三年叶花果，一生木林森"的教育愿景，以及"有爱、有趣、有益"的工作园训。在园所形象方面，我们结合自身发展特点和现实需要以全新升级的校园文化为核心，运用幼儿和教师都喜欢的画风，重新定义了幼儿园园标形象——五彩斑斓的向日葵。它寓意着北新孩子茁壮成长、无忧无虑地游戏；寓意着五颜六色的儿童世界以及他们无限的畅想；更寓意着一张张灿烂的笑脸，360度的绽放，360度的欢乐。真正地让每个生命在北新实幼像向阳花一样，绽放出绚烂、温暖的色彩！

文化不仅是一种精神纽带，更是一种发展战略，是集团化发展的必然要素。园所文化还是一种价值观，它将园所的教育思想、教育理念体现在管理制度之中，体现在教育实践之中，体现在教职员工的行为之中，以引领教师共同成长，营造出一种积极向上、蓬勃发展的学习氛围，激发教师的工作积极性、凝聚力和向心力，以文化促发展。开拓奋进的北新人初心不改，在新文化的引领下相信会迎来更灿烂辉煌的明天！

多维融合看世界

随着社会的发展，国内外越来越重视对学前教育的探索和研究，并且将理论与实践很好地融合到了一起，但是国内外的学前教育理论和教育实践，又不尽相同，各具特色。

对于国外的学前教育理论和教育实践，如何在立足本土幼儿教育现状的基础上，做到取其精华，去其糟粕？如何在丰富、拓宽本园新文化体系中，做到多维融合，使"葵花森林"更加枝繁叶茂？带着这样的思考，我抓住一切契机，充分利用各个学习机会，让北新的老师们接触新的教育理念，走在学前教育前沿，让北新的苗苗们接受全面的、现代化的教育。

走进英国——重新审视个性化教育的真谛

2011 年 11 月，我有幸随北京市督导团去英国进行走访学习。英国的幼儿园大多是家庭化的，规模不大，但是环境布置很精心，给人一种温馨、自然、舒适、和谐的感觉。虽然不像国内幼儿园一样有着鲜亮的活动室、宽敞的接待室、可供孩子们随意奔跑的运动场，但其园所及室内的设计却格外精致和吸引人，所有的色彩和线条都是那么鲜艳、和谐。区域里丰富的玩具、墙角美丽的插花、孩子们自制材料的展示……一切的一切，都让我感受到无处不在的爱的氛围、家的惬意。

英国学前教育理念的精髓在于充分尊重和发展幼儿的个性，这一点在孩子们的一日生活和游戏中有着充分的体现。

英国幼儿园的课程以游戏为主，孩子们在游戏中学会观察、发现、探索、讨论，通过游戏的情境去理解和感悟真实的世界。游戏就是孩子们最好的环境和最适宜的养料，在自由、开放的游戏情境中，孩子们能够吸收充足的养分，进而茁壮成长。

在幼儿园里，经常可以看到教师们拿着笔记本记录着教育的实况和幼儿在活动中的表现。他们会针对每一名幼儿的个性特点制定发展目标和课程方案。教师们对幼儿个性的尊重是真实的，而非流于形式。在英国的幼儿园里，孩子们的作品可以被一一展示，没有好坏之分，通过实名展示的方式，孩子们的个性和自信得到了充分的发展。即便是幼儿的进餐环节，也渗透着尊重个性的教育理念。对于进餐有不同

需要的孩子，幼儿园为他们设计了不同标记的餐盒，虽然饮食很简单，但是幼儿园里的营养师会根据每个幼儿的不同需要进行食物制作和配餐。

通过此次学习，我提取了英国学前教育的最大优势：无论是在教育还是生活中，他们的教师都是以幼儿的兴趣和需要为主，充分尊重幼儿的意愿和天性。

日本之行——关注生活中的教育

2017 年 8 月 6 日至 8 月 12 日，我随北京幼儿体育教育考察团考察了日本东京和名古屋的幼儿教育，深入了解了这个国家的文化和风俗。

最具特色的幼儿园莫过于东京藤幼儿园了。现在回忆起来，有几幕仍然记忆犹新：

看似没有活动设施，但教育者更鼓励幼儿创造，让儿童自己去自由地玩耍；

让幼儿体验农场劳动，提供最自然的食物；

孩子过生日时都可以骑上幼儿园饲养的小马游园；

幼儿园一年四季让幼儿感受自然带来的快乐，随处可见草地和小凳子。

幼儿园提倡培养创造幸福的人，因此教育中也注重生存能力的培养，为入学做准备。

我们还来到了位于名古屋附近的政府幼儿园、太阳幼儿园、森林幼儿园。还记得吉田学园园长向考察团介绍森林幼儿园的情况，她说："森林幼儿园建园 25 年了，属于吉田学园，是私立幼儿园。幼儿园坐落在绿树掩映的山坡上，由一座座小木屋连接园区，每个小木屋就是一个班级。每个小木屋之间有小路连接，孩子们穿梭在

由简单的遮雨棚间隔的木板小路上，与大自然亲密接触。拾级而上，粗糙的木制台阶就是最好的锻炼。幼儿园主要是为幼儿创建环境，鼓励幼儿自主探索，让幼儿在玩中成长。在幼儿园里，老师是幼儿学习的跟随者、支持者，在幼儿游戏的时候不是干预幼儿游戏，而是给予必要的帮助和支持。教师要随时观察、记录幼儿的游戏情况，与家长沟通。"

一切皆为课程，一切自然的材料皆为幼儿提供学习的支持。孩子们就是在这样的环境中成长的。所以说大自然是孩子们成长的最好场所，孩子们的成长不在于玩具多么高档，而在于教育者在实践中做到以人为本；成人对孩子的呵护不在于包办和代替，而应该让孩子从小参与劳动，接触自然，让孩子在生活化、自然化的教育中学会"微笑"与"感恩"，成长为对社会有所贡献的个体。

上海之行——名家汇集，在沉淀梳理中汲取精华

2018 年 4 月 20 日至 23 日，我带领我园骨干干部一行六人到上海参加了上海国际幼教年会组委会和世界园长大会组委会举行的"2018 国际自然与森林教育园长高峰论坛"。

为了提高此次学习之旅的效率，捕捉每一个体现教育价值的关键信息，我们出发前进行了详细分工。李老师负责组建"上海学习"微信群，在群里传达各项关键通知，方便大家出行和沟通交流；曹老师和张老师负责"学习记录"，将全程的论坛内容、交流内容记录下来，以备日后学习和研讨；我负责组织每日的学习收获分享会；刘老师负责分享会的会议记录。正是因为有了明确的分工，大家各司其职，保证了我们这次学习行程顺利而充实，也为园所老师们带回了重要的学习素材。

这次的高峰论坛在上海的一个幼儿园召开。参与论坛发言的嘉宾是来自英国、

芬兰、日本、中国四个国家的教育专家和森林教育的实践者。通过聆听和研讨，我们感受到各国对学前教育的重视和各国森林教育的独特风采。每天学习结束之后，我都会组织老师们在宾馆里进行小的分享会，请大家把当天的学习过程进行沉淀和梳理，回顾和讨论当天的收获和感想。我们的老师从本园现实情况出发，对本次学习都有不同的思考角度，每一个人就当天的学习内容进行了简短的总结分享，总结会虽然短暂，但是老师们的思考，带给我很大触动、很多启发。

刘老师说："我们的文化定位'葵花森林'借用了森林教育的理念，但并不是套用森林教育，而是吸收融合，在我们原有葵花文化的基础上，加上自然、人本、自由、开放的森林精神，使我们的文化更加明确，更加前沿。"

李老师说："有两位专家的讲解让我印象深刻。上海菲索幼儿园王园长说，未来20年是大发展的时代，我们要站在未来20年的角度上思考教育。日本省我森林幼儿园园长、保育环境研究所所长藤森平司先生说，未来20年具有优势的人是具有高创造力、高社会能力的人。我们应该赋予自己怎样的角色和使命来投入教育工作？是为了糊口养家而完成一份工作，还是能站在更高的格局之上，希望为地方、为区域的幼儿和家长提供更好的教育服务？还是希望通过自己现在的努力为未来国家的发展做出贡献？为自己赋予怎样的角色和使命，就能迸发出怎样的能量。"

随后丁老师也发表了学习的收获和自己的思考："对比中外教育的不同，我感到由于文化不同所带来的教育制度和理念是存在一定差异的。比如，安全问题是大家都非常关心的一个问题。在我们中国，尤其是公办园，在外出活动中安全问题是重中之重。要层层申报、审批，才能够组织幼儿外出活动。但是在芬兰，听到与会的芬兰专家谈到他们国家是在制定法律时就规定一个幼儿园必须要组织幼儿到大自然中去活动，如果没有这样的活动是要受到处罚的。在日本教育专家介绍的日本教育中有两点突出了日本的民族文化和培养目标。在培养自律性的保育计划中，通过远距离散步、爬树、照顾等表现活动，将火木土等元素融入玩耍中，实现教育目标。在这些活动中我印象比较深刻的是他们尊重幼儿的选择，在孩子很小的时候，几个月开始就让孩子学习选择，选择自己需要吃几块饼干，选择自己吃有夹心的点心还是没有夹心的，在选择的同时为幼儿提供了愉悦的生活氛围，提升了幼儿的生活能力。在生活中更是重视幼儿自身的成长，而不是消极地保护，不是用成人的过度呵护来干涉孩子的发展。"

……

三天后我们带着满满的收获结束了这次上海之行，回园后我们对全体教职工进行了二级培训，并对老师们提出了更高的要求：开阔视野的同时，希望老师们能立足我园的文化定位，取长补短，坚持把我园的文化理念落实到教学实践和园所管理中。

立足本土再思考

每一种教育模式都是本土文化孕育的产物，但其根本目的都是依托一定的环境，通过一定的方法，培养将来符合社会需要的人。不同国家，不同地域，依托的环境不同，使用的方法不同，对社会需求的定义也不同，所以在借鉴别的教育模式时不能全盘照搬，应做到取其精华，优我所有，结合自己的实际需求，探索出自己的教育模式，这才是我们学习的真正目的。

透过国际视野，我们能够清晰地感受到不同文化滋养下的幼儿教育，这不仅让我们有了更多样的教育智慧，而且丰富了我们对文化的思考。作为中华儿女，博大精深的中国文化是我们与生俱来的宝贵资源。作为新时代的幼教工作者，我们需要有更加理性的"舶来"态度。因此，在放眼世界的同时，我们也对自己的追求有了更加深刻而清晰的思考：幼儿园的文化建设归根结底要服务于幼儿的发展，透过国内外幼教视野，我们可以获得一些共通的教育启示。

关于儿童：每一个儿童都是独特的，每一个人的成长都是有生命规律的。我们要看见儿童，尊重儿童。

关于教师：我们的职责就是要尊重儿童的独特性和守护儿童成长的规律性，不断提高自身道德修养和专业素养。

关于课程：幼儿的课程是真实、自然、生活的内容，是教师和幼儿共同建构的一切课程和活动，要以幼儿园为主，让幼儿做活动的小主人。

关于环境：自然、多元的环境有益于幼儿健康快乐、富有个性地全面发展。

在众多启示下，我们也将理论落地，不断完善幼儿园环境，设计了丰富多彩的园所活动。

我园重视幼儿的兴趣和个性发展。然而，当我们面对"如何尊重幼儿的个性，促进其全面发展"的问题时，是否要放弃良好的行为习惯培养与合理的规范要求，而随时随地无条件地满足幼儿的个性需要？这是需要思考的。一味地满足和不考虑幼儿的个性需要，两者都是不可取的。在今后的教育中应该更多地寻求幼儿个性需要和规范要求之间的平衡，努力让每个幼儿都获得适宜的发展。

以"看见儿童"活动为例。我们在"看见儿童"理念的引领下进行了分级教育活动。该活动在各个年龄段以不同的形式展开：小班的主题是"爱是最美的语言"，中班的主题是"爱要大声说出来"，大班的主题是"点赞进行时"。小班开展"夸宝宝"家园共育活动时，家长通过照片、书信、故事、录音等方式对宝宝在家里的情况进行赞美。每天老师和孩子们一起打开这个神秘的信箱，和孩子一起阅读来自爸爸妈妈的赞美，从孩子的表情和行为上我们感受到了这样做的意义。中班开展"赞美漂流瓶"活动时，孩子们兴奋不已，不仅能够感受赞美的力量，而且逐渐用欣赏的视角看待身边的朋友和世界。大班结合孩子的年龄特点，同伴之间的点赞，自己对于自己的点赞都在进行中。这也正体现了我们园所文化所追求的"微笑向暖，众木成林"理念。

此外，我们还借鉴了"森林教育"理念，并将它与自身优势相结合。从幼儿角

度出发，通过课程改革和活动改变，充分挖掘我园环境和周边环境资源，为幼儿营造天然的成长环境，通过更开放自主的课程和活动，引导幼儿变得更加独立自主、勇敢坚强；从后勤角度来讲，周边没有大森林，我们就充分利用现有环境，想办法改造户外环境设施，比如在合理范围内尽可能多种植树木、种植各种花草，再比如打造沙水游乐设施，让户外环境更符合孩子成长的需求；在幼儿园外，充分利用小公园、稻香湖、湿地公园，甚至是附近的山区景区，多组织孩子们外出活动，开阔眼界、增长知识、学习技能，让孩子们尽可能地在自然中快乐成长。

　　未来的发展任重而道远，而我们需要做的，就是基于我们的儿童、基于我们的教师、基于我们的课程、基于我们的环境，描绘出具有我们独特气质的发展蓝图……

构建新文化体系

　　童年是人生的重要阶段，人的品性在童年开始形成，长大后成为什么样的人，在一定程度上取决于童年时的所学与所为。随着对园所文化的不断实践，我们根据前期思考，结合中华优秀传统文化与现代文明的精华，遵循立德树人的教育本真，在全体教师和孩子的共同参与下，将北新实幼的文化体系变得更加完善。

　　"笑对笑开花，手拉手成林"是我们的办园理念。您如果从北新实幼的门口经过，一定能看到那色彩靓丽、富有童趣、灿烂绽放的葵花园标。它寓意着五颜六色的儿童世界以及他们无限的畅想；寓意着一张张灿烂的笑脸在这无忧葵花园中尽情绽放，更寓意着北新实幼的老师和孩子都有像葵花一样向阳、向上、向善的精神内涵。走进北新，目光所及是干净温馨、清新自然的园所环境；是妙趣横生、充满童趣的环境布置；是孩子们天真烂漫的笑容，活泼自由的游戏，处处透着蓬勃的生机和活力。老师和孩子们的笑脸中带着幸福，每个人都在用微笑传递着善良、关怀和友爱。希望来到葵花园的每一个生命都能够微笑向暖，向阳而生，希望每一个北新娃能够在和谐美好、温暖积极的园所文化熏陶下，收获弥足珍贵的成长和快乐。

"三年叶花果，一生木林森"是我们北新人心中美好的教育愿景。这一愿景代表着我们北新人对北新娃的期望和祝福，希望孩子们在三年的幼儿园生活中，尊重生命成长的秩序，经历长叶、开花、结果的过程。三年的幼儿园时光何其珍贵，北新的"园丁"们用温暖博大的胸怀滋养一颗颗有趣的心灵，用精湛的专业技能培养孩子们良好的生活习惯、行为习惯和学习习惯，为他们的一生铺上积极、阳光的底色。希望每一名来到北新的幼儿都能够在老师的爱护和引导下，快乐生活，自然成长。希望"小新叶"们努力汲取养分，舒展开来，变得枝繁叶茂，最终开花结果，收获满满。回首十年，北新的葵花苗苗们，已经沿着木林森的节奏，走向一个个人生新的起点。近千名孩子在北新实幼度过了幸福快乐的时光，而这一段时光也定会成为他们心中无限美好的回忆。

"有爱、有趣、有益"是我们的工作园训。在北新，师师、师幼和幼幼之间要营造快乐有爱的生活学习氛围；老师们要发挥自身聪明才智，为幼儿设计丰富多彩，充满乐趣的游戏活动，让孩子们在快乐游戏、美丽葵园和神奇大自然中大胆探索，充分表达，收获知识和技能，一起快乐成长。北新实幼的文化，通过巧妙的环境设计被彰显出来。在每个班级的门口以工作园训"有爱、有趣、有益"进行主题文化墙设计，让理念落实在日常当中，推动着每一个人天天进步、朵朵向阳。无形的理念识别化为有形的视觉识别，让葵花森林不仅生长在眼中，更茂盛在心底。

走进多功能大厅，抬眼望去，是一片片舞动着的葵花叶片。学习、会议、活动……在有限的资源里，葵花森林演绎出了多变空间，以及无限畅想。行走在葵花森林里，也许只是视线偶尔的转换，就可以发现一个惊喜。幼儿园的一些景观、雕塑、软装、配饰设计，蕴藏着葵花森林的秘密。我们这所神奇快乐的葵花园里每天都发生着有爱、有趣、有益的故事。

/四/ 优质辐射，馨香远播

有朋自远方来

随着我园的不断发展，我们先后接待了一批批国内外远道而来的客人参观交流，他们既有来自国内青海、四川、山东，以及周边姊妹园所的幼教同仁，也有来自挪威的幼教师生。在接待的众多客人中，有新生幼教力量，也不乏国内外的知名学者与专家，他们有的来自刚刚起步的初建园，也有的来自经验丰富的名园名校。作为北部地区的优秀示范园，我们时刻以开放的胸怀真诚迎接每一位来访者，更珍惜每一次交流互动的机会，在思维和文化的碰撞中互相促进，获得更好的发展。

还记得挪威教育学院的师生们刚刚踏入北新的那一刻，正赶上孩子们在户外游戏，尽管语言不通，但是孩子们自由自主的游戏氛围深深地吸引着这群年轻人。他们和孩子们一起过梅花桩，一起玩翻山越岭，小朋友们还热情地领着他们一同玩滑梯、荡秋千，他们就像一群天真的孩子玩得不亦乐乎，并由衷地对孩子们说："你们的幼儿园太有意思了，这些大型的玩具我们还是第一次玩，你们太幸福了。"

对于我们的文化体系，客人们都赞不绝口。同时，基于他们本国的教育现状也提出了疑问："如果没有这么丰富的玩具，你们还能给孩子带来什么样的教育方式，激发孩子的活动兴趣和满足他们的探索需求呢？"于是，我们向客人介绍道："我们园还主张开放式教育，充分利用社区资源和周边优美的自然环境，带孩子们在开放式的环境中活动，在生活场景中接受教育。"听完后，他们点头称赞，并向我们表示，

这一理念将为他们的教育方式提供借鉴。

在向外输出优质价值的同时，我们也及时抓住每一个能提升自身的契机和细节，针对本园的实际资源，我们开拓出了小区内的一片小树林作为孩子们的"秘密花园"。春天让孩子们感受小草钻出地面的喜悦，枝条一点点萌发出新叶的生命力；夏天聆听虫子的呢喃和欣赏彩虹的绚烂；秋天感受树叶和西风的较量；冬天陶醉在雪地寻踪的快乐。在这个小树林里，孩子们感受着四季的轮回，体验着自然的美丽，沐浴着阳光雨露，和这些小树一同茁壮成长。正如挪威的阿斯塔教授对于森林教育的理解：孩子们就像一棵棵小树，我们需要照顾他们，帮助他们变得更强，有一天，成为一片大森林。教育必须充满爱，充满乐趣，并且能够使他们终身受益。

让我印象深刻的还有来自秦皇岛北戴河的老师来我园跟岗实践的经历。

2020年的金秋时节，带着期望，带着责任，北部新区实验幼儿园接待了来自秦皇岛北戴河的四名老师。本着"资源互享、互学互助、共同发展"的理念，我们高度重视、精心策划、细致安排，从园所文化、课程建设、家长工作、园本教研、日常指导、工会活动等多维度设置跟岗内容，创设开放互动、优势互补、共同成长的学习环境，让每位老师来有所学，学有所获。

第一天为了消除大家的陌生感，更好地相互了解，我们组织开展了破冰游戏——九宫格，老师们先在九宫格中书写了自己的性格特点、兴趣爱好，之后进行了分享交流，大家很快找到了共同的兴趣爱好："太好了！您也喜欢阅读和旅游呀？""对，是的。我比较喜欢安静地看看书。""您喜欢吃什么美食？""海鲜。""那有时间到我们北戴河来吧！""我看您的介绍，做事认真、热情开朗。""我也是这样的人。"在热情的攀谈中，安静的气氛一下子活跃起来，也让我们的初识更加生动自然，让我们更快地走近彼此，为今后的学习营造了很好的氛围。

这几位秦皇岛北戴河的老师来自什么样的幼儿园，什么岗位呢？他们幼儿园有多少个班？有什么样的课程？老师们的工作管理经历是怎样的？他们期望在这次跟岗学习中有怎样的收获？带着这些疑问幼儿园设计了问卷，如园所概况：班级数量、幼儿人数、教师情况、园所教育教学情况等；跟岗老师的行政职务及主要工作内容；初到北新看到了什么？听到了什么？心情是怎样的？您有什么感受？在这次跟岗学习中期待从哪些方面有所收获？通过这一系列的问题，我们对这几位老师了解得更加深入，同时清楚地知道对方的需求，再与我们的计划匹配微调，能够有的放矢地组织活动，按需而动，更大限度地满足学习者的需要，使其学有所获，获有所悟，悟有所行。

在互相了解之后，我们带领几位老师一起走进班级，融入幼儿之中，感受我园的教育理念。当时，园所的五子棋争霸赛正如火如荼地举行，受到孩子们的邀约挑战，我和跟岗老师一起来到了大三班，在区域游戏时间开展了老师与孩子的五子棋大赛。首先挑战的是三个男孩子，对弈园长和两位客人老师，孩子们的热情影响着大家，一轮过后，老师们"领教"了孩子们熟练的棋技，不敢掉以轻心，专注地迎战。跟岗的罗老师说："这小伙子还真是厉害，必须认认真真地对待，不能小看他们。"孩子们有了胜利的激励，更加有信心，激烈的第二局、第三局又开始了，虽然最后的总比分是教师团队获胜，但是孩子们并没有垂头丧气，反而越挫越勇，相约下一次挑战的时间。老师们对孩子们良好的学习品质给予了高度的赞扬，在区域讲评时我就此活动进行了提问式的总结，如何应对暂时的失败和情绪的管理。当小壮小朋友说"失败是一次经验"时，大家送给他热烈的掌声。通过小小的五子棋活动跟岗老师感悟颇多，一是欣赏幼儿园老师能够蹲下来，耐心专注地陪同孩子们游戏，是一名平等的游戏者，以自身为榜样，引导孩子在下棋活动中学习情绪管理、心理建设；二是被孩子们积极阳光向上、不服输的态度，敢于挑战的勇气深深感染。跟岗老师在活动中感受到了园所培养孩子的理念和方法。

棋区活动像是一道开胃菜，激发了跟岗老师继续参与幼儿游戏活动的兴趣。在老师们的期待中，"创意来敲门""故事连连看""童话变变变"，有趣的教研活动开始啦。带着好奇，老师们开始了创意之旅。"蛋壳碎了，蛋壳里面有什么呢？""帽子里的小东西是什么？""是谁在敲门？门外面是谁？"老师们头脑风暴，创意无限。"帽子里的小种子发芽了。""蛋壳里面是龙。""宝宝打开门是双十一大惊喜。"……把有意思的图片连一连，组成一个有趣的小故事！多个人物选择一个，多样物品选择一个，多种交通工具选择一种，多处地点选择一处。你的人物遇到了一个东西给他带来了麻烦……接着……可是……最后……"小蜗牛赵小牛走在马路上发现手上的猫，到家之后发现飞船，坐上飞船去太阳上生活，结果发现与地球生活不一样。但是非常喜欢，很开心就在太阳上生活了！""蜗牛的名字叫猫，猫的名字叫蜗牛，

猫买错票了，买了张船票结果反而到达了想去的地力，但是是个孤岛，再也没有办法见到心爱的猫了。"跟岗老师们也展开了想象的翅膀，带来了好听的离奇故事："蜗牛收到了一个礼物，带着礼物坐上了飞机，结果坐错站到了一个孤岛，不过和礼物在一起还是很开心。""小女孩收到了一个礼物，打开以后发现是一架飞机，飞机想带她去一个美丽的地方，结果是个孤岛。"奇思妙想之旅，老师们创造了了不起的故事。古老的童话故事焕发出新的生机，师生们在童话变变变里感受着传承与发扬。

师生们想象无限、创意无穷，打开了想象的翅膀，在参与式培训中启迪智慧，在宽松的氛围中接纳彼此的奇思妙想，体现出对彼此更多的尊重。老师们也有了很多感悟："今天的研修活动，故事情节设计巧妙，深深吸引着大家，让每个人都激发出了自己的想象力，一张纸一扇门，创设出不一样的剧本，让我们体会到，孩子们的创意是多么奇妙。我们还在语言区利用书中的情节设计了立体的可粘贴的游戏，让孩子们去尝试发现。""换一种形式讲绘本，让每个孩子都动起来。""通过今天的研修活动，我体会到了不同方式的绘本阅读，也更加说明 100 名幼儿就有 100 种语言。通过绘本引导，幼儿能大胆思考、创新，创作属于自己的书和故事，能充满自信、拥有自我。在日常的活动中，要给予幼儿想象创作的空间和多种开放式的支撑。""今天的研修活动感觉很轻松，没有固定答案，每一个答案都代表每人不同的想法，答案没有对错，体现出开放的教育思想。在今后班级活动中，要多给幼儿开展符合其年龄特点的开放式活动。""今天的活动，给我的感觉是思维很开放，不那么局限，可以自由发挥。虽然在这种半开放的绘本中，有固定的模式可选，但是对于阅读的人来说，却也是很跳跃的活动。接下来，我们也将尝试，带着孩子们去说一说，讲一讲，从最基本的开拓思路去说起，然后逐渐加入绘画，这也将会是锻炼孩子们多方面能力的一种有效、有益、有趣的活动。"

头脑风暴过后，我们带领跟岗老师一起感受北新人"快乐工作，幸福生活"的节奏。虽然天气有些微冷，但是抵挡不住大家参与工会趣味运动会的

热情。韵律操舒缓了我们一上午工作的劳累，由幼儿园为数不多的男老师绕园领跑从外暖到心里，之后大家各就各位大展风采：投壶、踢毽子、限时投篮、打桥牌、运西瓜。加油声、欢笑声萦绕在耳旁，快乐工作显得如此简单。跟岗老师也积极参与其中，在固定竞赛项目和自选游园项目中，大家感受着运动的快乐。赛后颁奖，我们精心为跟岗老师准备了小礼物，传达我们北新人生活工作的态度，倡议大家幸福生活从健身开始！

短短的两周跟岗学习活动结束了，我们感叹时间的转眼即逝。跟岗老师感受颇多，也为我们留下了动人的心声。

北新实幼给我的启发和收获
——北戴河新区潮河小学幼儿园罗濛老师参观北新实幼所感

带着几分眷恋、几分回味、几分收获结束了两周的跟岗学习。感谢新区教育局领导能给我们这次跟岗学习的机会，让我感触良深；同时也感谢北京市海淀区北部新区实验幼儿园领导的悉心照顾和细心指导，让我感到家一样的温暖。我们一行四人，在肖园长的带领下，我和张老师来到了北部新区实验幼儿园的分园——凯盛幼儿园，在凯盛幼儿园的这段时间里，我看到了更多常态下老师们组织的活动，这样的活动让我们感到朴实和自然。在这里我所接触的每一件事都是新鲜的，都能让我产生感悟和反思。我不仅更新了以往的教育观念，还开阔了视野，每天我都会将自己的所得、所感记录下来，回来后，认真地进行总结，下面我谈谈自己的一些收获。

（一）园所文化美

凯盛园的园所文化体现着"有爱、有益、有趣"的办园理念。环境的创设凸显

园本特色，环境育人。环境的创设集教育性、人文性于一体，充分体现了老师们独具匠心的一面，每一层空间的布局都是根据绘本故事情节创设的，楼道内有可供幼儿动手操作的绘本游戏材料，这样小朋友可以边排队等待边操作游戏，避免了消极的等待。独具特色的百鸟园绘本馆，增强了环境创设的趣味性，里面是各种鸟类的模型和与鸟类有关的绘本故事，幼儿可在欣赏故事的同时探索鸟类的特征。班级内环创的细节管理非常出色，细致入微，小到班内的每件设施饰品，都有深刻的内涵，使每个班级就像一个小家，富有情趣，身在其中让人心情愉悦。主题墙上那些艺术品，是孩子、老师用废旧物品做成的。这些真的给了我很大的触动。根据绘本内容做出的环创活动，给了我很多的灵感，我想优美的环创不是凭空想象的，而是赋予了一定的内涵。这种环创我认为是有意义、有灵性的，也正是我园探索绘本之路要学习借鉴的地方。绘本阅读的延伸，依据绘本开展活动，既有助于理解绘本内容，又能激发绘本阅读的兴趣。

（二）一日活动体现自主性

观摩了中一班的一日活动，可以看出班级里的老师配合得非常默契，每个活动环节既自然衔接，又很轻松，老师更关注幼儿自理能力的培养和生活习惯的养成。无论是晨间活动还是如厕洗手喝水，或是进餐加点环节，孩子们都井然有序，无须老师的提醒。幼儿一切的活动都是自主的活动，在这个温馨的氛围中，充分体现了孩子们才是这里的主人，他们把幼儿园当作自己的家一样，老师则是他们的引导者。这一切都是和老师平时的培养分不开的，孩子们通过活动的认知、体验和经验的积累，逐步形成良好的生活学习习惯，并在反复的实践中得到强化。从孩子们一日生活的各个流程中，我可以感受到这里的老师是辛苦的，但也是快乐的！

（三）丰富的游戏活动，创新的教育方法

有幸和丁园长一起倾听了大三班的"比比课程"。该活动旨在培养幼儿学会管理自己的情绪，通过出示幼儿的好朋友"比比"激发起活动的兴趣，再和幼儿一起讲述《比比和朋友》绘本故事，鼓励幼儿积极地用语言表达出让自己不开心的事情和发生不开心的事情时会怎么做，并用图画记录下来。这种观察、比较、讨论的方法，可活跃幼儿思维，激发幼儿创造兴趣，提高幼儿口语表达能力。老师还为每个孩子准备了一张活动回应纸作为幼儿对本次活动的评价，通过幼儿的评价，教师能

很好地总结本次活动，也能更好地关注到每个幼儿的发展。这样的教学方法和教学反思是值得我园每位教师学习的地方。

（四）教研活动出实效

教研活动的常态开展，促进了教师的发展。教研的主题是每位老师在教学中发现的问题和如何促进幼儿主动学习，每位老师会自带一本《3-6岁儿童学习与发展指南》，从书中剖析理论知识，再将理论知识与课堂教学实际结合。从发现问题到解决问题，每个班组的成员都积极表达自己的想法，最后班组成员绘制出关于本次教研的主体网络图供大家一起学习。教研活动是教学当中的重要环节，也是教学的另一种关键形式，共研、共商、共建，这样有效的教研过程，是我们开展教研活动的动力。

（五）用活动提升团队凝聚力

加强师德教育，建设优良的师资队伍。每逢传统节日来临，园所都会开展一系列的师德活动，如演讲、表演，以造就一支师德高尚、充满活力的高素质队伍。这次我们恰巧赶上了凯盛园教职工趣味运动会，我们也加入老师们的体育活动中。通过有趣的游戏体验和互动竞赛，彰显阳光心态是健康之本，培养团队意识和创造意识。回校后，我要和校长多沟通，多增加类似于这样的团建活动，增强我们学校教师的凝聚力。

跟岗学习结束了，给我留下深刻印象的是凯盛园教师们身上散发的魅力以及饱满的工作激情。他们不管多忙多累，每天都是微笑的面容，从不抱怨，我想一支强大的教师队伍正是需要这种对工作负责任的认真态度。在今后的工作中，我要认真地再总结、再归类，有机运用先进的经验与做法，根据我校的实际情况，在属于自己的道路上坚定地走下去，去营造校园更好的明天！

童心学堂，传播国学

传承中华优秀传统文化，是幼教工作者的使命担当，还记得习近平总书记曾说："优秀传统文化是一个国家、一个民族传承和发展的根本，如果丢掉了，就割断了精神命脉。"所以不能让我们的后代丢了精神命脉，作为幼儿的启蒙者，我们要把优秀传统文化融入教育中，而且融入得越早越好，从娃娃抓起。北新自建园以来，一直非常重视优秀传统文化的传承和教育，每年都以节日为重要契机，开展丰富多彩的活动——世界读书日诵经典、诗词大会、家园联动经典文学故事展演、传统民间小吃制作，等等，目的就是让幼儿了解传统文化，热爱传统文化，培养幼儿的爱国情怀。

对于北新来说，2019年6月14日是个特别的日子。这一天，我园正式成为"童心学堂国学示范基地园"，并举办了隆重的授牌仪式。我们在园里接待了央视导演童心女士、表演艺术家陶玉玲老师、中国沙画创始人苏大宝老师、央视少儿节目负责人周宇航老师，以及首都师范大学学前教育学院薛莉莉老师等人。上级领导也非常重视，给予了大力支持，授牌当天，海淀区教委副主任屠永永、海淀区教委学前科科长周逸群和温泉镇人民政府副镇长娄子成莅临我园，亲自参观指导。

回想起授牌仪式，我的内心仍感到无比开心和自豪。当天上午，各位领导和艺术家走进北部新区实验幼儿园，就如何更好地加强和推进国学文化活动进行了交流座谈，共同研讨传统文化的博大精髓。随后，童心学堂国学示范基地园授牌仪式在隆重的经典诵读活动中拉开序幕，全园师幼代表和家长代表热情参与。孩子们以诗词诵读、古诗表演、红色经典朗诵等形式抒发了自己对传统文化的理解与热爱，向与会嘉宾和领导展示了我园长期传统文化教育实践的成果。孩子们的真情表演赢得

了无数的掌声和称赞。

表演结束后，童心导演上台致辞，介绍了"童心学堂"成立的历史背景，及其关注立德树人、寓教于乐的发展目标，介绍了"童心学堂"通过开展"经典诵读""教育戏剧"等形式实现国

学艺术化，肯定了北新实幼在传承中华优秀传统文化方面做出的努力与实践，并表示期待我们在未来工作中更好地发挥引领示范作用。

随后我满怀激动的心情上台接受童心导演授牌，当沉甸甸的牌匾拿在手里，内心有无以言表的骄傲。我代表幼儿园全体师幼对嘉宾和领导的到来表示感谢，介绍了我园自建园以来对传统文化教育的思考与实践，并结合"童心学堂国学示范基地园"的荣誉表达了今后的努力方向。

听完我的分享，艺术家陶玉玲老师上台讲话，表达了对北新教师、幼儿及家长的热情慰问，年迈的陶老师站在台上精神饱满，并与在场的观众进行了亲切的互动。

紧接着，苏大宝老师也做了分享，从沙画艺术的角度介绍了传统教育的重要性，以及艺术与幼儿教育的关系，让我们对艺术与教育的紧密关系有了更加深刻的理解。随后，娄镇长介绍了温泉镇在文化传承、教育工作方面的实践与成绩，并表达了继

续支持温泉地区学前教育事业发展的决心。听完娄镇长的讲话，我们信心倍增。最后，屠主任为此次授牌仪式做了总结，从学前教育的重要性及如何办好学前教育的角度发言，并进一步提出学前教育的质量需要幼儿园团队、社会资源、家长资源等多方面的合力。屠主任的讲话给了我们很大的鼓励和启发。

授牌仪式接近尾声，孩子们以自己的方式表达了对童心导演的喜爱，送上了一份亲手绘制的惊喜——"童妈妈画像"，并与童心导演热情拥抱。授牌仪式活动在大班小朋友动感篮球表演中圆满结束，大家合影留念。

传统文化是中华民族的血脉，滋养着一代又一代人的灵魂，是中华儿女共同的精神基因。坚定文化自信，推进文化发展，是时代赋予学校的重要使命。在未来的工作中，我们会以"童心学堂"为载体，继续深化传统文化教育实践，为培养"堂堂正正的中国人"、实现立德树人的长远目标而不懈努力。

微笑向暖，众木成林

在第三个学前教育三年行动收官之际，我被邀参加学前教育大会，在海淀区200多所幼儿园中，北新实幼因快速的发展、精良的品质、社会的认可被大家赞誉，故每次学前教育大会都能听到北新的声音。

在此三年中，北新实幼经过园所文化的全面升级，大踏步向品牌化迈进。文化立园是我们的办园之根，从教师团队的塑造到幼儿教育的实施，我园都力求落实新文化理念。在课程建设中，在坚持以环保、科技为特色的基础上，探索出五大体系的"葵花课程"，以期将文化建设落到幼儿的全面发展上，全方位地实现幼儿健康、快乐发展。在教师梯队建设和管理工作中，落实以"笑对笑开花，手拉手成林"为核心的文化内涵，在德、能、

勤、技四方面促进教师快速成长。在园所建设中，从一草一木、一景一物中体现出"爱""趣""益"。人与环境的相互呼应，形成了北新向上、向善、向阳的力量。

在第四个学前教育三年行动的开局之年，一座新葵花园又扎根北部——天阅园，现如今我园一园四址，把优质的学前教育辐射到了更广大的地区，为海淀的腾飞助力，为海淀教育的金名片增加了闪亮的一笔！

【发言摘要】

2020年是全面建成小康社会和"十三五"规划的收官之年，也是海淀区迈向第四期学前教育三年行动计划的开局之年。在党和国家高度重视学前教育发展的今天，作为亲历学前教育蓬勃发展的见证者和实践者，我由衷地感到自豪和骄傲。

2010年10月，在"学前教育三年行动计划"的推动下，北部新区实验幼儿园在海淀山后成立了。建园至今，我们实现了"五年三步走"，成为市级示范园，实现了"十年四所园"，成就建园奇迹。十年的发展，所有的成绩都离不开领导的引领与信任，离不开姐妹园的鼓励与支持，更离不开北新团队的并肩前行。

习主席说文化是一个国家、一个民族的灵魂。幼儿园作为立德树人的主阵地，培育祖国花朵的根据地，也一定要有自己的园所文化。园所文化不是空洞的说辞，而是一个集体的价值共识，属于一种思想观念，但它却是客观存在着的，是激励全体教职工不断努力的精神力量，是幼儿园可持续发展的巨大内驱力。

"十年磨一剑"。北新幼儿园建园才十年，但我们的园所文化已经成为凝聚教职工共识、带领教职工共同奋斗的思想基础。我们从"文化立园""特色兴园""人才强园"三个方面不断思考和实践。

一、扎根北部，文化立园

海淀教育有着深厚的文化底蕴，正是带着这些基因，我们在建园的时候就把自己的理念融入其中，把园所文化当作根，要扎根北部、服务北部，建成海淀区北部第一家优质公办园。基于这一目标，我们重点抓了两个方面：用制度文化让管理活起来，用办园理念让师生乐起来。

（一）从"一份责任"到"两本家书"

我们在管理中营造和谐、民主的文化氛围，让每一位教师都成为园所建设的推动者、园所管理的主人公。大到三年规划的制定，小到具体工作的部署落实，都要

体现"人人都是参与者，个个都有话语权"的民主管理理念，形成"制度由人定，最终服务人、尊重人"的氛围。

如何让制度"立起来、转起来、活起来"？靠的是干部教师不折不扣的执行力和责任心。建园至今，我们一直延续着写"两本家书"的制度。一本是《幸福册》，教师们在各种大型活动中或是幼儿园发展中的重要时刻，自发写下心里话；另一本是《大事记》，记录着幼儿园发展以及每一位教师和幼儿发展的精彩片段。十年来，我们一直在用心记录用心写，一声声真挚的祝福，一句句发自内心的表达，将老师们的职业幸福定格，让大爱在我们的幼儿园里洋溢。

（二）从"三步走"到"四重奏"

2010年5月，我成为北部新区实验幼儿园的法人，将六一幼儿院的"马背摇篮"精神转化为服务山后百姓的初心使命。那么，我们要培养什么样的孩子？要办什么样的幼儿园？带着这两个问题，我们开始了最初的筹备工作，提出了"三步走"战略。

第一步，明确为孩子服务的办园宗旨，带着目标建园。明确了以"学会做人，学会做事，学会生活"为核心，确立了最初的"放飞绿色梦想，成就金色童年"双色教育理念，将"向阳花"作为园标，以向上、向阳、向善的态度一路前行。

第二步，打造优雅的园所环境，带着文化办园。立足北部实际，明确以人文、科技、环保为特色，营造适宜幼儿生活的绿色成长空间。

第三步，重视团队建设，带着思考发展。融乐群、博闻、智趣为一体，用"教师专业发展的家园"促进教师共同建设"学前发展的金色教育家园"，引导教师带给孩子幸福和快乐，因为孩子是教育的天。

随着中关村科学城建设步伐的加快，海淀北部地区将成为高科技企业聚集区，为北部教育事业发展带来新的机遇。为了服务中关村科学城建设，我们承办了中关村壹号配套幼儿园，

形成了一园四址的"四重奏"模式。"十四五"时期，我们要落实区委提出的两新两高战略，挖掘园所文化与科技融合发展新动力，在原有绿色、环保的基础上，要更加突出科技元素，注重儿童科学素养。

二、儿童为本，特色兴园

"一砖一瓦皆教育，一草一木蕴文化。"如果千园一面，必将死气沉沉，毫无活力可言。所以，我们选择了以文化为根，加强课程建设，守幼教初心，担育人使命，实现特色兴园。

第一，坚定理想信念，确立校园文化新出路。五年的奋斗拼搏，在向阳花精神的指引下，我们快乐地行走在北新成长之路上，在"十二五"结束时，我们开始沉下心来思考我们的文化，思考如何更适合园所长远发展，如何更好地服务孩子的发展，开启了"扎根北部、放眼世界，立足当下、着眼未来"的园所文化探索之旅。我们对以儿童为本，对教师、课程、环境有了更加清晰的价值共识，在全体老师和孩子的共同参与下，形成了由办园理念、教育愿景、工作园训构成的新的园所文化体系。即：

办园理念：笑对笑开花，手拉手成林

教育愿景：三年叶花果，一生木林森

工作园训：有爱、有趣、有益

教育要真正服务于孩子的发展，我们以此为愿景，为孩子们创设了充满爱、趣、益的环境，为孩子的一生打下良好的基础。

第二，坚持教育初心，探索五位一体新课程。课程是园所文化建设的基础，蕴含着园所的生命力。我园紧随时代发展趋势，在探索中构建了具有自身文化特色的园本课程体系，由常规课程、生活课程、开放课程、综合课程和特色课程构成。在探寻高质量教育的过程中，我们更加注重"一日生活皆游戏""一日生活皆课程"的价值观。以园所环保课程为例，我们更加关注幼儿爱护环境的内驱力，而非单纯的外显行为。借助小小"自然角"的种养殖活动，以"小种子"课程为抓手，让孩子在自然探究的过程中更加直观地感受生命、

生活与生长，在每一天的真实生活中学会关注生命、敬畏生命、呵护生命。以兴趣为重，以生活为源，孩子们不断地在操作中学习，在游戏中探究，人人都成了种植专家，个个都能当金牌讲解员。有爱、有趣、有益的教育就这样悄然进行着，不仅呵护了孩子们的兴趣和好奇心，孩子们持续不断的问题探寻和积极互动也给了老师更多专业成长的动力。在2019年首届推出的全国学前教育创新大会上，我们的"小种子"课程实践荣获"中国学前教育创新成果奖"。

第三，坚守育人使命，领跑北部幼教新征程。教育因文化而美丽。在校园文化体系建设中，我们一直坚持文化育人的思想，助力幼儿的健康成长，坚持用微笑浇灌幼儿的梦想花蕾，使每一个幼儿都能长成参天大树！十年来，我们用辛勤的耕耘为北部地区近2000名幼儿提供了优质的学前教育，用实际行动领跑北部地区的优质幼教发展，更赢得了一方百姓的广泛认可与感谢。

三、教师为重，人才强园

十年的风雨兼程，当初在第一时间高高悬挂起党旗开启建园筹备工作的场景仿佛就在昨天。十年后的今天，我深刻地知道，那既是一份庄重，更是一份对优质教育不懈追求的决心。千秋基业，人才为本。教师是儿童成长的引路人，是幼儿园可

持续发展的"核动力"。我们坚持向上、向阳、向善"三向"标准，努力培养"四有"教师。

一要做"善良"人。诚信、友善，是社会主义核心价值观对个人层面的要求。因此，在日常工作中重视教师"善良"品质的养成，正如我们文化墙上所展示的：好的教育其实很简单，满腔热血，一份宽容。在葵花园的每一天，我都会鼓励老师们以阳光的心态开启工作。当然，这不仅仅是一种建议或者要求，更是每一个北新人血液中流淌的朴实品质。就像每每走进北新的家长、专家、幼教同仁、陌生访客口口相传的那样：微笑就是北新老师们最靓丽的名片，"您好""早上好""客人老师好"……只有具备善良的品质，才能培养出彬彬有礼的新人。

二要育"精良"兵。要实现真正意义上的人才强园，队伍的培养机制很重要。在教师队伍的培育过程中，我非常注重其中的"柔性"流动原则，把适合的人放在合适的岗位上，才能发挥更大的价值。这需要完善评定机制，主要是根据教师互评、学年末的岗位工作意向调查、各类"专业"基本功展示、才艺大比拼等活动，发现每个人的专长，有针对性地给机会、压担子，旨在打造"精良"尖兵。十年来，我们从只有1个园长发展为今天市骨干、区骨干、园骨干层次分明的雁阵规模。2019年7月，我们的团队在全区数百所学校中脱颖而出，作为唯一一所幼儿园荣获海淀区先进党组织称号，更多次在国家级、市级和区级各类活动及评比中荣获特等奖、一等奖。

微笑向暖，众木成林。这既是北新实幼文化建设过程中的实践思考，也是我们不断前行的方向目标。回首过去，纵有艰辛，但更多的是收获；展望未来，不负韶华，砥砺前行。我们将与所有幼教工作者一道，为办好人民满意的教育而共同努力！

潜心研究，赋能发展

面对新时期学前教育改革与挑战，研究是提升园所质量、促进教师专业化发展的重要途径。海淀区学前研修室以重点课题为抓手，带动园所开展研究，不断梳理研究成果，形成研修资源。研修室开展多种形式的科研指导活动，激活园所自主研究的热情。为展现海淀区"十三五"时期幼儿园的科研成果，让"成果"彼此启智，激发发展"动能"，2021年1月6日，学前研修室举办了主题为"研究赋能，创新发展"的海淀区幼儿园教育科研线上论坛，采用"网络直播和在线研讨"相结合的方式，全区各类型幼儿园科研负责人、保教管理者及教师1000余人在线参加研修。此次论坛给教师搭建了融汇共享的平台，形成研究场域，在交流中激活动能和生成智慧，鼓励园所通过研究助力教师实现专业自尊、自信和职业幸福感，促进园所内涵式发展。

北新实幼经过十年的奋斗，在教科研领域取得了丰硕的成果，并成为海淀区学前教育发展的中坚力量，多篇教科研文章在国家级、市级刊物上发表，多位老师承担了国家级或者市级、部级科研课题，并在不同的教学领域取得了丰硕的教研成果，在实际教学中以研带教、以教促研，积极探索、实施教科研成果的转化，教育质量得到了快速提高。多位老师获得了市级、区级教学骨干的称号。在海淀区200多所幼儿园中北新实幼被诚邀参加科研论坛，对此我深感荣幸！

【发言摘要】

我们幼儿园是一所建园时间并不长，但是发展速度非常快的新建园，在短短的十年间已经从一所园发展为四所园，目前教师200余名，幼儿近千名，2015年我们被评为北京市示范园。如何使幼儿园在短时间内高质量、快速发展，其实我们依托的"法宝"就是持续开展课题研究。

在课题研究过程中，我们始终坚持三个原则：

一是做"有灵魂"的研究；

二是做"有儿童"的研究；

三是做"有发展"的研究。

"有灵魂"就是和我们的园所文化相一致，用有爱、有趣、有益的理念营造教研文化，"有儿童"的研究就是始终站在儿童的视角发现问题、解决问题，"有发展"的

研究就是强调课题成果的运用和价值性。在教研室的引领与支持下，我们先后开展了有关区域、安全、礼仪和科学四个方面的课题研究，不仅促进了老师的专业提升和孩子的全面发展，也推动了园所迈向高质量。当然，在研究中我们也会遇到各种问题，园所不同，困惑可能也不同，我们在研究中主要遇到了三类问题。

1. 培养教师研究的毅力

说到这，不得不提到"工学矛盾"，因为我们的老师大都比较年轻，做好日常工作对他们来讲本身就有一定压力，开展课题研究和学习都要用业余时间，久而久之，势必会影响他们研究的热情和坚持下去的勇气。如何能支持老师们保持积极的研究态度？和老师们交流，他们表达最多的是：没有时间和心理压力大。因此，我们除了坚持营造爱、趣、益的教研文化和人财物的保障外，还设置了两个举措：一是每个学期可以申请两次半天的"心灵假日"，让老师们缓解压力和疲惫，也可以让老师们放松外出寻找研究灵感。经过实践，事实上没有一个老师虚度这样的假日，每一次回来他们都极其兴奋地交流所思所想，这种研究独享的权利既满足了他们的心理需要，也打开了研究的视野。二是成立"思想驿站"，这里既是倾诉的港湾，也是寻求支持的助手，我们将主任以上干部、外聘专家、骨干教师和有特殊职业技能的家长志愿者，集中到"思想驿站"，随时为教师提供帮助和指导，这过程既是朋友的交流，也是专业的互助，思维碰撞，教学相长。这两个举措极大地增强了老师们研究的勇气和力量，给予了他们内心的支持与帮助。

2. 培养教师深研的能力

在课题推进中，老师们经常会遇到"瓶颈期"，如何让老师"研得下去"？为此，我们也提供了两点支持策略：一是以园本研修为载体，构建"1+1+4"学习共同体。由园长牵头，以研修负责人

为中转站，汇聚四所园的力量，让老师们在争鸣中思考，在质疑中深入，挖掘干部的智慧，推动教研能力的提升。二是以园所的教研室为依托，邀请专家把脉推进研究。因为在研究过程中，我们经常会遇到"迷茫期"，特别是产生争鸣的时候，就容易拿不准，把不好方向，这时候特别需要专家的引领，在座的教研室的领导老师们和专家们都去过我们园，在此也特别感谢大家对我们的帮助与支持！事实上，每一次遇到困惑的时候，都是专家给我们指点迷津，我们的研修共同体在不断学习，相互交流、思想碰撞中提升老师们的研究能力。

3. 帮助教师提高成果的转化力

每一次的课题结束后，我们都会对课题进行总结和分析，一方面是使显性的文字成果普及化，我们建立了课题成果"资源共享云盘"，大家可以在随取随用中温故知新、相互学习。另一方面，我们认为开展课题研究真正的目的，不仅仅是取得文字上的成果，更重要的是要在成果的积累运用和传承中，促进老师们思维方式和观念的转变。这一点是比较难的，这几年，我们都是以"优带徒"的方式，不断地促进老师们的专业成长，提升他们的研究能力，推动幼儿园的高质量发展。

经过几年的课题研究实践，我看到越来越多的老师开始将研究作为一种习惯，带着思考开启一天的工作，我也始终坚持让研究带动每一个人，让研究发展每一个人，让研究成就每一个人。

第三章

凝聚·立根铸魂，聚力发展

　　建园以来，我们始终在党的领导下，坚持正确的儿童观、教育观，努力办好人民满意的教育。在发展的过程中，我们注重培养教师良好的师德素养，建立了党员先锋岗，以党建引领园所高质量发展。

　　我希望能够把这样的想法传递给团队中的每一个人，成为大家的共识，也正是这样的想法和坚持，让我们一路披荆斩棘，铸师魂、明师德、强师能、家校合力，为北新的苗苗们撑起了一片健康快乐成长的天地。2020年年初，新冠肺炎疫情席卷全球，在危难时刻，我们全体北新人勇于担当、敢于挑战，完成了一次"大考"，获得了社会和家长的高度赞扬。

/ 一 / 铸师魂

党建引领内涵发展

从建园之初，北新就坚持党建引领一切。作为基层党组织，园所也一直在实践中不断提高党支部的组织力和战斗力。作为党支部书记，我深感自己肩上的政治责任重大，不仅要发挥好"领头雁"作用，还要关注教职工的思想动态，抓好意识形态工作。

2019 年，上级教工委要来园所对党建工作进行督查巡视，虽然这并不是园所第一次接受督查，但距离 2016 年也已过去三年之久。这些年，党支部的工作紧紧围绕上级精神贯彻落实，无论是在领导班子还是党员队伍建设中，我们都在不断加强。随着党员队伍的壮大，我也在思考：是时候将这些活动和做法梳理成系统化的经验了，总结下来不正是我们党建的特色吗？于是我开始带着领导班子成员和党员教师代表进行梳理和挖掘。

"四点一线"的工作思路

如何将做过的事情总结提升成党建特色亮点是重点也是难点。在第一次研讨会上，我和领导班子成员细细梳理了这些年我们的党建工作，几小时下来，大家滔滔不绝，都感觉到这些年的党建工作还是非常细致扎实的，不搞形式主义，都是真枪实干。但在提升环节，大家都陷入瓶颈期，组织委员李蒙说道："咱们的活动实在太丰富了，让我说有哪些活动我都记得，但要形成特色，一时半会可能不知从何入手。""确实如此，但我觉得确实到了总结提升的时候了，因为经过这几年的积累沉淀我们应该留下一些宝贵经验。"纪检委员丁一说。看着大家依然眉头紧锁，我还是决定先明确方向："目前，我们园所已经形成一园四址的规模，立足实际，我们还是要坚持'四点一线'的党建工作思路，如果暂时没有想法，我们就把这些年做过的先形成材料，在整理过程中一定会有所感悟，有所反思。"于是，我们开始分头行动起来。

整理的过程就是反思的过程，结合督查标准，我们在梳理总结中开展自查自评。回想起来，那些日子又是一次大家并肩作战的深刻回忆。

由于大家都身兼数职，所以我们每天都要挤出下班时间加班加点，虽然那段日子很辛苦，但是大家齐心协力，毫无怨言。当时刚入职不久的年轻党员教师也参与了此项工作，开始她还有些不理解为什么一起加班大家都能有说有笑，总感觉时间不经意就过去了。后来当真正融入其中，她才发现大家在争分夺秒的过程中，互帮互助，互相鼓励，有的忙完自己的任务，还主动去帮没完成的。当为了同一个目标努力时，大家拧作一股绳，自然就不会把加班当作压力和负担，这就是北新文化和北新精神的力量。

终于，经过一个月的梳理归档，每一页的内容都精细打磨，每一份材料都反复修改，当37个盒子呈现在眼前时，大家激动又紧张，一方面是终于看到了成果的喜悦，另一方面又担心督查组不认可自己总结的经验做法。但作为领头人，我还是给了大家很大的信心与鼓舞："我们的工作都是踏踏实实一步一个脚印做出来的，这些日子我们劲往一处使，能形成这样丰富的材料实属不易，我们一定要对自己充满信心！"

以"三阵地"为载体的党建文化

随着材料的出炉，大家对于党建工作的提升总结也有了新的认识与收获，并形成了以"三阵地"为载体的党建文化。

第一，是以"文化阵地"为载体，深化党建内涵。这里面包含通过开展幸福合影、师德演讲、集体拓展、红色之旅等丰富多彩的群团活动来呈现的"向上"精神文化；通过"双公开""双报告"工作推进民主管理，加强民主监督的"向阳"的制度文化；通过主题党日和工会活动来彰显的"向善"的行为文化。它们与园所文化一脉相承。

第二，是以"宣传阵地"为载体，强化意识形态。一是在实际工作中高度重视党的理想信念宣传教

育，通过建立意识形态工作制度、考核评价标准完善工作机制；通过书记讲党课、全园政治学习、干部集中学习等多种形式落实意识形态建设过程性工作。二是在实际工作中践行"新闻宣

传也是生产力"的理念，强化新闻舆论导向，通过官方网站、公众微信号、学习强国 APP 端口、党员 E 先锋宣传平台建设，形成我园"一网、一微、一端、一平台"的新媒体矩阵，坚守好校园意识形态阵地。三是在实际工作中严格遵循"高品质办园、高品质办教育"的原则，时刻关注发展过程中的关键时期和关键事件，传播正能量，弘扬社会主义核心价值观。

第三，是以"学习阵地"为载体，优化长效机制。一是制订专门的师德培训计划，结合"干部引领学""骨干带头学""教师重点学""全园参与学"等多种方式落实师德培育工程，让年轻教师尽快"上手"，让成熟型教师"独挑大梁"，让骨干教师成为"导师"，强化教师"以爱为本，崇尚师德"的良好行为，固化积极向上的园所风范。二是创新德育形式，通过全园升旗活动对幼儿进行爱国教育；通过班级主题活动将文明礼仪教育寓于各领域教学以及一日生活环节中，培养幼儿良好的文明礼仪行为习惯；通过节日教育、"晨间问候"、"大带小"志愿服务、"开放游戏"、"环保教育"等特色活动，培养幼儿积极向上的学习品质和良好的道德认知。

"三阵地"的建设标志着园所的党建走向了内涵式发展，为接下来迎接党建督查奠定了良好基础。

建立党员先锋岗

北部新区实验幼儿园自成立以来，充分发挥党员教师的先锋引领作用，园所开设了党员先锋岗，众多业务水平优秀的党员在自己的领域发挥更大的作用，带领其

他教师共同成长，他们在先锋岗位上的每一天都在发挥着引领与先锋的作用。

张凡老师来到园所已经六年有余，她是个喜爱钻研的人。明朝有一本工艺百科全书，叫《天工开物》，书中详细记载了制盐、纺织、染色等多种工艺技术。张凡老师说，每次打开这本书，她体会最深的是四个字：精益求精。我国古代有很多伟大的创造，如万里长城、北京故宫、赵州桥、苏州园林、陶瓷、丝绸等，而它们的创造者，就是无数知名或不知名的工匠。工匠们所体现出来的工匠精神就是精益求精的态度，就是把一件事情或一门手艺当作信仰一样追求。张老师就是喜欢像匠人一样来对待每一个孩子。

随着任教时间的增长，张老师的经验越来越多，她愿意走进孩子们的世界，并开始读懂孩子、理解孩子，让他们的闪光点发挥更大的作用。2021年她接手了大二班，这一群既聪明又调皮的孩子，有时会让人头疼。比如班里的一个孩子总是喜欢时不时地拉扯小朋友，动手打小朋友。有一次，张老师把他叫到身边，一起布置班里的环境，他看到纸上有一份地图，便设计了一份幼儿园的地图。他还和老师讲述哪里是家的位置，从家里到幼儿园可以走哪些路，并把公里数写在了地图上，他说他不会写"幼儿园"，让老师教他怎么写。他的字写得非常棒，他能将字的结构观察得非常细致。张老师便让他承担起了班里写标题的小任务，每次写完都将他的字展示在各个角落，并在全班表扬他。

那一刻，在孩子的脸上能够看到发自内心的喜悦，他其实在悄悄改变。之前是张老师让他来写字，直到半个月后的一天，他主动问道："张老师，今天下午有没有字让我写呀？"那一刻，张老师被他的这句话感动了。她觉得自己的坚持是有意义的。其实，从他画幼儿园地图的那一刻起，张老师就知道他是爱幼儿园的，他需要老师的鼓励，更需要小朋友对他的爱和关注。他之所以会拉扯小朋友是因为想得到小朋友的关注, 只是不懂交往的方式。

这天宋师傅刚好来到班里, 张老师向宋师傅炫耀他的字, 宋师傅说一定得好好培养, 这孩子将来一定会特别棒。孩子听完更加高兴, 手舞足蹈地跑出去了。

张老师总是善于发现孩子身上的美好。她常说每一个孩子都是独一无二的, 虽然对老师来说他只是众多学生中的一个, 但是面前的老师却是他人生中屈指可数的老师, 老师对孩子的巨大影响不言而喻。作为老师, 又有什么理由放弃呢? 你必定会全力以赴去爱他。

大二班的小朋友都很有想法,也很有个性。其中还有一个小朋友,就是"马博士"。机缘巧合, 张老师和他一起经历了从参与生命课题到结题的整个过程。他刚来到班里时, 做事情非常慢, 总是不合群, 不愿意参与集体活动, 加入课题组后, 张老师经常去自然角打理动植物。每次他就在一旁一起摆弄, 有时还提出很多让人惊喜的疑问。原来他非常喜欢探究, 还喜欢提问题, 自己寻找答案。于是, 张老师和他一起探索科学知识。班里养的动植物, 做的科学小实验, 他在家里都要备上一份。当不明白时, 他总是愿意刨根问底地寻找答案, 并把科学知识分享给小朋友们, 当小朋友们在这方面遇到问题时, 他们总是爱问他, 因此他便有了"马博士"这一称号。有了这一称号后, 他更加愿意去探索和发现, 他对科学的热情吸引了志同道合的小伙伴与他一起研究, 从此, 他便经常参与班中的集体讨论, 出谋划策。

记得有一次, 班里的小朋友突然对显微镜感兴趣, 张老师大胆地将三个显微镜投放到班级中, 不承想他也在家买了一台显微镜, 悄悄地学会了显微镜的使用方法。于是张老师便让他当起了班里的显微镜小老师, 每天下午他都与其他两个小朋友一起研究显微镜,张老师把他们发现的问题放到集体教学中,共同解决。他们在研究时, 也会不断地与同伴沟通交流, 经常聊一些有趣的问题。从外面捉一只虫子是不是也能够用显微镜观察? 把手指放在显微镜下能看到我们的血液吗? 为什么需要做切片才能看到? 甚至有小朋友流鼻血了, 他们都想把鼻血放入培养皿中制作切片, 看人体中的血液是什么样的。看着他带领小朋友们提出千奇百怪的问题, 张老师感到非常欣慰, 这正是他们对事物的探索, 正是他们尝试提出问题的时刻。一个月后, 他们学会了操作显微镜, 学会了做切片, 学会了进行记录, 有了更加浓厚的探究欲望。

看到孩子的成长和进步, 张老师总是感到非常欣喜, 在欣喜之余将他的成长用学习故事的形式来记录。他发现了不同缠绕茎的植物的缠绕方向不同，发现了班里的荷叶发黑，猜测可能和阳光有关并进行光照实验；他与小朋友在雨后探究蚯蚓；在爱心领养中，他成为孔雀鱼组的小专家，为大家分享养殖经验；也是他带领着班里的小朋友开展救治蚕宝宝的"伟大创举"，挽救了很多蚕宝宝的小生命。每每翻开这些日志，张老师都会为他的成长感到欣喜。

如此有爱的张老师非常受小朋友的欢迎，自然会和孩子们走得更近，对孩子们了解得更深入。园里经常会有教研分享会，张老师会把自己的经验与想法分享给其他的老师，用一颗匠心浸润着周围的每个人。

唱响红歌，传承使命

为了更好地了解历史，增强党支部的凝聚力，践行全心全意为人民服务的宗旨，我们组织了一系列的党员活动：在中国共产党成立100周年之际，带领老师们游湿地公园，唱响红歌，感受老一代领导人艰苦奋斗的革命精神和红色情怀；参观爱国主义教育示范基地——香山及双清别墅革命纪念馆，重温解放战争时期的革命历史，等等。

【活动纪实】

红歌唱响，献礼百年

2021年，为庆祝伟大的中国共产党百年华诞，值五一劳动节之际，北部新区实验幼儿园全体教职工齐聚翠湖国家城市湿地公园，以歌声表达对党真挚的祝福，以

行动诠释北新力量和精神，以幼教初心回应时代之声。

开启"红歌之旅"。活动开始前，园长肖延红为大家致开场辞。肖园长作为党支部书记和一名老党员，深感在党的正确领导下，学前教育事业蓬勃发展。正是如此，北新从一所园发展为四所园，

团队也壮大到 200 余人。走在新时代的路上，我们要在知行合一中担当作为，不断追求高质量的学前教育，以更加优异的成绩献礼建党百年。

富有朝气的团员老师们以一首《红旗飘飘》向党致敬，肖园长带领大家歌唱祖国，用深情的歌声献上祝福。

在肖园长的号召和鼓舞下，大家迅速集结组队，整装待发。伴随着肖园长的一声令下，"北新红歌队"由东西两侧向指定地点出发啦!

红歌打卡进行时。本次唱响红色经典活动，共分为 18 个小组，需要每组徒步找到指定的位置进行红歌演唱，率先完成全部地点打卡的小组即为获胜。

伴着湿地归来的鸿雁，经过粼粼波光的翠湖，一支支活力四射的参赛队伍高举旗帜，大步向前。

在团队的通力合作下，越来越多的小组相继到达指定位置。虽然前期徒步消耗了大半体力，但是大家的战斗力丝毫不减，整齐嘹亮的歌声在美丽的翠湖湖畔久久回响。

吹响胜利的号角。在五月的艳阳下，一张张归来的笑靥预示着胜利的到来。肖园长及校务会领导一同为今日的红歌唱响者颁奖祝贺，一首首熟悉的红歌再次响起，《没有共产党就没有新中国》《社会主义好》《歌唱祖国》……在振奋激昂、悠扬婉转、情真意切的旋律中，我们一同追忆红色征程，重温誓言初心，阔步行进新时代。让我们以蓝天为衬，翠湖为证，记录下今日我们对建党百年的歌声祝福。

风雨百年路，奋斗铸辉煌。北新实幼这支朝气蓬勃的教师队伍将赓续共产党人的精神血脉，坚定思想，吹响立德育人的铿锵号角;守正创新，开拓学前教育发展的新局面;勇往直前，书写为教育事业矢志奋斗的昂扬篇章。

参观双清别墅，缅怀先烈

双清别墅掩映在苍山翠竹之间，大家穿着绿色园服，手中拿着小红旗，开始了这次红色之旅。清晨凉爽的风，伴着山间葱郁的树林和明媚的阳光，拨动着我们每个人的心弦。大家兴致盎然，步履轻快，沉浸在登山的乐趣与香山的美景之中。一行人穿着统一的服装，周围许多爬山的人不时地看向这支充满活力的队伍，有人还会好奇地问："这是哪个单位的活动？他们好有朝气呀。"老师们沉浸在团队轻松愉悦的氛围里，陶醉在祖国山河秀丽的景色中。

我们往前爬了一小会儿，就来到了双清别墅庭院。这里坐落着毛主席生活及工作过的平房，里面陈列着他的生活起居及工作用品，一切仿佛都在诉说着解放战争时期毛泽东同志在这里的革命历史，让人深深体会到了当年老一辈革命家不畏艰难贫苦的无私奉献精神。就是在这样简朴的平房里，毛泽东同志领导全党全军全国各族人民建立了新中国。再来到陈列展室，里边陈列着诸多物品，这些物品生动地向我们讲述了当年毛泽东同志在这里指挥千军万马、夺取革命胜利的历史过程。

参观完陈列展室，老师们的敬重之情油然而生，从老师们的眼神中便能感受到他们对毛主席以及老一辈革命家的敬佩和缅怀。正要离开，耳边传来了国歌，激昂的旋律回荡在香山间。双清别墅加上国歌的渲染，老师们触景生情，难以掩饰内心的激动和振奋。借此机会，肖园长临时选好一个空地，带领老师们迅速集结，一起重温了入党时的铮铮誓言："我志愿加入中国共产党，拥护党的纲领，遵守党的章程，履行党员义务……"，每一句都铿锵有力，每一句都扣人心弦。回去的路上，大家

都觉得这次活动很有意义，都感到精神和心灵受到了洗礼。

......

参观革命圣地、重温红歌活动是我们每年保留的经典党建项目，意在让每一个北新人都能感受到红色基因的力量，不断增强党支部的凝聚力和感召力。

／二／ 明师德

用师德谱写爱的乐章

2010年10月11日，北部新区实验幼儿园开园的日子！

2020年10月11日，北部新区实验幼儿园建园十周年！

穿越春夏秋冬的时空，历经暑去寒来的轮回。伴随着祖国71岁生日，北部新区实验幼儿园迎来建园十周年。

2010年10月11日，在这山后宜人的北部，一颗新生的幼教种子扎根生长，这就是"北部新区实验幼儿园"。

每一年的10月11日，作为北新的开创者、建设者，在这特别的一天，我们无不感慨，无不欣慰。感慨那份为教育事业的辛勤付出，欣慰孩子的健康快乐成长。十年的师德演讲，我们一直坚守。"金秋岁月忆两载，携手奋进颂北新""精彩三周年，再起新征程""栉风沐雨迎四载，砥砺奋飞谱华章""四有教师演讲""湿地健步走，园庆铸师魂""品传统文化，做仁爱之师"……不同岗位的北新人，用灼热的文字书写出教育历程中最深刻的回忆、深沉的付出与幸福的收获。有的感性抒情，有的理性分析，有的如话家常，演讲主题都围绕着专业的挚爱与职业的奉献。老师们从不同的角度，用自己的方式阐述着教育的真谛。弘扬高尚师德，讴歌平凡而伟大的教师之爱，讴歌为幼教事业默默奉献的花样青春。

十年来，北新实幼人始终坚守着提供优质学前教育的初心，立德树人，培养了一届又一届优秀的孩子，为北部幼教注入活力，为海淀教育"金名片"贡献力量。高尚的师德、奉献幼教事业的精神已成为北新实幼教师前进的一面旗帜。

爱岗敬业，做有爱的育苗人

幼儿教师是幼儿人生中的第一位启蒙老师，一定要具备良好的师德师风，才能不辜负人民对老师的期望，这是老师需要努力的方向，也是必须要达到的目标。十年来，"北新"始终以"爱"的理念引领幼儿园精神文化，在落实《3-6岁儿童学习与发展指南》(以下简称《指南》)、推动教师专业发展、促进幼儿健康成长、提升幼儿园整体实力上，不断前行，不断探索，这是北新人对教育信念的坚持，也是对教育理想的守望！

【秦韵老师教育小记】

"小霸王龙"有朋友了

高尔基曾经说过："只有在对美好事物的自觉追求中才会有真正的幸福。"作为一名幼儿教师，秦老师几乎每天都与一群天真烂漫的孩子朝夕相处，彼此了解，虽然整天忙忙碌碌，很多时候还很辛苦，但是她感到这样的生活充实而快乐，是一种"真正的幸福"。

孩子做了好事情，她高兴；孩子第一次会自己用勺吃饭，她兴奋；孩子摆脱了分离焦虑，快乐地来园，她激动；孩子做错事时能主动向他人道歉，她欣慰……

七七是一个性格内向的小男孩，自我中心意识比较强，把玩具都视为己有，不喜欢和小朋友一起游戏。

记得有一次区域活动时，孩子们都在进行区域游戏。安安正在用塑料积木搭房子，旁边的七七也在玩积木。这时，七七看到安安手里拿着一块方形的积木在搭房子，什么也没说，走过去就把积木抢了，安安大声喊起来："这是我的，还给我。""不，这是我的。"七七就是不给，还委屈地哭了起来，秦老师看到了刚才的一幕，走过去对七七说："七七，你是拿了安安的玩具吗？""不，这是我的，我要玩的。"七七哽咽着说。"那你们可以一起分享着玩呀！"七七说："这是我的，就是不给他。"一边说一边把积木紧紧地拿在手里。

户外活动游戏时，小朋友们一起玩捞小鱼的游戏，七七就在旁边静静地看着，当秦老师邀请七七时，七七说："我才不和你们玩呢！"但当大家玩得开心时，他也会在旁边和小朋友们一起笑。面对七七这样的情况，秦老师同他家长沟通了解到，原来对于七七提出的要求家里人几乎都会满足他，姥姥对七七的保护欲比较强，担心他受欺负，很少领七七出去玩，所以七七和小朋友接触很少，长此以往变得以自我为中心、不善交际。

通过一段时间的观察，秦老师发现七七平时很喜欢看书，对于书里简单的情节大都能够复述出来，还特别喜欢宫西达也的《你真好》恐龙绘本。借助七七的喜好，秦老师和小朋友分享了《你真好》这个绘本。七七听得可认真了，秦老师问道："霸王龙刚开始为什么没有朋友呢？"七七主动举手回答说："因为霸王龙脾气不好，太霸道了，还动手打别人。"秦老师又问："那最后霸王龙怎么和薄片龙成为朋友了呢？"七七说："因为薄片龙救了霸王龙，对霸王龙很好，它们就成为朋友了。"看来七七很明白事理，趁热打铁，秦老师又问："七七你在幼儿园的朋友都有谁呀？"七七听秦老师这么一问，脸一下红了起来，低头不说话。秦老师笑着对七七说："七七，其实咱们班所有的小朋友都是你的好朋友呢，我也是你的好朋友呢，你们说是不是啊？"孩子们异口同声地说："是！"七七开心地露出了笑容。

自从这次活动结束后，秦老师发现七七有了一些变化，他会主动地和秦老师分享周末同家人一起游玩的地方，还会和秦老师讲图书里的内容。当秦老师邀请七七和她一起参加捞小鱼的游戏时，他欣然地接受并伸出了手，游戏结束后，七七面带笑容地对秦老师说："秦老师，这个游戏太好玩了，我明天还要和你们一起玩！"

秦老师对七七说："当然可以，七七你看，和我们在一起做游戏是不是很开心，还能交到很多的朋友。"七七说："嗯，我以后还要和你们一起玩！"自从有了新的朋友，七七还会主动把自己的玩具分享给好朋友，并说："好朋友要相互分享，这样大家都开心。"听到七七这么说，秦老师连忙表扬七七懂得分享，小朋友和老师很喜欢他这样的行为，并给他竖了一个大拇指。秦老师也把七七在园里的进步告诉七七妈妈，听到七七进步的情况，妈妈也很开心，并表示会积极配合老师的工作，平时在家里鼓励七七与家人分享，利用周末领七七多去户外走走，接触更多的人或者事物，让七七体验与人交往的快乐。

一个真正爱孩子、对孩子负责的老师，就应该紧紧抓好日常生活中的各个环节，抓住每一个锻炼培养孩子的机会，使每个孩子在知识、智能等方面都得到发展。为了更好地教育孩子，秦老师通过读书、进修等多种形式来丰富自己的专业知识，充实自己，实践终身学习的理念。

教师的爱是理智科学的爱，是积极主动的爱，是无私博大的爱。这种爱是教育的桥梁，是教育的推动力，只有这种爱才能使教师做到"一切为了孩子，为了孩子的一切"。

【韩暄老师教育小记】

在爱的阳光下茁壮成长

在爱的教育初心的影响下，在幼儿园领导和同事们的相互支持与鼓励下，韩老师也在不断成长，她深深明白爱的意义，善于发现孩子的闪光点，用自己的专业为孩子的茁壮成长撑起爱的广阔天空。

乐群、博闻、智趣，"北新"铺就了教师专业发展之路。在北新，老师们都是热爱生活的，每个老师都有"十八般武艺"，他们在课余时间相互切磋技能，丰富自己的兴趣爱好。韩老师最擅长的是舞蹈，她一有时间就会跟老师们探讨最新流行的舞蹈，把自己的所长与同事们分享，一起融入幼儿教育工作中，创造出更多的舞蹈，带领孩子们舞动青春。韩老师利用歌曲的节拍，带领孩子们进行小熊吃蜂蜜游戏，让孩子们感受音乐欢快的节拍，在每个孩子哈哈大笑的表情中可以看出他们是多么喜欢这个游戏。韩老师坚持把自己喜欢的舞蹈融入孩子的音乐律动游戏中，不断地给孩子们带来音乐舞蹈的快乐。

在享受快乐的同时，新时代学前教育的人民教师，更要坚持以幼儿为本，用真情立德树人，用真爱哺育幼儿成长。每个孩子都是上天赐予父母的礼物，他们纯真无邪，虽然孩子总有

这样那样的问题，但面对他们，我们更应给予加倍的关爱与呵护，更应该倾注全部的爱去发现他们的点滴进步，给予他们充分的肯定和激励，让他们感到温暖，提升自信。

在日常幼儿教育工作之余，韩老师努力学习幼儿教育专业理论知识，研究孩子的心理特点和身心发展规律，不断调整教学方法，在这个过程中她收获了很多。韩老师看到过这样一句话："如果你放弃一个孩子，对你而言只是几十分之一，但对于家庭来说却是百分之百。"这句话深深地印在她的脑海里。在她的工作中，绝不能放弃任何一个孩子。

韩老师的班里有一个男孩儿叫阳阳，总是一个人玩，上课时会"四处游荡"。小朋友们都不爱和他玩，但是教师要平等地对待每一个孩子。记得一次区域活动，阳阳和笛笛在一起玩儿，这让韩老师很惊喜，他能够融入其他孩子的游戏当中。但是没过一会儿，阳阳突然大哭起来，告诉韩老师有人欺负他。韩老师拉着阳阳走到笛笛面前问："为什么玩得挺开心的，要咬阳阳呢？"笛笛摆出满不在乎的样子，也不觉得自己咬人是不对的。韩老师便对笛笛进行了教育："虽然阳阳抢了你的玩具，但是你的行为很不对，伤害了别人。"笛笛向阳阳道歉之后，韩老师跟小朋友们说："虽然平时阳阳会到处乱跑，但是我们大家都是好朋友，他不乖时你们可以提醒他，相信有大家的帮助，他会越来越好的。你们看，阳阳学习东西特别快，认识数字特别多，你们也可以多问问他有关数字的事情。"让孩子们了解阳阳的优点，重新认识他，虽然看似小事，却关系到阳阳在小朋友心中的地位。作为老师的她首

先要做到尊重他，并引导其他小朋友去尊重他，树立人人有爱的氛围，让阳阳感受被人认同的幸福感，这不仅有利于阳阳的性格发展，同时也让其他孩子懂得尊重他人、关心他人。

"教育是事业，事业需要的是献身；教育是科学，科学讲究的是求真；教育是艺术，艺术追求的是创新。"作为一名幼教工作者，韩老师自始至终将这三句话作为自己的座右铭，以此鞭策自己不断向新的高度攀登。"在爱的阳光下茁壮成长"，爱着、奉献着、美丽着、成长着，无论何时何地，韩老师都不忘对幼儿教育事业的初心，不忘对"幼儿教师"这一称谓的敬畏之心，不忘追求幼儿教学艺术的赤诚之心，努力使自己成为一个充满阳光的幼儿教师。

光荣援疆，做有担当的幼教人

十年中，北新培养了一批又一批优秀教师。2020 年，又有两名年轻的优秀教师主动申请援疆工作。大爱无疆，这是北新人的骄傲和自豪。张颖初老师作为最年轻的教师之一，有着非常高的教育热情，虽然刚刚毕业，但是在教育工作中表现出很高的专业素养。刘建平老师的孩子刚满 4 岁，正是需要亲子陪伴的年龄。作为母亲，刘建平老师选择了更大的爱的情怀，毅然选择了远赴新疆。她们的选择正是北新"丹心化雨，教育使者"情怀的展现。

【刘建平老师援疆小记】

丹心化雨春满园

十多年来，在园领导的指导和同事们的支持、帮助下，刘建平老师成长为北新实幼幼儿和家长喜爱的老师，并且很荣幸地被家长投票评为最美教师，而且她还在 2019 年、2020 年连续两年被评为温苏学区的优秀教师，2020 年荣获海淀区"四有"教师称号。这些荣誉让刘老师有一种职业满足感和油然而生的一种幸福感，让她更热爱自己的工作。因为自己努力认真地学习、工作，得到了大家的认可，这确实让人无比开心和幸福。

2020 年，刘老师带着北新人的精神和嘱托开启了奔赴新疆支教的新征程，这是一次终生难忘的援疆支教之旅。对于新疆，刘老师只是在地图上知道它的地理位置，知道它是祖国大家庭中不可分割的一部分。当然，它也是一个神秘而令人向往的地方。她觉得，援疆不只是使命，更是责任。为国家分忧，为北京争光，为新疆奉献，为人生添彩。而且支教对于刘老师来说也是一个从小就有的心愿，听刘老师说，她从小就很敬佩支教的老师，将自己的本领、所学带给有需要的孩子，所以她暗自下定决心，一定不辜负北新人的期望，也去完成自己的梦想。

刘老师在新疆支教时，在她的班级里有 5 名汉族幼儿、40 名维吾尔族幼儿、1 名布依族幼儿，对于刘老师来说，语言沟通是最大的难题，其中有个小朋友叫木木，他是一个维吾尔族的孩子，平常不怎么说话，只是看同伴做什么就跟着模仿，就算说话也是维吾尔语，每次刘老师和他说话都是手舞足蹈，一边放慢语速，一边做动作帮助他理解那句话的意思，而且重复多次来使他明白，后来刘老师针对不爱表达和学说普通话的问题，在生活环节中开始了普通话的指导。

每天中午都有午休，孩子们自己脱衣服，有的脱不下来，大家会互相帮助，突然有一天，木木睁大他那炯炯有神的眼睛看着刘老师，没有语言的表达，只是微笑。其实刘老师知道他想让她帮助他扯一下上衣的袖子，因为刘老师在帮助其他小朋友的同时关注到了他，也知道他是个不爱表达的孩子，多数听不懂老师说的话，更不用说用普通话表达自己的所需了。

刘老师没有直接帮助他，而是模仿他也睁大眼睛冲他微笑，接下来对他说："怎么了？"木木笑一笑把胳膊抬起来，刘老师又问："怎么了？"他又用另一只手扯了扯胳膊上的袖口往外拉。刘老师说："哦！你是想让我帮助你扯一下衣袖吗？"他开心地看着刘老师，刘老师担心他没有听懂，就让他回头看着另外两个正在互相帮助的小朋友，再次说了一遍她的话。木木点点头，刘老师确定他听懂了她说的话，然后对木木说："可以，当你需要帮助时来找老师，老师很高兴，但是刘老师给你提个要求，需要我帮助你时请你对我说'老师，请帮帮我！好吗？'"木木对刘老师笑，刘老师就请他重复她的话。开始他只是张着嘴学但是没有声音，慢慢地嘴里蹦出一两个字，后来每天中午木木都会找刘老师让她帮助他扯衣袖。

经过半个月的时间，现在木木可以走到刘老师身边对她说："老师，帮帮我！"刘老师真的特别开心，木木能够用语言表达他的诉求了。经过这段时间的努力，木木的妈妈也察觉到了，一次晚离园的时候主动找到刘老师，对刘老师说："老师，谢谢你。最近发现木木愿意说话了，以前他只是自己做自己的事情，我们和他说话他不理会，现在回到家会主动和我们说他在幼儿园和小朋友之间的事情，还说你一直在教他说话，真的很感谢你。"

刘老师经过在幼儿园对孩子的长时间鼓励与指导，让孩子有了变化和提高，家长也能感觉到。对于少数民族的孩子来说，虽然回到家后可能不再用普通话进行交流，但是语言互动的能力有了明显的提高，孩子在刘老师的鼓励下愿意表达。刘老师的付出赢得了家长的认可。

刘老师提到，在新疆幼儿们生活的家庭不一样，家长的工作性质，决定了家长是否能够说普通话。幼儿每天来到幼儿园除了日常的一些动手能力、交往能力等要学习和了解，最重要的就是沟通，当遇到问题、困难时能够与同伴、教师进行沟通，并表达自己的困惑，所以普通话学习是重中之重。

在新学期家长会上，刘老师向家长介绍了她在幼儿园是如何接纳孩子，并且用怎样的方式去爱他们的，刘老师还用故事的方式诠释了什么是有效的陪伴，在家庭中怎样才能体现出父母与孩子之间的爱，在会议中她放慢语速耐心地为每一位家长进行介绍和举例，担心家长听不懂，还特别请当地的配班老师用维吾尔语进行翻译，使得全部家长都理解了意思。在接下来的工作中，家长们非常配合，并且也都能够尝试将有效的陪伴运用起来，家长们也感觉到了他们和孩子之间关系的变化，纷纷对刘老师表达了感谢。

刘老师像向阳花一样爱每一个孩子、爱自己的工作，把对教育事业的爱撒向每一个角落；相信刘老师在支教的道路上也会将自己对教育事业的这份热爱带到新疆的幼儿园去。丹心化雨春满园，让向阳花和雪莲花在新疆广袤的大地上竞相绽放。

【张颖初老师援疆小记】

做幸福的教育使者

新年伊始，新冠肺炎疫情肆虐，在这场没有硝烟的战斗中涌现了一大批事迹突出、感人肺腑的先进典型。张老师看到村里的老党员为保护村民的平安，在寒风瑟瑟的雪地里一站就是半天，正值青春年少的她再也不能袖手旁观了，决定要为祖国和家乡尽自己的绵薄之力！于是她走进村委会主动报名值岗，为来来往往的人员检测体温，为外地返京人员做好入户登记、隔离工作。

习近平总书记说，文化是一个国家、一个民族的灵魂，在第三次中央新疆工作座谈会上更是强调，深入开展文化润疆工程，这为新时代新疆文化建设提供了根本准则、指明了前进方向。2月20日，曹老师应上级要求召开会议，号召大家"援疆支教"。

听到这个消息，张老师怦然心动，能为边远山区的孩子们带去北京娃能享受到的优质资源该是多么有意义的一件事情呀！会议结束后，张老师主动提出申请，说道："新疆位于祖国的西北地区，新疆的孩子同样需要优质教育。"随后她又表达了自己援疆的决心，她想将北新先进的教育理念和教育方法传递到新疆和田。得知她提交援疆请愿书后，我和领导班子对她这种精神给予了充分的肯定和认可："这么小的年纪，就有这样的奉献精神，实在难得！"张老师是家中独生女，父母虽有不舍，但是也给予了支持。

在张老师飞往和田的当天，我和工会主席很早就到达机场为张老师送行，并陪伴她办理值机托运，我拍了拍她的肩膀说道："到达和田，一定要记得报平安，努力工作，有什么问题记得随时给我们打电话。"

2020年10月16日晚，张老师安全抵达和田，开启了自己的援疆之行。三天后，张老师正式加入中十三班的大家庭。清早，孩子们陆陆续续入园，张老师怀着激动的心情，在班级门口接待孩子。看见班里的第一个孩子，张老师蹲下身面带微笑地说："宝贝，早上好，我是张老师，你叫什么名字？"孩子看了她一眼，眼神便转向旁边的小布老师，没有说话。小布老师用普通话和张老师说："张老师，他们听不懂。"小布老师拍了拍孩子的肩膀，孩子便走进班里，开始玩玩具。张老师又走到几个小朋友身边，和他们说话，依然没有得到孩子们的回应。这时，一个可爱的身影立即跑到张老师身边，用蹩脚的普通话对她说："张老师，兰兰！"张老师激动地说道："宝贝，你叫兰兰，对吗？"她开心地点了点头，把手里的玩具递给了张老师。相处半天后，张老师发现能听懂普通话的孩子只有几个。

当张老师与孩子语言不通，无法正常开展教育活动时，心情甚是沮丧，一番思索过后，张老师改变了自己的教育方法，和班级教师共同商讨，制定班级的常规，帮助班里的孩子树立良好的生活和卫生习惯，将普通话教育融入幼儿的一日生活中。通过日常的交谈、集体语言教育活动、过渡环节的唱歌、手指游戏等多种形式，幼儿渐渐地能够听懂常用语，愿意用普通话表达。在两个月的援疆工作中，张老师还

有计划地开展了"我是文明小公民""快快乐乐中国年"两个主题活动，将北新先进的教育理念和教育方法传递到新疆和田。通过活动，幼儿懂规则、守规则，对中国传统节日春节有了初步的认识，感受了节日的气氛，也更加热爱自己的祖国了。

由于和田教育资源匮乏，缺少玩教具，张老师自费购买玩教具，使孩子们在玩中学、乐中学，做一个会玩、慧玩的孩子。除了负责本班幼儿的教育工作，张老师还带动身边教师积极快乐工作。张老师用自己的力量和行动对口支教，践行党的十九届五中全会共建共享的重要理念——共建共享，为和田的孩子带去了"有爱、有趣、有益"的教育活动，带去了"笑对笑开花，手拉手成林"的园所理念。

/三/ 强师能

干部是领头羊

幼儿园中层干部的精神面貌、专业能力、工作绩效，代表着园所干部队伍的整体素质和形象，直接影响着办园水平和保教质量，体现着幼儿园的核心竞争力。因此，适应形势发展的需要，采取切实有效的措施来提升中层干部的专业素质与能力水平，是创建高水平一流幼儿园的关键所在。为更好地提升中层干部的整体水平，2020年9月，北部新区实验幼儿园成立了以保教主任和教研主任为核心的干部研修团队。

通过前期问卷调查，我们发现北新的干部团队学历高、能力强。7名干部中有2名研究生、5名本科生。他们对幼儿园保教管理和教研组织有一定的认知理解。通过调研，我们也知道了北新新任业务干部的困惑依旧是比较常规化的问题，如什么是园本教研？园本教研与园本培训的区别是什么？如何查班？如何调动教师的主动学习研究意识？而成熟业务干部的问题则是：如何进行教师层次化培训？如何指

导教师注意识别儿童的行为？如何构建园本课程？大家在本岗都有着丰富的经验，都渴望分享与交流等。如何促进业务干部的成长，运用仅有的四次活动破解最主要的问题？

带着这样的思考，他们确定了研修计划的内容：聚焦园本教研和保教工作的基础，制定具体的活动目标，通过现场观摩活动学习交流，提高干部的沟通能力、分析反思能力；通过专业引领、同伴互助、个体反思等提升园长对保教教研工作的组织和实施能力，为干部教师成长搭建平台，促进幼儿园课程可持续发展。

多种形式促研修

为了创设理想的氛围，达到预期的学习效果，园所的研学活动创设了多种形式，大家可以根据需要寻找自己的能量伙伴，连接与赋能共同前行。

团队里面干部队伍的层次不一样，这其实也是我们想成立这个研究部的一个初衷。研修队伍里有的刚刚当上执行园长，有的是从其他园调过来的，还有的是经验丰富的老教师。比如丁园长，她有丰富的管理经验，我们就希望她能成为这支干部队伍发展的中坚力量，从而带动其他管理人员的发展。

有时候可以采取线上交流的形式，比如班级学期规划的线上分享活动，每个班都可以分享自己班级的工作亮点，有的班级是小玩具制作，有的是环保特色的推进，分享的过程就起到了实战观摩的效果。

除了线上交流，还可以采取案例交流的形式，有的班级经过一学期的工作，把自己认为做得比较好的方面分享给大家，或者把实践过程中的思考和疑问以案例交流的形式来进行深入研讨。

在相互交流中，每个人都有所收获，尤其是新人在这样的活动中收获会更大。

有的新老师，开始对如何写教研计划不是很清楚，在活动中，就可以去学习别人的计划是如何写的，也可以通过交流来弄清楚自己的疑惑。比如，教研计划的格式，如何开头，接下来的内容还要写什么。

解决完这些入门级的问题后，老师们自然会走向深度的思考。这时，就可以相互学习别人的思路和教研方向，还可以资料共享，把自己的工作思路和习惯参考的书籍与大家分享。刚刚从事保教工作的老师一般都会选择保教管理手册之类的书籍。工作一段时间的老师，就会走向更深度的思考，他们一般会选择深度学习类的书籍。

这样的互相学习交流，最终是触动大家的思考，新教师在做一个学期或学年的工作规划时，要知道站在什么角度和方向思考，在遇到问题义不方便交流时，要知道有什么样的应对策略。有经验的教师在互动的过程中可以辩证地去看问题，并从中得到反思和改进。

唤起自主思考

研修部活动采用焦点讨论的方法，以问题为导向开展。作为业务管理者，我们更要成为主动学习者、主动研究者、主动思考者，所以多次采用焦点讨论的方法设计四个层面的问题，以问题为引领，带着问题去学习，从最明显的和最容易获取的信息开始，一步步引导开展高阶的思考并进行交流。这种方法可以扩展思考力和学习力，让学习更有意义、沟通更有效。

借由前期的思考与学习，研修部成员有了很多理论与实践的对接思考。在第三次张磊老师的分享研修之前，我便针对研修部全体教师提出交流思考的点位：第一点找出值得学习的地方；第二点思考自己的处理方法；第三点针对日常保教工作管理说出自己的思考；第四点针对"保教管理者日常查班主要看什么"进行交流。带着问题老师们聆听了张磊老师的分享，也进行了深度的自我思考与讨论。

"我们天阅是去年 9 月刚开园，我也是第一年担任中层保教管理干部。这段时间跟着研修部学习，我在管理理论与实践对接中有了很多的思考。日常的培训工作也会灵活把握内容，比如说新年期间我们查看监控，就发现了午睡环节中一些需要注意完善的地方，针对此召开了专门的午睡环节支持与指导的研讨活动。老师们忙于新年，争分夺秒做环境、想创意、做活动，其实我也非常清楚老师们的辛苦。但是在这个过程中老师们会利用午睡时间做一些其他的事情。这容易引发安全事故，需要严肃考虑、反复强调。

"在培训过程中，我们播放了录制的视频，请老师们从自己日常的工作内容和状态中去发现、去思考有哪些好的做法，看到了哪些问题，可以如何去改进。结合真实的视频的确能够激发老师们的积极性和主动性，她们将自己的思考写在纸条上，从中找到合并项目，主动提炼出午睡环节的注意事项及教师支持策略。老师们纷纷表示要以幼儿安全为先，日常做到三检落实。"

天阅 2020 年 9 月刚开园，张磊老师也是第一年担任中层保教干部，在新园开园筹备以及日常保教管理中付出了很多的努力。打造新的保教团队不是一件容易的事，需要充分调动老师们的原有经验，做好前期的背景分析，再结合日常保教工作的需要，细致全面地进行保教培训工作。张磊老师从午睡这个细小的点位出发，带着老师们研讨了午睡环节的支持与指导策略，用视频形式和真实的内容调动了老师们的积极性。通过这次分享，张磊老师对教研内容的选择、教研形式的创新、教研过程的把握，有了更深的思考。

工作坊：专业充电

伴随着园所的不断发展和壮大，老师们自身专业领域的学习和发展需求也越来越大。我们决定以园所的特色课程"童话镇"、"环保教育"、"分享阅读"、"常规学习"、"棋类活动"和"通向数学"为载体，成立"教师成长工作坊"，并于 3 月 5 日正式启动。在启动仪式上，我首先给大家讲了搭建这样一个平台的初衷，"园本教研是提高教学质量、促进教师发展的重要手段。为了进一步增强幼儿园教研活动的互动性，让生动的教研更好地引领教师成长，我们为老师们搭建了相关教学技能的'工作坊'学习平台。希望大家共同努力，一起创新园内的教研学习方式！"

　　"各位'坊主'在制订理论学习和实践研究计划时，会提前向小组内的老师了解他们对相关课程的理解和对本学期学习内容的期望方向，根据老师们的困惑和实际情况制订学习计划。而在真正的学习和实践教研中，还得思考如何能让单一枯燥的理论学习变得寓研于教、寓教于研，努力寻求有自身特色的教研之路。"

　　分享阅读工作坊的"坊主"杨丽老师对此做出回应，"园长您说的这一点非常重要，在实际的工作中如何针对这一特点，有效地开展教研活动，使教科研源于教学、高于教学、指导教学，促进小组教师的专业成长，这是我们组在制订计划中需要解决的问题，也是需要我们在实践中不断探索、研究的内容。希望在本学期结束时进行总结，以便今后工作的顺利开展。"

　　环保工作坊在开学初也制订了相关的环保工作计划，结合幼儿园以人文、科技、环保为特色的绿色办园理念，进行了一系列的环保活动，在摸索与实践中将环保教育融入幼儿园的学习、生活中，以期做到"环境教育，从娃娃抓起"。在活动形式上，集体活动、分组活动与个别活动相结合，根据幼儿能力的差异，合理分组，推动我园老师、家长及幼儿将环保、低碳的理念渗透进生活，形成低碳环保的生活理念。具体计划主要有：进行专业化的学习，了解有关环保的知识和内容；请专家引领大家，确立目标和方向；利用集体的智慧，在实践中反思成长。

　　"棋"工作坊的"坊主"提出，"在工作坊的活动中，组员们一定要共同学习，相互支持，一同钻研，共同探讨，最终实现我们的初期目标"。他们的初期目标主要分三个阶段，首先，在3月的活动中，小组成员们要通过学习《幼儿园教育指导纲要（试行）》（以下简称《纲要》）和《指南》，清晰掌握各年龄班的教育目标。老师们根据幼儿发展目标，结合《指南》制订出了每月的活动计划。随后，在4月的活动中，课题组内部交流各年龄班棋区的环境创设，在交流中发现各个班级的亮点，同时寻找自身的不足，在总结后，根据相应的资料进行学习和研讨，然后，依据学习的内容，对各班棋区进行调整。接下来，要在5月的活动中，大家一起交流分享棋类活动的教学策略与方法。在理论知识的支持下，要观摩各班教师对集体教学活动和区域活动的指导。教师在指导上要做到有的放矢，更具有针对性，使不同能力的幼儿在棋类的原有水平上能得到不同程度的提高。

通向数学研究小组也制订了自己的计划，主要从活动前的备课、观摩活动和玩教具制作这几方面出发。他们每周都要有老师在一起备课的时间，目的主要是小组成员在一起集中学习通向数学指导用书的教案，一起探讨书中哪些方式方法适合本班的幼儿，又有哪些不太适宜，需要调整和改进。在小组学习和交流活动中，小班的老师要对通向数学的教学模式、教学环节以及活动中的提问和指导等问题有一个准确的把握，教学水平要有一定的提升。组织至少一次班级观摩活动，在实践中看到老师和孩子们的提升。

童话镇工作坊的老师们希望经过一学期的培训，提升艺术素养，开阔艺术教育视野，获得更多的艺术教育智慧。在这一学期的"童话镇"艺术系列课程培训中，通过童话剧、舞蹈、表演、歌唱等多个维度对教师进行全方位的艺术培训。我也向大家提出要求，"希望老师们都以饱满的热情参与其中，为更加优质的教育工作注入更加新鲜的能量！"

老师们以新颖、活泼的形式，信心满满地介绍了各自工作坊的学期计划与努力方向。我肯定了各个工作坊的信心，并为"坊主"们颁发了聘书。有老师事后还跟我说："我在接过聘书的那一刻，就在思考，如何能够引领老师们在自身原有的教学基础上有所提高和持续发展。

感觉自己身上肩负着重大的责任！"老师们能够这样想，说明我们搭建这样的平台真的非常有意义。希望在未来的发展道路上，我们能够打造更优质的教育品牌！

童话镇：艺术熏陶

北新实幼刚刚建立之时，我们园所年轻的老师特别多，形象气质也都很好，但是老师们教孩子的舞蹈大多是从网上现学现卖，这种做法虽不可取，但也不是一朝一夕能改变的。我们的教师艺术团虽然早已成立，可是如果故步自封，就不会有什么提升，所以我想，应该有一些突破才行。

如何才能更好地提升教师的艺术素养，开阔大家的艺术教育视野？我思考了一段时间，先跟班里的老师讨论了给教师艺术团开课培训这件事情，记得李老师说："我们在这方面确实还有些不足，如果能有机会提升自己的专业艺术素养，我们肯定会非常努力的。"之后，我就跟领导班子商讨这件事情，我说："现如今的舞蹈教法比较传统，老师们的眼界还不是那么开阔，所以我想对艺术团进行培训，这主要有三方面的意义，一是为了打造团队，凝聚集体，从而更好地促进老师们的团结和发展；二是发挥优势，发展特色，他们的修养气质特别好，通过培训能更好地展示他们，有机会的话推上更好的平台；三是能更好地运用到教育当中。"他们都挺赞同我的看法，于是，幼儿园就在本学期引进了童话镇艺术系列课程。

一个机缘巧合的机会，我们非常幸运地邀请到了顾老师来为我们做培训，她在舞蹈领域非常有名，在艺术方面造诣颇深，老师们对她非常敬佩，我们也因为她的到来而感到非常荣幸。她的艺术功底和一言一行在老师们身上起到潜移默化的好效果。记得曹老师在上完第一次培训课之后跟我说："这位老师实在是太专业了，以前还以为自己水平都还不错

呢，现在觉得我们确实还有很大的提升空间。"李老师也特意跟我说："这位老师跳舞时的感染力太强了，这是我们以往没有感受到的，对于我们真的吸引力很大。我们不仅能从她身上学到舞蹈技能，还能增强团队凝聚力。"

于是在每周五下午，我都能听到多功能厅响起节奏感十足的音乐，老师们的专业素养提升得特别快，当然也会对孩子产生深刻的影响。这学期的培训收获颇丰，第一是编排出了一个有我们自己园所特点的舞蹈——《五星红旗》，与红五月相结合，展示了青年人的青春热血与爱国情怀；第二是围绕教育展开，我们学习这些更有专业性的东西，最终是为了用在孩子们身上。最后我们给孩子们表演了话剧——《白雪公主和七个小矮人》，孩子们都惊奇地睁大眼睛，看得津津有味。当时排练这个话剧，也并非像平时那样简单，顾老师有她自己的要求，什么样的形象气质可以饰演什么样的角色，有着很专业的遴选标准，最后的成品非常专业，对于孩子们来说非常震撼。有老师跟我说："我们跟着顾老师这样专业的老师学习，没想到能在专业水平上有这么大的飞跃，收获真是太大了。她选角色的方法，我也学了一些，希望在以后教孩子时能用到。"

童话镇系列课程正式启动之后，我还邀请了舞蹈创作者田劲老师执教，通过童话剧、舞蹈、表演、歌唱等多个维度对教师进行全方位的艺术培训，为新学期教师

的教育工作充电。3月的一个晚上，童话镇工作坊的老师们还来到海淀工人文化宫，观看了红樱束女子打击乐团的原创打击乐音乐剧——《传世天骄》。这是一部热演于美国百老汇的著名中国原创音乐剧，它独特的表演风格给老师们留下了深刻的印象，提升了老师们艺术创作的热情和灵感。

6月20日，童话镇艺术课堂的导师团队来到我园，和老师们一起开展了学期总结交流会。

在会议过程中，周文宏导演说："戏剧是灵魂与灵魂的碰撞，是一种思想而非单纯的娱乐。"这正是艺术事业与幼教事业的相通之处。教育事业是"起于心，源于爱"的事业，更加需要灵魂之间的真诚互动。通过童话镇艺术课堂的培训，老师们对此有了更加深刻的理解，在戏剧殿堂中深受启迪，不仅收获了专业的表演技能，更将其运用于日常教育教学，让孩子们在获得快乐的同时更进一步发展！

联动评价共成长

为了全面提高园所老师的水平，园所不仅开展了微课题研究和深度教研活动，还对园所平日的各方面活动进行综合联动评价，让大家在互学互动中共同成长。

作为幼儿园户外活动重要组成部分的操节活动在这样的联动评价机制下越发精彩。操节活动对于孩子们的发展起着至关重要的作用。我园一直重视孩子们的操节活动，为了进一步提高幼儿园户外体育运动的质量，推进幼儿教育质量整体提升，新年伊始，我们在三所园的范围内举行了"展操节，亮风采"的操节展示活动，鼓励教师根据幼儿年龄特点创编、展示操节动作，并组织评比小组进行评点和指导。

老师们在准备的过程中积极地开动脑筋，各种创意和点子层出不穷，他们也在

创编和实践的过程中，把自己的所学充分地运用起来，根据不同年龄班幼儿动作的发展特点，创编适于孩子学习掌握的操节进行展示，在操节活动中融入了基本动作、队列练习、游戏、律动、歌表演以及舞蹈等元素，避免了单纯的动作练习，让操节活动更为丰富。

小班教师创编的操节以模仿操为主，体现了童趣的特点，动作憨态可掬，器械简单便于持握，容易引起孩子们的兴趣，老师们还将古诗融入其中，帮助孩子们提升对古诗的兴趣。操节展示中间换场的时间，保教主任刘老师向大家介绍了操节排练的工作过程。

中班教师创编的操节动作更加丰富，开始有了简单的队形变化，充分考虑了幼儿的兴趣，增加了韵律操、整理操等内容。操节展示完成之后，老师们进行了自评。

大班教师创编的操节有着丰富的队列变换，动作富于韵律，在操节之外增加了集体舞等内容，器械有多种变化。有些动作需要同伴之间合作完成，强调同伴之间的协作性。

每一个园所的操节展示过后，评委们都进行仔细的点评，带着期待和赞许欣赏老师们的创编作品，而且还提出了许多中肯的指导意见，便于老师们在实践过程中得到提高。

/四/ 聚合力

家委会：共话成长

　　《纲要》中指出："家庭是幼儿园重要的合作伙伴。应本着尊重、平等、合作的原则，争取家长的理解、支持和主动参与。"幼儿园家长委员会就是家长以合作者的身份，参与和协助幼儿园的教育和管理。召开家长委员会会议是北新的一项常规工作，也是园所非常重视的一项工作。

　　建园至今，北新一直非常重视家长委员会工作。随着幼儿园的不断发展，为了进一步深化家园共育质量，不断提升园所管理水平，园所会在每个学期初召开家长委员会会议，以期家园携手，共同促进更高层次的健康和谐发展。

　　在家长委员会会议上，园所会向家长朋友们传递自己的教育理念，共享教育成果。会上，我们会对各项学期重点工作进行深刻解读，让家长在了解幼儿园工作的同时，能够与幼儿园携手，助力幼儿发展。对幼儿的教育工作，园所一直给予高度重视，对每学期的重要活动，会在家委会会议上做详细介绍。从活动来源到教育目标，从教育策略到实施方法，以图文并茂的介绍、现场互动展示、公开课活动等方式向家长呈现多维度、立体化的教育活动，让家长委员在活动参与中全面地了解幼儿园的教育活动。

　　园所还邀请家长进行互动体验活动，如："三角形大变身"，就是以折纸的方式通过三角形的变化，帮助家长体验幼儿视角下的幼儿园一日生活，体会幼儿成长的快乐，感受幼儿园生活的美好。在体验结束后家长委员们充分表达了自己对于教育的理解，互动式体验

让家园教育工作结合得更加紧密。

园所通过收集家长需求，结合幼儿园实际工作，邀请教育专家和保健医生进行知识讲座，帮助家长解决教育难题，缓解教育焦虑，更加科学、合理地实施家庭教育策略，尽可能实现科学养育。

饮食作为幼儿健康发展的基础保障，是幼儿园非常重视的工作。家长对食堂特别感兴趣，但食堂是卫生检查的重地，不是谁都能进的，园所努力创造条件让家长近距离地了解食堂的各项管理制度和标准，向家长委员介绍幼儿园三餐的科学配比，分析其营养价值，并请他们亲自动手体验、参与制作幼儿面点。食堂工作人员耐心地跟家长讲解菜是如何出锅的，温度是怎么测量的，每天的食品如何留样，孩子喝的酸奶放在哪里，食堂用的油是什么牌子的，每天的食材是如何采购的，卫生标准是怎样的。这些家长想知道又不好意思表达出来的问题，我们通过活动主动让他们了解，从而打消家长心中的疑虑。

园所每学期会定期举办家长委员开放日活动，邀请家长委员作为家长代表，以助教、帮厨的身份走进幼儿园参与体验活动。通过参与活动，家长委员对幼儿园各项基础工作有了更深层次的认知、了解，对幼儿园各项工作给予了更多的认可与肯定。一位孩子即将毕业连任三年的大班家长委员，曾这样说："三年前，我们第一次把孩子送到幼儿园，孩子脸上的胆怯、稚嫩，甚至哭成泪人的情景还历历在目。三年来，孩子们在幼儿园里快乐生活、健康成长，养成了良好的生活习惯。我们对幼儿园特别满意，也特别放心，特别是在我加入家长委员会后，每年的会议都会带给我们新的惊喜，我们既看到了幼儿园日常工作的扎实有序，也看到了幼儿园为孩子们健康成长做出的创新与改变，孩子们在这里接受了最好的启蒙教育和学前教育，包括习惯养成、快乐学习、积极思考、敢于实践、独立解决问题等。"

幼儿园每年都有家长委员到期卸任，也会有新任家长委员加入，这些新鲜血液的注入让家委会这个团体永远充满活力。在接下来的家委会会议上，我为家长委员们亲自颁发聘书，一张聘书既是一份荣耀，也是一份沉甸甸的责任，期望他们在未来家园共育的道路上，能够继续作为幼儿园、家庭的沟通桥梁，支持、宣传幼儿园工作，给幼儿园工作提出宝贵意见和建议，家园携手共同促进孩子们的全面发展。

家委会，像是一辆直达速通车。以家长委员的身份走进幼儿园，可以近距离体验、了解孩子在园的一日生活，是快乐又新奇的体验。家委会作为"直播"窗口，要让家长委员对幼儿园各项工作有深层次、多维度的了解，同时还应实现教育思想的深度融合，打造双向回应式的有效沟通渠道。

助教团：深度互动

家园共育，是实际教育教学工作中的重要组成部分。《幼儿园工作规程》和《纲要》，强调幼儿园应与家庭、社区密切配合，综合利用教育资源，共同为幼儿发展创造良好条件。秉承这一指示精神，北新非常重视开展家园间的互动沟通工作。每学期开学，老师们都要着重思考并交流讨论，如何向家长展现日常保教工作的专业细致，让家长放心将幼儿送来幼儿园？如何发挥家长优势资源，吸引他们积极主动参与园内各项活动？如何通过建立良好的家园沟通联结闭环，进一步扩大北新实幼在山后幼教的金字招牌影响？……

经过几年的实践摸索，我园渐渐形成了一套有效的家园共育沟通模式。比如利用新学期的亲子见面会开启沟通第一站；利用家长开放日邀请全体家长进班观摩孩子们的日常活动；利用六一庆祝活动、新年庆祝活动等大型庆祝活动进行精彩展示汇演等，这些都取得了良好的宣传效果，得到了家长们的肯定。但是，在不断整合分析有效的家园沟通及合作途径后，我们发现仍然有许多需要进一步提升的地方。比如小班新入园时期，幼儿刚刚来园，家长们处于分离焦虑的不放心状态，如何做好该阶段的家园共育工作。针对此问题，从 2015 年 9 月开始，我们集中小班组全体教师的智慧，进行了深入且落地的教研实践活动。

前期思考"真"用心

问题来源于实践，老师们身处其中也更具有发言权。在主持第一次全体小班组会议时，我就将问题抛给了老师们，引导老师们先去回想思考以下内容：家园共育工作的重要性及流程是什么？针对在新学期遇到的新幼儿、新家长，面临的新沟通、新挑战，你是怎么做的？遇到的问题有哪些？采取了哪些措施来解决这些问题？你认为小班新学期家长工作除了常规做法，还可以拓展优化哪些地方？……老师们畅所欲言，在交流碰撞中不断归纳总结，形成了新学期小班家园工作的基本导图。其中，张老师提出的一点，"小班入园新学期，除了亲子见面会、大型活动开放这些，是否可以邀请家长走进课堂？"引起了大家的热烈讨论。

闫老师："当然可以，中大班可以邀请全体家长进课堂，我们小班也可以啊，可以展示我们日常的工作。"

刘老师："我觉得可以邀请，家长们刚送孩子入园，现在肯定是最不放心的时候。进课堂看看也能缓解家长们的焦虑。"

也有老师持否定态度，提出了一些想法。

魏老师："新学期刚开始，小班幼儿处于常规建立初期，一日生活还在慢慢养成，家长进来了看见'乱'怎么办？"

问题与碰撞有了，就意味着挑战和突破存在着。在带着老师们再一次研讨交流时，我们聚焦问题并假设可以邀请家长进课堂，引导老师们思考从教师角度需要做什么准备，请谁（集体还是个别）来，怎么请，进课堂家长做什么，活动结束后又可以做什么。一点一点地细致讨论分析，老师们意识到家长助教是新课改下家园合作的有效途径，是小班初期家长走进班级的直接方式，对想了解幼儿园生活的小班家长而言非常有吸引力。这让新学期小班的家园共育教研主题——家长助教进课堂初见雏形。

了解家长"真"需求

思考在前，实践在后。拟定了家长助教的活动主题后，老师们结合园所实际情况确立了教研活动大纲及方案，制订了整体的活动框架计划。接着我们采取问卷调查的形式，去收集家长的活动基本诉求。家长作为活动的另一重要主体对象，对此有什么样的前期认识、是否持支持肯定的态度、期待什么样的活动内容、能够提供什么样的优势资源，三个班级的家长诉求是一致还是各有侧重……都是需要征集并统一分析的。通过分析回收的有效问卷，我们提炼了小班家长的共性需求及问题：

第一，对助教内容的认识存在偏差，认为助教就是来观摩老师和孩子的活动，没有看到这一过程中家长可展开的主动性。第二，普遍倾向于关注生活及教育活动，这与小班刚入园自理能力不足，家长关注生活护理有关。家长对区域活动、体育游戏活动关注度不高。第三，各班家长的优势资源有显著区别。同时，家长对于助教活动热情非常高，百分之百支持开展这一活动，尤其妈妈们对此极为关注。

我们将助教活动规划梳理，最终确定开放生活活动、教育活动及区域活动，同时将家长纳入教育主体之中，根据家长擅长的内容安排助教的角色，家长可以设计内容用于过渡时段，比如生活照顾、区域游戏引导、组织教育活动、摄影师……另外，教师可以提前做准备，召开家长会并制订助教日活动计划。

为帮助家长更好地了解活动意义，缓解紧张焦虑的情绪，小班组召开了各班级的家长会。班长们对助教活动的目的、意义、内容、形式等做了细致介绍，老师们针对家长关注的重点问题做了耐心解答。作为小班初期的家长助教活动，暂定参与活动的家长人数为3到6名，后续再逐步让全体家长参与，这样有利于整体活动的推进，这一点也得到了家长们的充分理解。

参加者、开放时段及内容确定之后，结合目标、内容及过程，小班组教师预设家长关注的重点并研讨，开始着手活动计划。生活活动对护理、安全及卫生保健有极高要求，作为小班家长关注的焦点，要求教师在活动中做好责任分工，保证人人关注，关注人人。教育活动结合五大领域以及家长倾向，敲定语言、数学及艺术领域三个活动；同时也会邀请愿意的家长进行教育活动展示。区域活动容易被家长忽略，产生"孩子自己玩"的消极印象。这一次的助教活动将如何把区域游戏中幼儿的社会性、主观性、身心协调发展等挖掘出来作为计划重点。

助教日里"真"实践

助教日到了，各班的家长助教们早早就来到了幼儿园，期待着进班看一看孩子们的在园生活状态。在这之前老师已经带着他们参观了多功能厅的展板，详细介绍了园所的办园理念以及教育价值观。家长们一边参观一边感叹："幼儿园的活动真是太丰富了。""孩子们生活在这样的幼儿园是幸福的。""我都迫不及待地想进班去看看孩子们的表现。"……

走进班级，家长助教们根据前期的沟通安排，在老师们的帮助下很快适应了角色。彤彤妈妈在娃娃家中扮演了来做客的小客人，受到了孩子们的热烈欢迎。孩子们准备茶水餐点，搬来了小椅子，还贴心地为彤彤妈妈围上围裙。明惠姥姥充分利用自己的种植经验，在班级的自然角为小朋友介绍多肉植物，带着孩子们一起刨土施肥。阳阳妈妈则与保育老师一起负责起卫生工作，碰上了小朋友尿裤子，看着老师快速为孩子换上干净衣服，认真搓洗尿湿的裤子，阳阳妈妈表示："老师真的比妈妈更像妈妈，照顾得这么细致，让我们很感动。"瑞泽妈妈参与到老师组织的阅读活动中来，在老师绘声绘色的故事阅读中，瑞泽妈妈扮演了一只可爱的小兔子蹦蹦跳跳，逗得坐在小椅子上认真听故事的小朋友哈哈大笑。还有丫丫妈妈拿着照相机满场飞，不停地记录下小朋友认真、专注、快乐学习及做游戏的画面。看到丫丫和毛毛一起操作了一个玩具近 10 分钟，丫丫妈妈感叹道："在家里玩什么都很快没有兴趣了，还是幼儿园提供的玩具更吸引她，和小伙伴一起玩这么久，真是不可思议。"

家长助教们真实参与到各个环节中，力所能及地发挥自己的作用，环环相扣跟着老师们组织了生活活动、区域活动以及教育活动，极大地缓解了内心的焦虑与不安，也感受到了老师

在日复一日工作中的认真负责、耐心有爱和不容易，对我园的教育理念有了更加深刻的认识。看到孩子们在园的真实生活与游戏，在现场的反馈中家长助教们纷纷表示感谢，妞妞奶奶还一直拉着老师的手连声说"太放心了"，并表示要将所见告知班级其他家长让其放心。我们深深感受到家长助教们对此次活动的满意与认可。

亲密接触"真"感受

家长通过助教活动了解到孩子在园的生活，对幼儿园更放心，对教师工作更理解。活动后园所请家长及教师一同反馈助教感受，在反馈信中，家长普遍表达对助教活动的赞誉，感悟到老师的爱心、用心、关心、诚心。

瑞瑞妈妈的反馈信道出了家长们的一致心声：

"家长助教是一种新型的家园共育方式。我也是通过这次邀请，荣幸地参加了孩子幼儿园的助教活动。借此机会，能够让自己去体验一下老师们的日常工作，同时也让妈妈们了解到自己孩子在幼儿园的生活和教育情况。尤其对于瑞瑞这种多少有点入园情绪、比较敏感的孩子来说，我觉得这个活动很有意义。幼儿园通过和家长们的互动，加强了双方之间的交流和沟通，不仅能使孩子在幼儿园更顺利地接受教育，也能安抚家长的情绪和调动家长们对幼儿园工作参与支持的热情。

"我以另一种身份来面对我的孩子，我也满怀期待，不知道瑞瑞小朋友会喊我妈妈还是老师。其次就是参与到那么多孩子当中，作为一位辅助老师，不知道自己能否胜任。可是当真正置身于孩子们中就什么都不一样了。我自觉地把垂直到肩的长发用一根皮筋扎了起来，投入照顾引导宝宝们的这场'战斗中'。作为两个孩子的妈妈，这些对我来说应该都是简单的小事，可是当面对这么多孩子的时候，简直可以用'马不停蹄''手脚并用'来形容。一会儿陪着他们玩游戏，做他们的大玩具；一会儿又要给他们讲故事，做他们的老师，不停地转换角色，可想而知，老师们每天的工作量该是多大呀！还有喝水、吃饭、加餐等，就不一一举例了。不仅要照顾孩子们的饮食起居，还要让孩子们在游戏当中体会到快乐，并从中获得一定的知识和道理。作为家长，我此时无法用语言来表达对老师们的感激之情！……"

小班初期家园共育的第一次亲密接触，就这么圆满地落下了帷幕。老师们也从持续半学期的家长助教教研实践中收获颇丰，对新学期家长的沟通工作建立起良好的信心基础，对家长工作更游刃有余。回顾整个活动的开展，信任、尊重、互助、合力始终是基础。教师、幼儿及家长各具角色，却又不可分割，形成有机整体。教育家苏霍姆林斯基说："教育的效果取决于家庭和学校教育的一致性。如果没有一致性，学校教学和教育过程就会像纸做的房子一样倒塌下来。"园所通过这一次的家长助教工作，创设沟通交流的途径与平台，促使家长和教师在实践中合作，将家园教育的一致性真实落地到幼儿的生活中，促进幼儿在快乐健康的轨道上成长。

志愿者：共同守护

守护每一个孩子的健康与安全，是教育者与家长的共同使命。为了给孩子的来园离园过程多一个安全守护的屏障，也为了让家长更多地了解幼儿园的工作，北新幼儿园开展了家长护学岗的活动。

家长护学岗是家园之间默契的合作，不仅为孩子们的安全筑起防线，也促进了家园和谐，家长们默默奉献的精神无时无刻不在感动着孩子，激发着孩子的爱心和荣誉感。

考虑到家长们工作日都会很忙，所以活动最初计划通过家委会的形式推进，没想到邀请函一发出，家长们都踊跃报名，远远超出了预期。家长们的热情让幼儿园的老师们非常感动。由于岗位有限，只能安排部分家长来体验，其他人员会在后续的活动里陆续参与进来。

各位家长志愿者轮流上岗，积极主动，风里、雨里、阳光里，默默守护、无私奉献，用自己的双手为孩子们撑起安全的保护伞。

作为第一批出现在护学岗上的家长朋友，他们第一次参加护学岗活动。考虑到家长们没有过护学岗的经验，比较盲目也比较紧张，我们特地组织家长，在活动前进行了护学培训活动，明确护学职责与护学目的，让家长能够更好地胜任孩子们的护学工作。护学上岗期间，所有家长志愿者都尽忠职守，主动认真，积极配合幼儿园，努力肩负起护学使命。

勇挑重担的爸爸

妙妙的爸爸是志愿者中为数不多的男家长之一，连续几天的早晨曹园长都看到他来值岗。刚开始站在门口迎接孩子们的他比较拘谨，由于不熟悉幼儿园的工作，所以站在那里手足无措。孩子们给老师问好，他会有些躲闪，并不自然地回应一句

"早上好"。

过了大概一个星期，曹园长问他："为什么每天早上都是您呢？"

"嗨，我跟那些女同志商量好了，大冷天的我站早晨，她们下午再来就不用那么冷早起了，所以就这样我多站几天。"

"原来是这样，您真是给孩子做了个好榜样，他会为您骄傲的！"

"曹园长，你发现没有，我站的地方一天比一天靠前了。我观察了，园里一共有二百多个孩子，您每一天都能叫出每一个孩子的名字，跟他们问好，跟他们再见，我太感动了。"

经他这么一说，曹园长才发现了这个小小的变化。本来是家长和老师们在一个水平线上，这样方便小朋友们看到，而且也能引导孩子们问好。刚开始，他可能不知道自己要干什么，虽然他也清楚职责，但有点不太敢行动，所以就站在后面观望。每一天，他都在慢慢地往前走，现在变得更加主动和自然。他主动站到前面，跟孩子们问好，跟孩子们说再见，不管孩子回应的声音大与小，他都很认真地对待。我知道他是发自内心地认可和理解了幼儿园老师们，越来越有代入感。

这种理解和认可对孩子的影响很重要，对幼儿园的工作也很重要。这样的家长绝对不会在放学时因为自己孩子的班级排在后面而有怨言，因为他们知道了园里的制度是兼顾全部班级的。这样的家长也绝不会轻易地对孩子承诺放学时第一个来接，因为他知道这种承诺是不合理的。做过志愿者的家长在对待幼儿园的事情上言谈举止也会更加科学合理，这应该是开展这项活动的意义所在吧。

大冷天坚守的妈妈

有一天，北京下了大雪，园长对这些志愿者家长说："虽然我们规定了五点二十结束，但是今天雪天路滑，家长们就早一点走吧。"伟伟的妈妈坚定地摇着头说道："一年四季，老师们都站在这里，从来没有间断过。我们就站在这里一会儿，有什么不能坚持的？"她最终坚持送最后一个孩子离校才离开。

伟伟送给妈妈一个小花篮，她对班级的小朋友们说："今天我妈妈站在大门口值岗，园长阿姨跟我妈妈说话了。"

老师们也会把这个当成一种教育的资源，引导小朋友们要以爸爸妈妈为榜样，风雪天爸爸妈妈都不怕冷，那小朋友们也应该不怕冷早早来园，做操的时候把小手伸出来。榜样的力量是无穷的，小朋友们在这个时候往往都欣然接受并乐意效仿。

家长的护学行为也在感动着孩子们的幼小心灵，每当看到护学岗位上的叔叔阿姨和各位老师时，孩子们总会发自内心地道一句："谢谢您，您辛苦了！"寒冬时节，飘着小雪，透过窗，看着即将变成"小雪人"的叔叔阿姨，孩子们在嬉笑欢愉之际，总会主动端上一杯温开水，带上一片暖宝宝，在老师的陪同下亲自将"小温暖"送到护学岗家长的手中，并对他们表达出自己的敬佩与感谢。有的时候，孩子们还会骄傲地说："这是我的爸爸。""这是我们班小朋友的妈妈。""你看他们多棒啊！"

对于孩子来讲，这是一种爱的守护，更是一种无私奉献的精神，带给他们榜样的力量。对于家长来讲，志愿者爱心护学岗不只是完成任务，重要的是了解到岗位的职责与使命，通过活动感受到幼儿园日常值岗人员的守护与付出，通过换位思考带动行为，自觉遵守幼儿园各项规章制度，提高家园合作的紧密度，营造和谐校园，为孩子树立良好榜样，让孩子从小加强安全意识，为孩子的未来保驾护航。

/五/ 勇担当

"殷忧启圣，多难兴邦。"千百年来，中国虽然经历了很多艰难困苦，但都顽强地走了过来。2020年庚子年，以全民抗击新冠肺炎疫情的方式开始了。面对疫情，我们是命运共同体，更是责任共同体，共同战"疫"，我们"同袍"共情，偕作、偕行。一个支部，一座堡垒，一名党员，一面旗帜，在这场战役中我园的党员干部"聚是一团火，散是满天星"，充分体现了"为人民服务"的党性觉悟，没有谁是"局外人"，没有事是"分外事"，"靠前"站位，扛起了"党员先锋"的旗帜。在疫情来临时，她们义无反顾地放弃休假，迅速投入防疫战中，无论是从本园的防疫部署和落实，还是下沉社区的联岗联防，都能看到她们舍小家顾大家的无私奉献。在疫情防控中，党员同志们勇于担当，冲锋在前，真正做到了"不忘初心跟党走，牢记使命为人民"。

在新冠肺炎疫情期间，虽然孩子们隔离在家，但是别样开学仪式上照常升起的五星红旗，彰显着我们必胜的信心和决心；温暖、欢乐的线上"女神节"使老师们感受到了心手相牵的力量，扫除了压抑在心头的阴霾。疫情隔开了距离，我们对孩子的爱却不曾缺席，老师们精心设计的线上教育活动和带着满满爱意的毕业礼物，让孩子们的成长不延期。云端的集体培训——再学《指南》，人人学做专家型教师，使教师的专业素养有了大幅提高，实现了孩子和教师的双成长。

关键时刻站出来

2020年年初，当人们正准备欢度春节之际，新型冠状病毒悄然而来，病毒传播速度极快，在这种情况下，国家迅速做出对策，各地纷纷响应，一场抗击疫情的战役迅猛展开。我园根据上级抗疫精神，迅速做出反应和部署，教师们用实际行动为阻击疫情做贡献。

大年三十的集结号

2019年下半学期的工作紧张忙碌，按照每年的惯例，我们按部就班地在假期伊始召开了干部总结会，全面梳理本学期工作中的成绩和缺点，并制定新学期的工作目标。这些工作都安排妥当后，我们的学期工作才算圆满，全体干部进入假期调休。然而，今年的寒假并不平凡，意想不到的疫情随之而来。

1月23日（腊月二十九）下午两点，全区书记、校长召开了紧急会议，尹书记、王主任紧急部署了疫情防控工作的要求。凶猛的疫情令人措手不及，也正是在这样的时期，我深刻感受到了一起并肩战斗的队伍是多么优秀，她们的责任担当令我深深感动。

疫情就是命令，防控就是责任。1月24日，恰逢大年三十，我紧急召开疫情防控部署会，上午9点，全体干部准时集结，没有一个人请假，甚至有的老师已经买好了外出休假的机票，也毫不犹豫地退票了；有的老师提前预约好带家人或者自己去看病，但是当疫情防控的命令到来时也义无反顾地加入了战斗行列。这支队伍虽年轻，但能识大义、顾大局、勇担责，彰显了北新坚实的凝聚力和强大的战斗力。

各园所第一时间成立了以我为组长的疫情防控领导小组，对疫情防控工作进行周密部署，坚持党支部书记靠前指挥，党员干部冲在一线，群策群力，确保防控计划落实到位。

第一，通过微信群等方式，统计教职工、幼儿健康情况，建立返京人员的防控机制，制定专门的健康防控记录。党员干部以高度的责任心做好每日健康监测工作，

精准排查，精准报送。第二，认真部署防疫期间值班人员工作，为各岗位值班人员分配消毒用具，严格消毒配比，指导保洁人员做好消毒工作，指导门卫做好进园人员表格登记及防疫检测工作。第三，建立班长、部门主任、执行园长、园长层层畅通的沟通机制，确保信息的及时沟通，让教职工了解防疫相关工作开展情况及下一步工作要求，互相鼓励、坚定信心打赢这场抗击疫情的战役。

在疫情防控部署的同时，我们迅速起草和下发了"致全体党员的倡议书"，号召全体党员统一思想意识和提高政治站位，牢记"全心全意为人民服务"的宗旨，始终坚守第一线，根据上级各项工作要求，落实好各方责任。在这场没有硝烟的战争中，用"平常时候看得出来、关键时刻站得出来、危急关头豁得出来"的标尺来丈量党员的实际行动。

我园在微信公众号及时发布了给家长的一封信，指导家长如何科学防疫，消除家长紧张情绪，保护好孩子和家人的健康。家园携手同抗疫，保家、保园、保国安！

下沉社区，行动有力

疫情之初，人民群众和基层的党员同志对疫情缺少认知，存在一定的慌乱情绪。我作为北新的党支部书记，虽然身体不好，但是坚持以身作则，带头走进社区值岗第一线，冒着严寒，认真值岗，耐心引导群众。我的一言一行都在影响着北新党支部的党员同志，他们都以能够参与社区值岗为荣，以能够为防疫工作贡献力量为骄傲，甚至带动了幼儿园一些群众老师，也主动要求参与社区值岗工作。

舍小家顾大家，彰显党员的全局观。在疫情社区值岗工作中，我园的党员中涌现出很多舍小家顾大家的典型。李蒙是苏家坨园的执行园长，她的爱人是一名刑警，疫情期间始终战斗在一线，不能回家照顾孩子和老人。李蒙从不埋怨，始终积极支

持爱人工作。但她自己在单位中也是负责关键岗位，也需要投入更多的时间和精力在工作中。

在这样的困难面前，李蒙还积极参与社区"双报道"党员志愿服务，多次参与值岗、巡逻。无论刮风还是下雪，无论白天还是夜晚，李蒙都积极参与，服务社区百姓。她常说："这次疫情就是一次大考，党员干部必须冲在前，想在前，干在前！"

李蒙是我园众多党员的代表，他们舍小家顾大家的行为，彰显了我园党员的全局观。

敢吃苦有担当，党员就是排头兵。在我园党员学习的过程中，我始终强调党员同志的先进性，党员意味着责任与担当，困难面前党员要先冲上去，党员要能吃苦，有担当。疫情之下，我园党支部的成员用自己的实际行动向群众展现了党员的先进性。马文博家中的小女儿只有两个月大，但是在社区值守工作中，他常说的一句话就是："我是男同志，身体好又抗冻，我可以多值些时间，我值晚上班！"遇到恶劣天气，他总是早早来到岗位。严寒的天气里，党员敢于吃苦敢于担当的精神感动着每一个人，他们是我园防疫战线上的排头兵。

疫情社区值岗工作，考验了我园党支部每一位党员的党性，考验了我园党支部建设的工作。在这个大考中，我园的党员用自己的努力交上了令人满意的答卷。

时刻准备挺身而出

邓老师的老家位于武汉，当疫情来临的时候，她和家人都处在这次疫情的"风暴眼"中，亲眼见证了这场人民和病毒的生死较量，当她给北新实幼的教师们讲述在武汉的亲身经历和切身感受时，几度哽咽，泪湿眼眶，感动于国家的伟大，感动于共产党员的身先士卒，感动于民族的团结，感动于同胞的大爱！

2020年5月14日，在我的号召下，在党支部的组织下，北部新区实验幼儿园党支部全体党员和积极分子线上集结，共同聆听了邓老师的真实经历——《疫情来时 我在武汉》。这是一次真实生动的党课，是一次触动心灵的思想洗礼，使党员们的党性觉悟得到了升华。

2020年1月18日，对于邓老师来说是个难忘的日子。这一天，她和先生踏上了回武汉的探亲之旅，她依稀记得走出武汉站时"温馨春运"的字样，大街小巷都弥

漫着浓浓的新年气息。那时，人们还没有意识到疫情的来临。

2020年1月23日，武汉市宣布封城。一个超过千万人口的城市顿时陷入慌乱，有20万人选择了临时逃离武汉。而邓老师平生也是第一次面对这样的场面，她和家人选择了相信政府，一切听从政府的安排。面对资源挤兑和谣言四起，邓老师心中焦虑不安，不敢踏出家门，时刻关注动态新闻。

作为北新的"大家长"，我特别关心邓老师，代表党支部第一时间联系邓老师，询问她和家人的生活情况，安抚情绪，叮嘱她和家人做好健康防护，并经常对她进行心理疏导，帮她消除焦虑和恐慌，鼓励她相信国家，相信政府很快能打赢这场硬仗，

保护人民的生命安全。

参会的党员们被邓老师展示的一张张图片深深感动：各地医护人员义无反顾地集结到武汉；人民军队以雷霆之势迅速空降到武汉；医护人员穿着厚重的防护服，

就地躺下休息一会儿；社区人员为了保障人们的生活，挨家挨户送生活用品；年幼的孩子和在医院忙碌的父母隔着护栏遥遥招手；火神山、雷神山医院以不可思议的中国速度拔地而起……党员们虽没有身处武汉，但通过聆听一次次感动落泪，纷纷在屏幕上打下自己的感想，字里行间流露出作为共产党领导下的中国人的自豪感。丁老师说："我们一直在一起，祖国与武汉在一起，一起加油！"辉老师说："太感人了，作为中国人我很自豪！"……

邓老师在回忆中也一次次泪湿眼眶，感动于党的英明领导，感动于人性的光辉，也感动于千万武汉市民的坚守和努力。她还说道："感恩自己是海淀教育的一分子，感恩拥有北新实幼这样温馨有凝聚力的党组织，在疫情期间给予我支持与温暖。"身边榜样的熏陶提升了邓老师的政治觉悟，她提出申请加入中国共产党，希望早日成为人民的公仆。

我高度评价了邓老师真情流露的分享："这是一次生动的爱国主义教育大课，一次党性观念的大提升，一次'不忘初心、牢记使命'的大强化。"并强调了"三个自豪"：这是作为中国人的自豪，在中国共产党的领导下打赢这场攻坚战；这是作为海淀幼教人的自豪，在政府和教委的指引下复产复工平稳有序推进；这是作为北新实幼人的自豪，在党支部的领导下所有党员和教职工通力配合支持抗疫。党员们要时刻做好准备挺身而出，开学工作在即，党员同志更要想在前做在前，做好榜样和模范，守护好祖国的未来，为国家和社会贡献自己的力量。

这是一场深入人心的分享，坚定了党员同志为人民服务的决心，提升了老师们的民族自豪感和凝聚力，北新实幼这支素质过硬的团队已经做好准备，在祖国需要我们的时候随时准备挺身而出！

五星红旗照常升起

2020 年的 2 月 17 日本应该是开学的日子，可我却没有见到孩子们那一张张可爱的笑脸和老师们亲切和蔼的面容。由于疫情防控，开学推迟，我园也开启了线上教学模式。病毒无情人有情，虽然不能和老师孩子们见面，但我时时都在牵挂着他们，疫情隔开了距离，却隔不开我们紧紧相连的心，相信只要我们同舟共济，共克时艰，相见的那一刻定不会遥远。

"春雨贵如油"，经过雨水节气，北京迎来了早春的暖意。在这个特殊的春天，葵花园也迎来了别样的开学季。

2 月 17 日，原定开园的日子，由于疫情，全国中小学、幼儿园都开启了居家学习的模式。虽然老师和孩子们不能来园，但是那天我早早地来到了幼儿园，看着干净优美的园所，静静躺在玩具柜里的玩具，一张张排列整齐的桌椅，耳边不由响起孩子们天真爽朗的笑声。孩子们在园尽情游戏、认真活动的画面接连浮现在我的脑海里。虽然现在疫情肆虐，孩子们不能来园和朋友、老师共度美好时光，但是我和所有老师都在惦记着孩子们。今天是开园的日子，每年的开学仪式都是老师和孩子们一起升国旗唱国歌，现在大家都被疫情阻隔在家里，我决定代表北新和北新所有的教职工举行一场别样的开学仪式，让国旗依然在北部新区实验幼儿园里高高飘扬！

迎着温暖的晨光，我庄重地捧着国旗来到旗杆前，小心翼翼地把它展开，悬挂在拉杆上，伴着嘹亮的国歌，国旗缓缓上升，我和值班老师站好队伍，行庄严肃穆的注视礼，直到这一抹红和旭日交相辉映。

在这个特殊的学期，宅在家里，孩子们的学习和生活同样可以丰富多彩！老师们分别为各班的孩子量身定制了线上教育方案，书房成了"课堂"，客厅、卧室成了孩子们的"操场"。家长和孩子们可以根据自己的时间和兴趣，自愿自选时间参加，线上教育活动有生活习惯的培养、自理能力的锻炼、轻松有趣的体育游戏、温馨益智的亲子阅读，等等。为了保证良好的教学效果，老师们充分利用家庭资源，孩子、爱人、父母齐上阵，家人们成为特殊的"老师"。此时，更能体现家长对我们北新的信任和对老师们的尊重，各位家长朋友积极配合，积极回应，纷纷表达了他们对幼儿园，对全体领导和老师们的感激之情。

疫情虽阻隔了距离，但阻隔不了我们的心，阻隔不了我们对幼教的情、对北新的爱，相信在党的正确领导下，在大家的共同坚守下，没有一个冬天不会过去，没有一个春天不会到来。只要我们心怀美好，一切皆可期！

停课不停学，成长不延期

新冠肺炎疫情虽然得到了有效控制，但是这场战役还没有吹响胜利的号角，防控不能有疏忽大意之心，幼儿园也是响应国家号召，暂不开学，虽然我们都不能回到幼儿园，但是我们的学习从未停止，幼儿园的教职工和孩子们都利用网络，居家学习，期盼疫情之后的团聚。

为了关心广大教职工的心理健康，提升教职工的政治素养、师德素养和专业素养，了解教职工的需求，科学制订培训计划，我们利用网络开展了一系列居家培训工作。老师们也充分利用网络与孩子们每周"见面"，开展网上教学、线上庆六一活动等，使孩子们的居家生活也能丰富多彩，收获与在幼儿园不一样的成长体验。同时，我也带领干部和老师们一起线上研读《指南》，真正做到停课不停学，师幼成长不延期。

线上运动会，宅出精气神

4月，是春回大地、鲜花初绽的美好季节。在这温暖的春日里，万物复苏，一切充满着勃勃生机。由于疫情，小朋友们暂时还不能回到幼儿园，经过老师和小朋友们的共同商讨和策划，我们开展了小中大班不同形式的线上运动会。小朋友们用自己的独特方式表现了宅在家中的健康行动和精气神。

线上运动会，这是老师和孩子们共同经历的"第一次"。如何开展？孩子们喜欢哪些游戏？他们想以什么方式进行游戏？这是一场属于孩子们的运动会，

他们会有什么想法呢？大班老师设计了调查问卷，关于线上运动会，听听大班的孩子是怎么说的，有的小朋友问："线上运动会大家能一起吗？"有的问："运动会是要升旗的，我们可以给园长阿姨打电话吗？"有的问："除了以前玩过的游戏，我们还可以自己安排吗？"孩子们的想法有很多，他们不仅提出了运动会的时间需求，进行了游戏推荐，更设计了自己的专属运动会标志。在集合了所有小朋友的私人订制计划后，大班老师最终确定了运动会方案。

延期开学以来，老师们每天都会通过班级网页和微信群给小朋友们推荐好玩的运动游戏，登上火神山，躲避病毒，运送物资，搭建医院……孩子们都很喜欢。那么运动会上，孩子们又想挑战哪些项目呢？为此，老师们通过视频会的形式收集中班小朋友的意见，并设计了挑战赛投票活动，孩子们可以自主选择，确定自己喜欢的游戏。老师们也做了大量的前期准备工作，对问卷进行整理、统计，开视频会讨论活动方案，共同录制热身操……一切都是为了呈现一场精彩的线上运动会，让孩子们爱运动、更健康。我们还向老师和小朋友们发出了"云邀请"。

孩子们共同期待的"'疫'起运动，宅出精气神"主题运动会正式在线上拉开帷幕。

升旗仪式是每次运动会必不可少的内容，但这次格外不同，因为我接到了孩子们的"线上邀请"，担任这次运动会的升旗手，让孩子们在直播中看到国旗在幼儿园冉冉升起。镜头的那一边，孩子们也庄严肃立，向国旗行注目礼。我通过直播的方式与孩子们见面，给孩子们加油，鼓励他们在家做好防护，坚持运动，宅出精气神。

运动会正式开始，我们和孩子们一起做热身运动。大班的小朋友即将步入小学，他们对课间十分钟也有了初步的概念，老师们设计了课间十分钟体验项目，当"课间十分钟"邂逅"线上运动会"，便碰撞出了很多有趣的火花：亲子推小车、俯卧撑、仰卧起坐、瑜伽、拍球、跳绳……十分钟的比赛结束了，孩子们用听心跳、数脉搏、戴运动手环等方式探索脉搏的测量，并进行记录，了解运动量和脉搏的关系。

中班组的小朋友在运动会中"争做抗疫小超人"，通过个人挑战赛的形式锻炼身体，保持健康，远离病毒。通过动手游戏（如搭建医院）、运动游戏（如登上火神山）、益智游戏（如躲避病毒）举办了一个快乐的运动会。

小班的小朋友化身小动物，参加了一场别开生面的"线上森林运动会"。"摸石过桥""小猴摘果子""趣味拍球"的游戏，孩子们玩儿得兴致勃勃。在快乐的游戏情境中，孩子们真切地感受到了亲子游戏的快乐与幸福。

运动会结束后，老师为孩子们准备了满满仪式感的线上颁奖礼，孩子们收获了属于自己的奖状。这既是一份鼓励，更是一份健康的祝福与希望。看着屏幕前孩子们那一张张灿烂的笑脸，我和老师们觉得付出再多的辛苦也值得。

"疫"起运动，宅出精气神！在这次充满力量的线上运动会中，孩子们收到了一份来自老师的"隔空"关爱。通过线上有趣的游戏，孩子们在老师的鼓励和引导下，与爸爸妈妈一起积极参与体育活动，每一次跑动、跳跃、爬行、投掷既是假期"宅"生活的活力调味剂，也是孩子们为抵抗病毒而做的一份努力。

云享童年，快乐成长——线上六一儿童节活动

往年我们都会为孩子们举办别开生面的六一庆祝活动，家长和孩子们会一起来到幼儿园，共同体验亲子游戏、做手工、吃美食、观表演、集礼物等，每一个活动都充满了爱、趣、益。但是今年的六一与以

往不同，孩子们不能返园，幼儿园里格外安静。

　　时光不可倒流，每一个六一儿童节都应在孩子们的成长过程中留下它专属的印记。我与老师们商量，怎么才能让孩子们在家也能像往年一样快乐过六一。经过讨论，最终决定像运动会一样，来一次线上庆六一活动。活动分为三个部分：科技环保秀、生活美食秀和创意表达秀，之后再亲自为孩子们送上精美的六一礼物。

　　第一周是科技环保秀。活动包括：垃圾分类、科学小实验、病毒防疫、发现身边的自然现象、健康保护、科学家的故事、科学种植、动物养护……设想来源于孩子们的谈话，活动属于孩子们自己。孩子们通过绘本、绘画、视频、实际操作和亲子指导认真仔细地学习垃圾分类；用饮料瓶制作小猪存钱罐；用废纸筒和彩纸制作火箭，在废餐盒里种植……孩子们通过动手动脑，争做环保小达人。

　　第二周是生活美食秀。通过这场疫情的洗礼，在老师和家长的引导下，孩子们更加懂得珍惜当下的生活，逐渐懂得珍惜来之不易的幸福。孩子们也利用这个美好的六一儿童节，自己动手开始了美滋美味的生活美食秀。自己擀皮捏一个漂亮的玫瑰花馒头，吃起来更加香甜美味；自己动手切各种水果，烤一个水果披萨，比西点师制作的也不差；榨各色蔬菜汁，和面制作七彩面条，营养全面又美味；用红豆、花生、面粉烤一个可爱的长颈鹿饼干，送给家长尝一尝。孩子们通过动手制作美食，

知道了一菜一饭来之不易，勤俭节约的美德要从穿衣吃饭做起。

第三周是创意表达秀。孩子们发散思维，大胆想象，有绘画、花样篮球、神奇魔术、乐器演奏……不一样的创意，不一样的表达，不一样的设想，不一样的六一愿望……也正是这些珍贵的"不一样"，构成了儿童丰富多彩的世界，汇聚成了今年别样的六一儿童节。

2020年6月1日，经过三周丰富多彩的六一活动，可爱的宝贝们和老师再次线上大集结，用特殊的方式共庆六一儿童节。通过视频，孩子们收到了老师们的温馨祝福。老师们还分享了小朋友们的六一愿望，每一个愿望都是那么美好，那么纯真。除此之外，小朋友们还收到了另外一份充满特殊意义的惊喜，一顶黄色的遮阳帽，以及精美的六一节专属徽章，徽章里满载六一活动的欢乐和收获，抗疫小超人、小小艺术家、环保小明星、生活小达人，每一枚精致的徽章似乎都在闪闪发光，这种爱与欢乐的光亮照进了每一个孩子的心中。我给每一位小朋友写了一封信，赞扬了他们的成长，并表达了我和老师们对他们的关爱和祝福，期盼着早日和他们相见。

孩子们收到礼物后都特别高兴，纷纷秀出了自己的荣誉徽章。每一份礼物都蕴含着我和老师们的期待，每一份礼物也蕴含着孩子们的经历和梦想，是一份刚刚好的惊喜，更是一份情感的传递和爱的声音。

相信难忘的六一儿童节在孩子们的心中种下了欢乐与感恩的种子，这些宝贵的种子也是老师送给孩子们的既特殊又有意义的六一儿童节礼物，相信孩子们和老师一起构思实施六一儿童节活动的过程，是一场不同寻常的学习经历，弥足珍贵。由衷地希望每一个可爱的北新宝宝都能够健康成长，幸福平安！

云端相聚，让梦想起飞——大班线上毕业典礼

满载三年采撷的累累硕果，满载三年师幼的眷眷深情，我们怀着喜悦，迎来了又一个毕业季。虽然因为疫情我们不能相见，但在心里更增添了一份惦念与牵挂。

大班的孩子们即将步入小学，为了让这届孩子不留遗憾，我们毅然决定相聚在云端，共同开启"云端相聚，让梦想起飞——2020年北部新区实验幼儿园大班云端毕业典礼"活动。

老师们精心设计了毕业邀请函，真诚发出了"云"邀请，邀请爸爸妈妈一起参加孩子人生中第一个毕业仪式，陪孩子度过一个不一样的毕业典礼。

为了在这个特殊的时期给孩子们一份特别的礼物，我带领老师们早早地开始精心筹划、准备和制作，将每个孩子三年在幼儿园的所有照片精挑细选制作成幸福成长册，这是一个庞大的工程。每一个孩子三年的照片都有几百张，老师们从这么多的照片里找到孩子不同年龄段最有意义的照片实属不易，再设计成不同的造型，配上不同的话语，贴到幸福成长册里。这挑选的一张张照片，写下的一句句话语，都饱含老师的眷恋和祝福。

由于孩子们不能来园，毕业礼物怎么送到孩子手里？我和老师们也是费尽心思琢磨，用什么方式能让孩子们感受到北新实幼对他们的爱和真挚祝福呢？邮寄不行，不能保证时效性，快递员虽然能送达礼物，但传递不了老师们的那份感情。最后大家商定，亲自给孩子们送礼物。5月底的天气，虽不是骄阳似火，但是气温已经很高了，老师们不辞辛苦，挨家挨户把载满心意的礼物送到孩子们手里，让孩子们的毕业礼不因疫情留下缺憾。

从曾经的懵懂无知到如今的乖巧懂事，孩子们的成长让人既欣喜又欣慰。为了表达对幼儿园的感谢，对老师的感谢，家长们自发来到幼儿园送上鲜花和锦旗，表达最真诚的感谢。

这是一场不同以往的毕业典礼，一次颇有难度的大胆尝试，老师们一次次彩排，调试设备，精心准备各个环节，保证完美地呈现这次云端毕业仪式。

一个记录孩子们成长轨迹的小短片，拉开了毕业典礼的序幕。看着画面里一张张熟悉的面孔，一件件过往的趣事，孩子们成长的点滴悉数涌进脑海。

三年的时间，三年的陪伴，我们与孩子们共同生活与学习，感受孩子们的喜悦与悲伤，见证孩子们的成长与进步，在这里我们有许多心里话要表达。我代表幼儿园给孩子们送上了深深的祝愿，并送给孩子们四件宝贝：第一，快乐的种子，永远做个快乐的人；第二，独立的精神，要有自己的想法；第三，坚强的意志，不怕困难；第四，善良的品质，做一个善良的人。

三年来，我们与家长共同努力，共同见证孩子的成长与进步。关于孩子的点点滴滴，都是我们共同的回忆。家长代表表达了对幼儿园不尽的感谢，同时也祝福孩子们拥有美好的未来。小朋友的心声稚嫩却真挚，孩子带着深深的感谢和不舍，发表了毕业感言，感恩幼儿园、老师、家长对自己成长的帮助。老师们通过诗朗诵也表达了对孩子们的思念和祝福。

颁发毕业证是最重要的仪式，家长郑重地把毕业证颁发给孩子，这是孩子们人生中第一个毕业典礼，这个重要的仪式，有着强大的力量，宣告着孩子结束幼儿园生活步入小学，可帮助孩子们感知成长、信念和自身的力量。

美好的时光总是短暂，今天我们就要惜别，孩子们的笑容，会留在我们的心中，孩子们的曼妙歌声会回响在老师的耳边。再见了！亲爱的孩子们！愿你们像颗种子勇敢地冲破泥沙，将嫩绿的幼芽伸出地面指向天空！

云端培训，再读《指南》

由于疫情，这个学期我们一直保持着居家工作、云端互动的模式。疫情虽然阻

隔了时空，却不能阻断我们学习与发展的动力，因为我们知道唯有老师不断成长，才能够给孩子更优质的教育。《指南》是指导学前教育的一个纲领性文件，是每个幼儿园工作者都需要了解和掌握的，它从健康、语言、社会、科学、艺术方面对幼儿的整体学习和发展做了全面而深入的分析，五大领域密不可分，相互促进发展。因此，疫情之下，我们开启了"线上集结、再读《指南》"的行动。我们在学习月里分五次学习各个领域的内容，通过集中学习、共同研讨、整理反思等方式，对《指南》有了新的解读和更深层次的理解。

在云端学习过程中，我们构建了两个学习共同体，一个是以主任以上干部为主的学习共同体，在干部自学《指南》、共学《指南》的过程中，互相交流，互相学习；另一个是以三园全体教职员工为主的学习共同体，三园同步学习，互相借鉴，开阔思路。在《指南》学习月启动仪式上，我指出了建立学习共同体的重要意义，希望全体教职工把握住居家学习的契机，再读《指南》，再思行动，再获成长，让有爱、有趣、有益的园训理念更好地落地，更好地服务每一个孩子的发展。同时提出了每周"三个一"的规定动作，即一次集中学习、一次组内交流、一次深刻反思，让学习更有意义。

为了让老师们的学习思路更加清晰，目的更加明确，我为老师们提供了"钻石笔记"的记录方法。这样老师们便可以带着问题、带着自己的思考进行学习：哪些内容您的印象最为深刻？哪些关键词您第一次听到？哪些内容还需要继续学习和思考？您认为健康领域学习的关键词是什么？在学习的过程中，为了增加趣味性，我还用有趣的问题来引导老师们进行总结和分析：请用一道菜肴表达您今天学习的感

受，并以简单词汇进行解释。这个问题也激发了老师们的积极反馈，他们各有各的想法，各有各的解释。

有效的学习是具有挑战性的过程，只有耗费心血的学习才是深层次的，效果也更持久。一个月的云端学习结束了，老师们发起了"脱口而出"活动，通过分享各自的感受和思维导图，使知识在交流互动中不断内化。

唐老师说："在这次学习中，我学习到了一个新名词——钻石笔记。通过简单明了的笔记方式，把本次学习的重点一下子就梳理出来了。这次培训离不开领导的付出，为了老师们学有所获，学有所得，做了丰富的PPT呈现知识。"

赵老师说："我是一名食堂工作人员，通过这次和老师一起学习《指南》健康领域，了解了幼儿一日生活的安排、儿童膳食、卫生与消毒、伤害预防等方面的要

求。学习到很多平时接触不到的知识，对今后食堂的各种工作有很大的帮助。"

岳老师说："听完曹老师的解读后，我对政策有了更具体的认识。我看到了近十年党和政府对学前教育发展的高度重视，多个政策文件不断明确学前教育任务，提升学前教育地位，这些文件是对学前教育工作者们的鞭策，是规范我们专业道路的标识。葛老师的健康领域解读也使我对健康领域的了解更多了，让我这名刚刚大学毕业的年轻教师再一次温习了专业知识，结合我在幼儿园的实际工作，比在上学时对健康领域的认识更深刻了。"……

《指南》就像幼教专业一本厚厚的字典，永远值得我们每一位幼教人细细品读。此次线上学习，让我们重新回归儿童视角，看见了孩子们的内心，更加清晰地听到了孩子们的声音。通过此次对《指南》的学习，我们的目标不再是熟知，更重要的是去实践，做到知行合一，促进教师专业成长，返园后能够帮助幼儿更好地发展。我们会始终秉持"有爱、有趣、有益"的园训，让孩子们在有爱的氛围中生活，参与到有趣的游戏中来，收获有益的习惯和发展。希望在《指南》精神的引领下，我园的教育之路可以更宽、更广、更远。

第四章

成长·缤纷课程，快乐童年

在生活中学习，在环境中成长。幼儿园的学习是孩子们与世界对话的第一步，也是至关重要的一步，如何让孩子们走好这一步，考验着教育者的智慧。我们始终保持教育初心，站在儿童视角为孩子们设计丰富多彩的游戏课程，使孩子们在幼儿园的每一天都充满快乐！

在北新，每一天的生活既是真实的日常，也是孩子们学习进步的载体；看似简单的游戏内容，却包含着孩子们的奇思妙想和老师们的专业陪伴；文化的沁染就像一部充满内涵的人生百科全书，带给孩子们无限的可能；环保作为一种时代的声音，也以它独特的方式影响着葵花园的孩子们。

在课程的滋养下，孩子们体验着生活，传承着文化，成为生态文明的使者，他们尽情拥抱自然，静享春暖花开，绽放出独一无二的花朵，个个绚丽多彩。

/ 一 / 生活是最好的课程

我当值日生啦

为了培养幼儿良好的生活习惯，老师们经常设计一些生活活动，让幼儿做班级真正的小主人，提高幼儿生活自理能力，"我是值日生"便是孩子们最喜欢的一个活动。

源源和诗诗是好朋友，今天轮到她们做值日生。一大早，源源和诗诗高高兴兴地到了幼儿园。她们陆陆续续做完自己的事情，便"上岗"了。两人来到了教室门口准备迎接小朋友们来园。每一个小朋友走进来，她们便热情地与小朋友打招呼，只见源源拿着体温枪有模有样地为小朋友测体温。"佳佳，早上好。测下体温，好的，你可以进了。""小玉，早上好……"两个人有说有笑，有条不紊地"工作"着，非常开心。

可是，再好的搭档也有意见不统一的时候。诗诗说："我不和你玩了。"她一边说着一边把身体转向了另一面。而源源呢，也把头转向了另一边，嘴里还不断地发出"哼"的声音。生气归生气，但两个人依然没忘记自己的"本职工作"，继续迎接着小朋友，只是她俩各自朝向不同的方向，互相不说话，都气鼓鼓的。又陆陆续续接待了几位小朋友，这两个娃娃依然背对背，互不搭理。

一旁的王老师发现了这一幕，便把她们带到一边，问她们："你们不是好朋友吗？今天怎么啦？诗诗你来告诉老师。"诗诗说："源源一直给小朋友测体温，我也想给小朋友测，可是她不让。"王老师回应道："嗯，看来咱们又遇到新问题了，今天早上先这样吧，你俩轮流测体温，一人一个！"这件事情之后，老师发现孩子们都非常喜欢拿着体温枪测温的工作，通过询问了解到：孩子们都认为测温的值日生拥有决定小朋友是否可以进入班级的权利，很是神气。

于是，王老师组织孩子们开展了集体讨论，"现在我们是大班的哥哥姐姐了，本领也更大了，你们可以自己决定一些班级的事情，比如说我们的值日生工作，小朋友都会挑自己喜欢的工作做，没有做到就会不高兴，而那些'抢'到'好工作'的值日生又不懂得分享和谦让，这样一来，我们的班级就会有很多争吵，你们觉得

这样好吗？"听完老师的话，孩子们都沉默不语，仿佛意识到了问题所在。接下来老师给出了意见，让孩子们围绕"值日生到底应该怎样做事？""怎样才是最棒的值日生？""你想做一个怎样的值日生？"展开一次大讨论。

三个特别切合孩子们现状的问题充分调动了他们的积极性，琪琪说："我觉得当值日生很厉害的，只有表现好的小朋友才能当。"王老师随后又抛出一个问题："那值日生是管人的还是帮助人的？"尽管在他们以往的行为中有很多"管人"的迹象，但孩子们似乎明白老师的意思，一部分孩子乖巧地回答："是帮助大家的。"老师趁机回应道："既然是帮助人的，值日生就应该都一样，不同分工没什么不一样，成为值日生的小朋友也和大家没什么不一样。值日生可以帮助老师多做一些事情，只要你愿意帮助大家，把工作完成得好，大家就会喜欢你，那才是最值得高兴和骄傲的事情呢，但是如果你挂着值日生的牌子，却不热心为大家服务，又没有礼貌，大家会喜欢这样的值日生吗？"孩子们都使劲地摇头。栋栋说："值日生应该是不能骄傲的！"王老师点点头："你说得真好！"在讨论的基础上，结合制定的值日生工作内容，大家又进一步明确了值日生应共同完成的事情和怎样分工，每个值日生的任务及要求。最后，大家一致赞成用投票的方式推选每周"最佳服务小明星"。

通过这次集体大讨论，孩子们认识到值日生是一个愿意为集体认真劳动的工作者，而不是个人虚荣心的实现。值日生不仅要有一颗热情勤劳的心，还需要坚持不懈，只有这样，才能让整个集体更加团结！到了中大班，幼儿的自我中心意识会逐渐变得强烈，因此，我们要懂得抓住随机教育的机会，给予及时的引导和恰当的帮助，充分调动幼儿为他人、为集体认真坚持服务的情感。

小小管理员

幼儿园里有这么一群小朋友，小小的身躯大大的能量！他们是幼儿园的小主人，管理图书，整理垃圾，收拾玩具，浇花，分酸奶，干什么都头头是道……他们就是北新的小小管理员。

"小小管理员活动"最初在大一班实施，活动开始前张老师便组织小朋友们讨论，"什么是管理员？管理员都做什么事情？"孩子们听说自己要做管理员，忍不住内心的激动，你一言我一语地讨论起来：

"我知道管理员，协助老师工作的就是管理员。"

"在老师需要帮助的时候，帮助老师。"

"管理员就是小老师。"

"管理员可以帮助老师管理班级。"

"身上夹着小牌子的同学，就是管理员。"

"管理员就是能指挥别人把物品整理整齐，管理好物品的人。"

"管理员要帮助需要帮助的小朋友，要有爱心。"……

经过讨论孩子们对于班级管理员的身份和职责有了初步认识，于是小小管理员们上岗了。随着活动的开展，问题也随之出现了。大家都想做好管理员，都在提醒、帮助小朋友收书、收玩具，可是椅子总处于歪歪扭扭的状态；管理员都争着帮助小朋友们分餐，午睡上床时小朋友的鞋袜却是横七竖八的……

鉴于这个情况，又一次班级大讨论开始了。张老师继续抛出问题："我们班需要几个管理员呢？怎么才能管理好所有事情呢？"小朋友们争相贡献自己的智慧：

"我们需要玩具管理员，看小朋友们有没有把玩具摆放整齐。"

"我们班有很多图书，需要保管图书，所以需要图书管理员。"

"桌椅管理员，每天小朋友们都要坐小椅子，需要把椅子摆整齐。"

"还需要分餐管理员，小朋友们在吃饭的时候，需要协助老师分餐。"

"帮小朋友们整理鞋和袜子，指导小朋友们放好鞋和袜子的午睡管理员。"

"大家别忘了播报天气哟，我们需要记录时间、播报天气的播报员。"……

在确定好了管理员类别后，小朋友们还精心设计了管理员证件，做到持证上岗，

每一个证件都是孩子们亲自绘制的。孩子们和老师还制定了班级公约，如在教室里要轻声说话，如果有人音量太大，其他人特别是管理员就做手势提醒他；小椅子要轻拿轻放；吃饭时要保持安静；吃干净碗里的饭菜，做光盘小明星；咽完了嘴巴里的饭菜才能起身离开座位；不小心碰到别人要真心道歉；要爱惜图书，如果发现书坏了，就主动把它修好；等等。

"小小管理员"活动变得更加完善了，再次上岗后，经常看到这样的情景：小小管理员会提醒洗完手的小朋友及时关上水龙头，提醒小朋友垃圾分好类后放到对应的垃圾桶；小小管理员提醒小朋友上床午睡前把鞋子摆放整齐；活动室内的各种玩具在玩过之后，小小管理员都会提醒小朋友按标记收好，即使不是管理员的小朋友也能相互提醒……

实现班级幼儿的自主管理，就是使每一个幼儿从单一的被管理者成为管理者，让孩子通过管理别人清楚地知道"你要怎样做"，再而转化到"我要怎样做"。通过"小小管理员"活动激发幼儿内心的自主管理意识，让幼儿自主发现问题、解决问题，将班级公约逐步转化为自然行为，最终培养幼儿的集体意识和良好行为习惯。

一起分享，快乐阅读

建园初期，我和筹备委员会的老师们一起讨论得出：要以人文特色为立足点，办一所具有文化气息的书香园所，以阅读为教育途径，用书籍滋养嫩芽生长。

高尔基说过："读书，这个我们习以为常的平凡过程，实际上是心灵和上下古今一切民族的伟大智慧相结合的过程。"基于北新实幼的园情，我们应该为孩子们打造"博览群书、一生无价"的学习环境，从小培养幼儿养成爱读书的好习惯。在一次园务会上，我和老师们说道："'博览群书、一生无价'，这不仅仅是一个口号，我们要把它落实，要设置相应的阅读课程，创设有趣又有益的阅读活动。"但具体要如何布置、如何实施，还需要有专业的老师来指导。为了让老师们更好地掌握阅读教学方法，设计出更好的教育教学活动，2010 年 9 月 27 日，我园特邀北京大学的曾庆艳老师对教师们进行了关于"早期阅读课程"的专题培训。

当今社会，做阅读研究的人很多，方向很广，具体的课程也是五花八门，因此我与老师们进行了充分沟通和调查，结合实际，优中选优，挑选了"分享阅读"这一课题进行研究。早在六一幼儿院工作时，我就对分享阅读的早期研究有一定的了解：分享阅读指个人或集体把可供阅读的健康资源分享给另一个人或几个人或集体的行为，这是最早由美国伊利诺大学的安德森教授提出的新型教育理念。安德森教授在世界阅读研究方面很有权威，他非常关心孩子们在分享阅读方面的发展。早前在六一幼儿院工作的时候，我还听过他的指导，对他的理念感触很深。安德森教授说过：分享阅读这种方式特别适合在 3~7 岁儿童身上推广，由成人和儿童共同阅读一本书，在轻松、愉快的亲密氛围中帮助幼儿逐渐学会正确的阅读方法并独立阅读。

睡前小故事的启发

有了理念和专业的引领，接下来要做的就是把想法变成现实，将分享阅读作为一项特色课程融入我园的教育实践中。在经过专题培训后，我把老师们叫到一起，讨论绘本的选择问题。

为了引导大家积极思考，我抛出了一个小问题："大家依据自己的生活经验和教学经验想一想，关于阅读的形式和阅读教育的方式有哪些呢？"听到这个问题，老师们开始互相交流，一番讨论之后，张老师说："我们可以在餐前安静活动的时候给孩子们讲故事。"王老师说："我姐姐现在每天晚上睡前都会给她三岁的儿子讲小故事，孩子特别喜欢听。有时候去她家里，孩子还会给我讲些故事呢，虽然讲得不是特别完整，但还是能看出孩子很感兴趣，这算不算一种分享阅读呢？"听完我继续感兴趣地追问王老师："您姐姐都会给孩子讲些什么故事呢？"王老师回忆了一下说："一般都是讲一些耳熟能详的童话故事，内容不是很长，语言都是些简短有趣的句子，还有一些带图画的绘本，姐姐经常是和孩子边研究图片，边讲故事，每次都是其乐融融的。"听完王老师的分享，各位老师纷纷发表了自己的意见："我感觉孩子们也喜欢图片多的书，有时候和孩子们一起读故事，看到图片，孩子们都

会有很多自己的想法，经常逗得我想笑。""孩子们的绘本，语言应该简单点，有趣点，这样才能激发孩子们的兴趣。"……

今天的讨论让我很受启发："分享阅读"就应该如居家亲子阅读一样，轻松、愉快，成人和儿童共同阅读一本书，通过成人的引导，帮助幼儿逐渐养成独立阅读、爱上阅读的好习惯。带有图片的绘本故事，形象生动，色彩鲜明，更加适合幼儿园小朋友的年龄特点，能够吸引幼儿专注阅读。同时，图片也是教育素材，通过观察图片，孩子们可以畅所欲言，自由表达自己的内心感受，也可以对故事情节进行大胆猜测，从而培养想象力和表达能力。简短有趣的文字不仅能辅助教师讲述，更便于幼儿倾听和理解，同时内化为自己的语言，丰富幼儿的词汇信息，提高幼儿的语言表达能力。当然，在此基础上，也需要考虑不同年龄段孩子的心理特点，精心挑选符合他们认知、观察和思维水平的读物。

经过这番思考，我便有了明确的思路，我决定用带图画的、形象生动的绘本开展班级阅读活动。在班级中试行了一段时间后，效果显著，老师们经常跟我反馈，"园长，分享阅读的活动真好，我们班进图书区阅读的孩子比以前多了"，"园长，阅读课上，孩子们更愿意举手发言，积极表达自己的内心感受了"……看到孩子们的变化，听到老师们的反馈，一种幸福感油然而生。

为了孩子们的成长，好的方法要分享，尤其是要分享给孩子的"第一任老师"——家长。在幼儿园家长会上，我将这一理念传递给家长，鼓励家长为幼儿精心挑选适宜的绘本，像在幼儿园一样，家长也可以与幼儿进行阅读交流和分享互动，鼓励幼儿认真倾听、大胆猜想、主动表达。这不仅可以提高幼儿的阅读兴趣和能力，还可以加深亲子感情。

给故事一个分享舞台

经过一年多时间的培养，孩子们渐渐养成了爱阅读的好习惯，一次偶然的机会，王老师跟我聊天时提到："肖园长，孩子们不仅仅喜欢上了阅读，有些孩子都可以讲故事给其他小朋友听了，讲的时候有模有样的。"王老师的这句话又引发了我的思考：我们应该做孩子成长路上的支持者和引导者，既然有孩子愿意讲，有能力讲，为什么不给他们营造一个展示自己的平台呢？而"世界读书日"的到来恰好是个机会。

4月初，我与老师们进行了商讨，经过不断的修改和完善，最终形成了"阅读日活动方案"。2012年4月23日，我园开展了一系列的阅读活动：好书来分享、爸爸妈妈讲故事、我来讲故事等。

在"好书来分享"环节，孩子们可以自由交流，与好朋友们分享自己喜欢的好书，并介绍自己喜欢的理由。在分享的过程中，有的孩子自信大方，独立完成分享，甚至自主进行图书交换；有的孩子内敛害羞，甚至不敢主动打招呼。看到这种情况，老师们及时给予了鼓励和引导，陪伴引导孩子一起分享，一起介绍。一场活动下来，孩子们都收获满满。每走进一个班，都有孩子兴高采烈地跑到我身边分享自己的经历："肖园长，我刚刚和晶晶交换了图书。""老师，米米的书真有趣，我回家也要和妈妈一起买来读一读。""肖园长，小朋友们都喜欢我的书，您也读读吧。"……

按照之前的计划，各班老师在第二个环节邀请到了部分热爱阅读、擅长阅读的家长，他们自愿参加到"爸爸妈妈讲故事"的活动中，走进幼儿园，为班里的孩子们讲故事。爸爸妈妈们精神饱满地来到幼儿园，个个都准备充足。玲玲妈妈讲的是《是谁嗯嗯在我的头上》，通过绘声绘色的讲解，小班的孩子们了解了各种动物便便的不同，感受到了动

物便便的有趣和快乐，同时也明白了，便便是每个人都会有的行为，小朋友们在幼儿园便便不用害羞，可以邀请老师来帮忙。乐乐爸爸讲起《我爸爸》的时候，孩子们纷纷说起了自己爸爸的样子，还讲了爸爸的"糗事"，更是感受到了爸爸的能量和对自己的爱……

在"爸爸妈妈讲故事"活动之后，我们趁热打铁组织了全园故事大赛——"我来讲故事"。在这个环节，孩子们各显神通，一展风采，有些孩子盛装出席，装扮成了主人公的模样，丰富的表情加上可爱的肢体语言，给了老师和家长们无限的惊喜和感动。

随着分享阅读课程和阅读日活动的开展，孩子们的观察能力、想象能力和表达能力都有很大提高。我不仅收到了老师们的反馈，也收到了家长们的感谢："幼儿园的活动真好，孩子现在很喜欢听故事，表达能力也提高了，回家总是跟我们讲个没完"，"宝宝现在喜欢看绘本，看到图片总爱自己想象，有很多为什么要问"……

这是一次成功的尝试，是一种令人惊喜的体验。实践的成果表明，分享阅读法确实有效，孩子们不仅阅读兴趣有很大提高，观察能力也有明显提升。因此我决定，以后每年的世界读书日都要举办这样的活动，既能彰显园所的人文特色，又可以让孩子们在分享阅读的过程中体验快乐，收获成长。

此后，我们将分享阅读作为日常教学活动的一个载体，让孩子们在绘本故事的陪伴下，持续成长。当然，在绘本选择上，我们也会慎重考虑不同年龄段孩子的心理特点，为他们选择适当的读物，比如小班绘本《遛狗》中"瘦瘦的狗""胖胖的狗""高高的狗"，只是短短几句话，小狗的形象就截然不同了。

分享阅读对孩子们的影响是潜移默化的，不仅在提高观察能力、表达能力上有所帮助，甚至在识字方面都有很大好处，不过需要强调的是，园所本身是不提倡过早地、刻意地教导孩子识字的。很多家长认为孩子在幼儿园甚至更早开始识字，对他们日后的发展会有很大的好处，这种说法有待商榷，大多数孩子通过学校教育在十五六岁时会认识所有的常用汉字，过早地强行灌输给孩子带来压力和焦虑，并没有什么好处。我们的分享阅读是把文字和图片结合在一起，以图片为主，文字为辅，孩子在阅读的过程中通过倾听、摸索和观察，不知不觉就认识了一些汉字，整个过程很自然。我们始终没有将识字列入分享阅读课程的目标当中，一直将重点放在阅读习惯的养成及观察、表达能力的培养上。我相信，这些能力的提高才真正会对孩子日后发展产生更加积极、更加长远的影响。

/二/ 游戏是童年的礼物

小小照相馆

拍照可以记录幼儿成长的真实过程，相机成为记录幼儿在园精彩瞬间的重要工具。孩子们每天都会看到老师拿着相机记录他们成长的点滴。老师每次走进班里，都会听到一些孩子说："老师，我家也有和你这个一样的相机。""我爸爸就会拍！""妈妈上次带我去照相馆的时候，那个叔叔给我拍了很多。"孩子们都很喜欢拍照，也喜欢看照片里的自己。

大班的张老师抓住孩子们这一兴趣点，问班里的孩子们："好多小朋友都去过外面的照相馆拍照，那你们想不想咱们班里也有一个照相馆，你们自己来拍照？"孩子们一听都兴奋地点头："想！想！"于是，"小小照相馆"主题活动就这样开始了。

小小照相馆营业啦——学会分工，坚守岗位

照相馆是孩子们比较熟悉的地方，讨论起"开照相馆需要准备什么"时，孩子们一下子说了很多："需要相机""需要照相的景色""还需要化妆师呢""最好是有各种各样的衣服"……讨论过后，孩子们便热火朝天地干起来，很快照相馆便可以营业了。

有一天，乐乐和多多来到了小小照相馆，乐乐戴上了摄影师的工作牌，多多戴上了化妆师的工作牌。乐乐性格比较外向，一上来就拿起相机招呼："欢迎大家来拍照，我可以把你拍得特别好看！"天天路过听到后主动进来尝试，乐乐特别热情地招呼她坐下，并且为她整理整理头发，选择了头饰和好看的衣服，紧接着就听"咔嚓"一声，拍完了，乐乐还不忘说一句："欢迎下次光临！"就这样从头到尾一气呵成，送走了今天的第一位小客人。

这个时候负责化妆的多多有点不开心地和乐乐说："我是化妆师，应该先来我这里！"乐乐却说："我先和她说话的！"多多一脸不开心地回道："那也应该先来我这里，我都没玩！"乐乐想了想说："那你可以和我一起吗！"多多听完还是一脸不高兴："你自己玩吧，我不要和你一起玩了！"说完把工作证一扔跑了出来。紧接着又来了几位客人，乐乐依然乐此不疲，但是到了后面客人一多，乐乐就有点忙不过来了，因为既要化妆又要换服装和拍照，很多小客人等不及就走了。乐乐看见后玩了一会也把工作证摘了跑去玩别的了。

这个时候，一直在旁边留意观察的张老师把乐乐和多多叫到了身边："你们怎么不玩了，照相馆游戏不好玩吗？"多多："他老是一个人玩，不让我玩！"乐乐听完，

立刻反驳道："我没有，我就是迎接客人。"看到这两个小家伙都气鼓鼓的，张老师说道："可是后来为什么客人走了呢？"他们两个人都不说话了，老师继续引导："乐乐你觉得你一个人在照相馆的时候忙得过来吗？"他摇了摇头，老师紧接着补充："所以我们要学会合作，一个人负责化妆，一个人负责拍照，而且最重要的是不可以随便离开，你们走了客人来了怎么办？"

他们两个听完没有说话，但是也不再反驳了，为了缓和气氛，张老师提出想要拍照，询问他们两个是否愿意服务。两个小家伙立刻戴上了工作牌，这次多多负责先为张老师化妆，来了别的客人乐乐又继续去迎接，化好妆，乐乐过来为张老师拍照，多多又去迎接和化妆，忙得不亦乐乎。照相馆终于恢复营业，开始走向正轨。

小小照相馆装修啦——丰富材料，满足客人

经过几天游戏后，有心的张老师发现照相馆的"生意"不像从前那么好了。于是张老师将照相馆作为今天的重点观察区域。

早饭过后，孩子们和往常一样开始选区。睿睿优哉游哉地走进照相馆后，化妆师为他挑的衣服他都不喜欢，后来化妆师给他拿了一个老虎的头饰，他也不愿意戴，并说自己早就拍过了，睿睿自己嘟囔道："都没有我家的嘻哈火车好看！"这个时候张老师意识到：照相馆初期是由孩子们一手张罗起来的，里面适合女孩子的饰品偏多，为男孩儿提供的道具和服装很少，所以很多小客人来了以后又走掉了，而女孩子的道具也被孩子们反反复复玩了好多遍。张老师走进照相馆，问小敏："你觉得我们的道具和衣服小朋友们都喜欢吗？"小敏说："我觉得好看啊，可是她们不愿意穿。""那他们想穿什么样子的呢？"小敏："小米说她要穿妈妈新买的裙子。""那我们是不是可以考虑给照相馆增加点衣服和道具？"小敏："嗯，可是我们得去商场买。"张老师继续引导道："那除了去商场呢？"小敏想了想："我可以把我家的小猪佩奇带过来，让小朋友们拍照！"张老师回应道："太好了，我们可以一起向小朋友们提建议，让小朋友都拿上自己喜欢的玩具、衣服来！"小敏听完满眼惊喜和期待："对呀！他们肯定喜欢！"

第二天，孩子们每人从家里带了一件自己喜欢的玩具和衣服，分享到照相馆里作为拍照道具。照相馆的生意又恢复了往日的火爆，男孩子们和自己喜欢的手枪玩具、汽车玩具一起合照，女孩子穿着漂亮的小裙子和自己喜欢的玩偶一起合照，小化妆师们还从家里带了自己喜欢的辫绳、发卡之类的。这次材料的丰富将"小小照相馆"活动又推进了一步，孩子们在一次次发现问题和解决问题中获得了新的游戏体验。让我和大班的老师们感到惊喜的是，平时班里比较内向不善于表达的幼儿在和自己喜欢的玩具合影时表现出了平日没有的兴奋和活泼。我们借此激发了更多孩子的热情，鼓励他们借助不同的道具和服装表现不同的自我。

小小照相馆升级啦——外景拍摄，角色增加

今天依依来到了照相馆拍照，摄影师对着后面的主题墙拍了几下后，依依说："我妈妈上次带我去拍照的时候，可不是在房间里，都是在外面拍的，有的还有城堡呢，我还和熊本一起拍了呢！"摄影师听完也点头说："嗯，对，上次我过生日去拍照，那个叔叔开车带我们去了一个特别大的游乐园，里面有特别多好玩儿的！"听到这，老师便决定以顾客的角色介入一下。"请问你们这里都可以在哪里拍？"摄影师听完指着自己前面说："您就站在这里就行。""可我想出去拍，我觉得外面的景色比这里好看！"摄影师听完，犹豫了一下："我们都是在这拍的，没有出去的。"听到这里老师表现出为难的表情，低头不说话，这个时候依依提到："我也想出去拍！"我们一起看向了摄影师，这次他笑了笑："那我们去楼下拍吧！"

于是大班的照相馆开启了新的模式——外景拍摄。孩子们有的和户外的滑梯合影，有的和楼道里的花草树木合影，还有的和其他班的墙饰合影，幼儿园的很多公共环境都映入孩子们的眼帘。

除此之外，在孩子们的提议下，老师辅助孩子们一起用 KT 板制作了反光板，摄影助理这个角色应运而生，孩子们总是喜欢尝试新鲜事物，争先恐后地想当助理举反光板。随着生意越来越好，孩子们提出要增加摄影师，一个负责室内拍摄，另一个负责户外拍摄，还有前台接待的角色。随着游戏推进到这里，我和老师们才真正感觉到孩子们从"会"玩逐步转向"慧"玩，他们能按照自己的想法进行游戏，也敢于尝试有一定难度的活动和任务。当与同伴发生冲突和矛盾时，在教师的指导下他们可以用协商、交换和轮流玩的方式解决冲突。

小小照相馆扩大啦——流动拍摄，更加专业

上次的外景拍摄引来了幼儿园很多小朋友的关注，在询问了其他班老师和小朋友后，老师和孩子们一起商量可不可以扩大照相馆的经营，让更多想拍照的小朋友加入进来。孩子们还提出要给老师们拍照，于是我们的照相馆又一次升级为流动拍摄，孩子们自己制作了预约表格，周一到周五邀请不同的班级拍照。摄影师也越来越专业了，很多家长了解到

照相馆游戏后，都亲自带领幼儿参观了照相馆。孩子们回来以后也模仿着摄影师，一边拍一边指导："笑一下""挺胸抬头""手低一点"，孩子们是天生的艺术家，他们的想象力和创造力远远超过成年人。有的孩子发现照相馆都有样本册，便向老师求助也要做一个这样的册子方便客人选择，课下孩子们自己挑一张最好看的5寸照片，拿到幼儿园装订成册。他们就是自己的模特。

在角色游戏中，幼儿对游戏的情节有了更高的要求，他们渴望情节更加复杂，但是又面临着新问题、新困惑，而他们也一直在寻找答案的路上。通过对"小小照相馆"游戏的梳理和推进，幼儿从单纯的"会"玩转变到"慧"玩，游戏真正支持了幼儿的主动探索。很多幼儿都能在教师的引导下发现问题，到了后期幼儿不仅能发现问题，还能尝试提出新问题并寻求解决办法，每一次进步都凝聚了幼儿的想法和智慧，幼儿收获的不仅是游戏的快乐，更是自己发现问题和解决问题的过程体验。

玩转扎染

一次偶然的机会，老师和孩子们一起玩扎染，孩子们发现扎染作品色彩艳丽、图案变化无穷，于是很喜欢。孩子们经常在美工区进行简单的扎染活动，对扎染出的漂亮图案和色彩非常感兴趣，同时对扎染也表现出了好奇，"为什么颜料能够顺着纸张进行变化？为什么我们做出来的花纹不一样？除了扎染纸张，我们还可以扎染什么？"一个个问题不断地出现在孩子们的脑海中，激发他们进一步开展扎染活动。带着孩子们的一个个疑问，幼儿园里开启了"奇妙的扎染"系列活动，让孩子

们一起来探索扎染中的奥秘。

活动开始前，老师和孩子们一起进行了前期调查，孩子们提出了很多问题，在老师的帮助下，将这些问题进行了归类。（表 4-1）

表 4-1 归类后的问题

序号	问题	类别
1	到底什么是扎染？	定义
2	扎染需要怎么做？	方法
3	扎染有什么用？可以用来做什么？	用途
4	除了在纸巾上，还可以在哪里扎染？	材料
5	扎染需要哪些工具？	工具
6	扎染从哪里来？	起源
7	可以扎染出什么样的花纹？	图案

讨论之后，老师鼓励幼儿用多种途径寻找答案。幼儿结合自身的经验进行讨论，有的幼儿说可以通过爸爸妈妈的手机、IPAD、电脑等电子通信设备查阅资料，有的幼儿说经常和爸爸妈妈去图书馆，图书馆里的书多种多样，在图书馆中一定会查到关于扎染的内容。通过讨论和分享，孩子们了解了收集信息的方式。

带着问题，孩子们周末开展了寻找答案的活动。有的孩子是和自己的爸爸妈妈查找到了相关资料，有的是小组共同去收集资料，并用自己的方式进行了记录，周一孩子们将自己查找到的内容进行了分享。在分享过程中，孩子们介绍了自己的合作伙伴、查找的时间以及查找的内容。通过收集来的信息，孩子们对扎染有了简单的了解。

扎染中的小秘密——问题引发扎染效果呈现的影响因素

扎染前期，孩子们对扎染的兴趣非常浓厚，他们尝试用颜料在手绢上扎染着各种不同图案，随着孩子们对扎染的探究越来越深入，问题也开始出现了。他们总会在扎染完一次，就不同的现象提出自己感兴趣的问题。老师猜透了孩子们想一探究竟的心思，便决定满足他们探索的欲望，结合孩子们内心的疑惑，和孩子们一起深入了解扎染。

1. 干布和湿布扎染哪一个效果好？（材料不同，效果不同）

孩子们一开始便遇见了扎染步骤的疑惑："为什么要先把布浸湿，不浸湿不行吗？"他们自发讨论，将班级分为两组，一组幼儿将布浸湿，另一组幼儿用干布进行扎染，共同扎染旋风图案。

幼儿带着好奇、疑惑和期待，开始了他们的尝试和探索。湿布组的幼儿很快将布进行了打结，而干布组的幼儿花的时间长一些，这时候老师对干布组的幼儿进行了引导：为什么会时间长一些？干布组的幼儿开始思考原因："在打结的过程中，刚打完准备系皮筋，布就散开了，又需要重新来，干布太松，不好系。"而这一步湿布组的幼儿都是一次完成的。待幼儿都完成打结这一步后，一起进入染色环节。同样，湿布组的幼儿很快完成了，只听见干布组有一个幼儿非常着急，嘴里支支吾吾的，老师走过去问他怎么了，他噘着小嘴儿说："颜料一滴在布上就顺着布滑下去了，不容易进到布里面。都废了很多颜料了。"老师鼓励他不要着急，慢慢来。最后大家都完成了。

扎染结束，孩子们对两组的作品进行了展示讨论。请幼儿来说一说干布和湿布扎染的过程以及扎染出来的效果是否一样，哪里不一样，并用绘画的形式将自己的发现进行记录。在分享时，孩子们纷纷表达了自己的看法：

"湿布扎染出来的图案漂亮，干布扎染的图案不漂亮，有点乱。"

"干布在染色的时候不容易上色，废了很多颜料，花的时间也很长。"

"在打结的时候干布总是散开，而湿布一下就可以打好结。"

经过这次尝试，孩子们积极讨论，总结经验教训，最终一致认为需要用湿布进行扎染。

2. 为什么同样的折法折出来的花纹不一样呢？（折法的影响）

在本次活动中，老师与幼儿共同尝试了"宝石"的扎染方法。老师引导幼儿将手绢进行对折，对折成小正方形，接着从一角进行翻折，最后将折好的手绢卷起来进行扎染。对折过程有些难度，但孩子们很有耐心，部分小朋友是一起合作、互相帮忙完成的。扎染出来后，幼儿惊喜地发现竟然染出来两种不同的花纹。幼儿纷纷表示好奇："老师，我们的折法一样啊，怎么会出来不一样的花纹呢？"到底是在哪里不对了呢，老师引导孩子们沿着纹路折了回去才发现，他们因为进行翻折所选的角不同所以出现了不同的花纹。此时，孩子们貌似真正体会到了扎染的神奇之处。慢慢地，孩子们总结出来，从"大嘴巴"的位置开始翻折会扎染出像宝石一样的图案，孩子们给图案起名叫作"宝石"。从两个"小嘴巴"的地

方开始翻折扎染出来的图案像电风扇，因此孩子们给这样的图案叫作"电风扇"。

3. 为什么方法完全一样，扎染出来的效果还是不一样？可能和什么有关呢？（松紧效果）

随着发现的问题越来越多，部分孩子开始焦虑起来，但是老师始终站在儿童的视角，为他们创造宽松的环境，给予他们有力的支持，因此孩子们都敢大胆地提出问题。这一次，就是对"电风扇扎染法"的延伸。孩子们提出：用了同样的扎染方法，可是他们扎染出来的效果还是不一样。有的扇叶会粗，有的扇叶会细，有的扇叶还出现了点点图案，这是怎么回事？

根据孩子们的疑问，老师又组织幼儿展开了一次讨论活动。一起讨论为什么会出现这样的结果，有的孩子用已有的经验提出了两个可能性：①会不会和皮筋绑得松紧有关系？②染料用得够不够，是不是全染上色了呢？孩子们决定做实验探究一下，选择同一种扎染方法——电风扇法，分两组进行。一组研究松紧系法的区别，一次将布系得很紧，一次系得很松，染完后观察效果。幼儿发现皮筋绑得紧的布染出来的花纹比较细，而皮筋绑得松的布染出来的花纹比较粗。另一组的幼儿研究颜料用量的区别，一次将染料完全涂在布的两端，另一次将颜料零星地洒在布上，最后打开后发现涂得匀称的布花纹成条状，零星染色的布上出现了点点状的条形。

通过实践操作和观察对比，孩子们意识到：不同的花纹效果是由布、折法以及绑扎松紧程度和颜料用量共同决定的。

扎染生活化——对生活用品进行扎染，丰富美的体验

当孩子们的扎染技能娴熟后，手绢已远远不能满足他们的需求，因此老师引导孩子们寻找生活中的扎染，他们发现在包包上、围巾上、抱枕上甚至衣服上都出现了扎染的图案。在孩子们的要求下，老师为孩子们提供了空白的抱枕套、围巾、包包等，孩子们还主动从家中收集废旧的衣服、芭比娃娃等。

扎染规模扩大，孩子们迫不及待地在各种生活物品上开展了扎染活动，这次他们用更多创造性的方法进行捆绑、折叠，出来的效果也各不相同。孩子们将自己扎染的生活用品进行充分利用。扎染完抱枕后，他们将自己的抱枕作为礼物送给了老师，希望老师能够靠着它，避免腰的酸痛；有的小朋友将抱枕带回家放在沙发上作为装饰；重阳节来临时，小朋友们都为家中的老人扎染了一条漂亮的围巾，并邀请他们来参与活动，亲手为他们带上温暖的围巾。

孩子们对扎染的热情不减，有的将自己穿旧的白色衣服带过来，进行再利用，并装饰在了美丽的班级环境中。班级环境支持了孩子们的行为，同时让孩子们感受到了扎染在生活中的作用。

晾晒扎染围巾也有趣

重阳节的下午，孩子们将围巾扎染好，想放学后带回家作为礼物送给家中的老人，但是他们考虑到晚上围巾可能会晾不干，于是想尽办法要在放学之前将围巾晒干。

老师观察到了孩子们迫切想要解决的问题，便问孩子们："怎么样才会加快围巾的晾干速度？"孩子们提出："要晒在有阳光的地方。"教师紧接着引导："除了阳光，还有什么能够加速他们晒干呢？"孩子们想了想说风，老师肯定了他们的想法，和孩子们一起把围巾带到楼下。天气非常好，孩子们兴奋地将自己的围巾展开，但是又发现缺少风。这不是难题，"鬼点子"马上就有了："跑步可以制造风，抖着围巾也可以制造风。"就这样，他们开始了一场由晾晒围巾引发的体育游戏活动，孩子们开心地跑着、抖着，游戏结束了，围巾也晾干了。这天放学回家时，每个小朋友手里都拿着自己精心设计的围巾。在重阳节这天晚上，他们把围巾系在了家中的老人的脖子上，温暖着每一个人。

扎染小工厂开始接单了

小朋友们扎染的兴趣越来越浓厚，他们在角色区开始玩起了微信买卖扎染围巾、包包的活动，老师顺势抓住这个教育机会：不如就结合孩子们的兴趣，开一个全班的扎染小工厂，为全园的孩子设计扎染作品。那时，微店正在兴起，小朋友们也采用了这一新模式，决定通过微信来接受订单，并设计出不同的款式供大家选择。

就这样，孩子们的小工厂成立了，他们开始通过小喇叭广播站的形式进行广播，并到班里进行宣传，向弟弟妹妹们介绍自己的扎染作品，让幼儿园的老师和家长采用微信订购的方式来下单。在下单过程中，他们需要分工合作，统计每种款式的数量，每天忙得不可开交，孩子们的统计、计数能力得到了提升。

扎染展销会成立，幼儿分工合作

幼儿的扎染作品越来越多，为了增强幼儿的自信心，老师引导幼儿举办扎染展销会，来向弟弟妹妹展示、介绍自己的作品。在举办展销会之前，老师和孩子们讨论："以怎样的方式来进行展示？展销会上还可以安排哪些有趣的环节？"在讨论的过程中，孩子们积极参加，献言献策：

"我们可以将扎染的衣服、围巾挂起来，向他们介绍。"

"我们可以做成衣服，为他们表演时装秀。"

"我们还可以教弟弟妹妹怎么来扎染，邀请他们现场体验。"

通过讨论，孩子们最后确定了角色分工：解说员来向弟弟妹妹介绍扎染活动；小老师来教弟弟妹妹扎染；小演员为弟弟妹妹表演扎染时装秀；小服务生引导弟弟妹妹到不同的区域进行游戏，并为他们端茶倒水；摄影师为弟弟妹妹进行拍照留念。

全班孩子根据自己的兴趣进行了选择和分组，不同职责的小朋友以组进行准备。在准备前他们共同讨论可以提供什么材料，准备哪些东西。小演员们回家后也开始设计自己的服装，扎染出了一套属于自己的"华美服饰"。摄影师开始学习如何拍照，小老师练习如何来教弟弟妹妹扎染。

展销会当天，小朋友们穿着自己设计的扎染服饰，举行了剪彩仪式，向大家介绍了展销会的内容，并邀请弟弟妹妹来参加活动，小朋友们专注于自己的小任务，大胆、自信地在弟弟妹妹和老师们面前表演、讲解，促进了多方面能力的发展。

本次的扎染活动不仅是美工活动，让幼儿体验到了扎染与生活中的美，更是一种探究活动，通过让幼儿发现问题、解决问题，了解出现扎染图案的影响因素，最后将扎染设置成一场情景式游戏——展销会，促进了幼儿多方面能力的发展。在整个过程中，老师和幼儿都是参与者，每个人都收获了一份独特的记忆。

活动结束后，为了让全园老师都有更大的收获，针对此次活动，我园组织了一次研讨会，通过老师们的分享、讨论、研究、总结、归纳，我们一起凝练出了几点教学心得。

①问题式学习支持幼儿在游戏中发现和探索。

在扎染游戏中，老师们重视幼儿提出的问题。通过对材料干湿度的疑惑—相同折法不同的效果—工具捆绑的松紧度探究"三部曲"，幼儿不仅感受到了扎染游戏带来的好玩和图案的美丽，更明白了花纹是由材料的使用、折法的不同和工具的松紧程度决定的。

幼儿在一次次的尝试中，共同发现、探索。问题式学习推动幼儿主动思考、探索，激发了幼儿探索的兴趣，同时在探索中也逐步提升了幼儿的探究能力。在探究过程中，幼儿总结归纳出了扎染不同花纹效果的方法。问题式学习能够有效地促进幼儿的主动学习，老师们要把问题式教学更广泛地运用到幼儿园的一日活动中，有效推动幼儿的主动学习。

②材料有层次、分阶段地投放支持幼儿的游戏需要。

在扎染初期，幼儿的扎染水平还不太高，因此老师选择最容易浸染的手绢来进行活动，之后逐渐增加难度。在整个过程中，老师分层次投放使用工具。首先让幼儿进行单纯的折叠，幼儿在不同的折叠方法中感受不同的花纹。当幼儿掌握不同的折叠效果后，老师给予足够的材料支持，加入皮筋和筷子作为工具，幼儿借助这两种工具自由操作，扎染出更精细的花纹。

在扎染中期，幼儿对手绢的扎染方法熟练掌握。为了帮助幼儿了解扎染在生活中的运用，老师提供了相关扎染照片，让孩子们感受到了生活

中扎染的美，同时为幼儿投放白色 T 恤、小白包、白色围巾、白色抱枕套等生活用品，进一步激发幼儿对扎染的兴趣，让幼儿感受扎染与生活的联系。

在扎染活动后期，老师充分满足幼儿兴趣，支持举办展销会。幼儿进行讨论分工，准备材料，老师继续为幼儿提供与展销会相关的材料。例如，邀请函、布置场地环境的用品。因此，材料的投放需要根据幼儿的发展需要随时进行调整，以支持幼儿的发展。

③角色分工支持幼儿的全面发展。

在扎染活动后期，随着扎染的物品越来越多，如何处理成品成为幼儿讨论的问题之一。为了能够让更多的孩子了解扎染活动，老师与孩子们共同讨论，生成了新的活动——展销会，来促进幼儿的全面发展。

在活动中，老师抓住幼儿的兴趣，让活动走出美工区，走进生活，面向全园，促进幼儿各方面能力的发展。通过展销会，帮助幼儿进一步梳理从扎染活动初期到后期，收获和过程是什么样的。通过设立"小老师"的角色，让幼儿自己总结，自己讲解，不仅巩固了幼儿对扎染方法的掌握，还促使幼儿把所学到的扎染知识转换成自己的语言和行为，并教给其他小朋友，促进了幼儿沟通能力和演讲能力的提高。展销会增强了幼儿的社会性意识，使幼儿在情感上得到了满足，也让幼儿在语言表达、合作、创新、解决问题等相关学习品质上得到了提高。

小足球，大快乐

"嘟——"哨声一响，北部新区实验幼儿园足球联赛拉开了序幕。

第一场是北辰队对阵苏家坨队，只见北辰队球员率先抢到了球，带着球连过两人，就在临门一脚时，对方一位小球员以迅雷不及掩耳之势断了球，并迅速传给前锋，说时迟那时快，只见球离球门越来越近，对方球员准备射门了。"呼"，球从球门上方飞了过去，可能是球员太紧张了，也可能是用力过猛，球没进。双方就这样一来一往，你把球踢到我家门口，

我把球踢到你家禁区，直到上半场结束，比分仍然是 0 : 0。

上半场真是有惊无险，小队员们稍作调整，下半场的哨声又响起了。北辰队的小球员又一次抢到了球，一直带球突破了前锋、中锋，这时苏家坨队有小球员想铲球，可惜失败了。北辰队小球员射门，这球速度快、力量足，虽然守门员的手碰到了球，但北辰队还是进球了。比分变成了 1 : 0。只听场外掌声此起彼伏，观众们热烈欢呼，为两边队员加油打气。比赛所剩的时间已经不多了，双方队员奋力拼搏，可比赛还是以 1 : 0 告终，第一场比赛北辰队获胜。第二场是北辰队对阵凯盛队，第三场是苏家坨队对阵凯盛队，经过三场角逐，凯盛队最终获得了总冠军。小队员们齐声欢呼，共同庆祝来之不易的胜利。

这是小球员们参加北新足球联赛的精彩表现，平时的训练也同样精彩。足球课的时候，总能听见中大班小朋友们开心的笑声，那一定是他们在玩许多关于足球的游戏，比如推小猪、小青蛙跳球、传送炮弹，等等，特别有趣，大家总能玩得不亦乐乎！笑归笑，闹归闹，真正的比赛前，孩子们也能够不怕苦不怕累，全身心投入练球之中。

在足球联赛之前，小朋友们在教练的带领下抓紧一切时间练习，专心地准备足球比赛。星期五下午，大二班小朋友的足球课时间又到了，阳阳教练将小朋友们分成两队进行比赛。场地的四周没有界线，比赛时间也用不着看表。你一定问裁判是谁？其实每位小队员都是这场球赛的裁判。小球员们一个个跑得满头大汗，凯凯一脚射门，但他却把球射进了自家球门，自己还在一旁手舞足蹈，大声叫好。"哈哈……"

场上爆发出一阵阵笑声，全场队员都捧腹大笑，凯凯摸摸脑袋，看看队员、教练、球门，这才搞清发生了什么。小球员们个个满头大汗，努力地练习着球技！踢着踢着栋栋猛地一使劲，把足球踢出了很远很远，不过队员们并不生气，反正他们已经很累了，正好可以休息休息，真是个满载汗水又快乐无比的足球赛啊！

这样的场景在北新的校园中并不少见。自 2018 年起，我们引进了玉麒麟校园足球俱乐部的幼儿足球课程，在专业教练员的指导下，孩子们参与到足球运动当中，并慢慢感受到了足球运动带来的快乐。通过开展足球联赛活动，孩子们收获了激动人心的比赛经验，收获了对团队精神的体验，更收获了对足球运动的快乐感受。希望足球课程能感染到幼儿园的每个孩子，让他们都能爱上足球，爱上运动，在运动中感受足球的魅力，在运动中强健体魄。

/ 三 / 孕育中华文化的传承人

我们的诗词大会

中国传统诗词源远流长，凝结了古人的智慧与才情，是中国传统文化的精髓，作为五千年文明的传承人，我们应感到无比幸运和自豪。借着我园传统文化教育和中央电视台《中国诗词大会》的契机，我园发起了"葵园诗词大会"活动。希望小朋友们可以大胆自信地展现自己，同时在表演和互相欣赏的过程中，能够体验表演的快乐，感受古典诗词的魅力。

诗词大会应该怎么组织？以何种方式实施？是部分参与还是全园参与？针对这

些问题，我带领各个年级组老师聚在一起，展开了讨论。经过老师们的讨论，我们一致决定诗词大会应该根据年龄特点分年级组开展，更应该是全园小朋友共同参加。之后在老师们的提议下，我们精心准备，邀请家长朋友们共同出席，一起见证孩子们的精彩演出。

小班小朋友刚刚迈过了牙牙学语的阶段，入园初期他们还在与分离焦虑抗衡，但几个月后，老师们就开始筹划让他们参加诗词大会，这确实是一件听起来就让人难以置信的事情。但是，小班老师们有自己的技巧。他们根据当下的节气和环境，精心挑选了适宜的五言绝句，选材很有新意，并且将古诗与音乐和舞蹈相结合。带着简单的肢体动作，跟随欢快的节奏，孩子们一边舞蹈，一边吟唱。孩子们对韵律和节奏仿佛有着与生俱来的好感，这样一来，背诵古诗不再枯燥，孩子们学起来兴致很高。每天离园的路上都能听到孩子们欢快地唱着古诗，跑进家长怀里还不忘"炫耀"自己的新收获。

令人期待的"葵园诗词大会"终于来了，家长们坐在会场等待孩子们的演出。这是大部分家长第一次观看自家孩子的演出，刚刚三岁的娃，排练时间又短，家长们有期待，但也没抱太大希望。会场上，能够听到家长们的各种猜想："孩子们才三岁多，我家孩子能勇敢站上去我就心满意足了。""我家孩子，平时在家总爱自言自语，古诗唱得挺好的，就是不知道今天表现会怎么样。""听说北新注重传统文化的培养，老师们也很专业，也许孩子们会带给我们惊喜。"……

在家长们的猜测中，一群女孩子穿着统一的白纱裙有序登场，肉嘟嘟的小脸儿画着淡淡的妆，手拿桃花枝，眉间一朵桃花做点缀，在"春眠不觉晓，处处闻啼鸟……"的欢快旋律中，开始了今天的表演。第一个节目，就引来了家长们雷鸣般的掌声，从家长们的

眼神中，我们看到了难以掩饰的惊喜。紧接着，一群男娃娃头顶绑着一个小发髻，穿着古装入场了，一首满怀思乡之情的《静夜思》被孩子们演绎得出神入化，在表演过程中，还变换了三次队形，虽不尽完美，但是孩子们的自信与淡定已经深深地感动了在座的各位家长。《小儿垂钓》里，孩子们打扮成渔翁模样，拿着垂钓竿，有的坐，有的站，有模有样地表演……节目一个挨着一个，家长们的掌声不断，大家纷纷举起手机，想要把全程的精彩都录进手机里，留住宝贝们的精彩瞬间。

演出结束后，小班的家长们纷纷起身，为老师和孩子们竖起了大拇指，似乎单纯的鼓掌已经不能表达他们内心的激动和感谢。还有家长特意找到老师，激动地说道："北新实幼果然名不虚传，感谢老师们对孩子们的精心培养！"

中大班的孩子对幼儿园已经很熟悉，也渐渐有了竞争意识。结合孩子们的年龄特点，中大班老师们不仅让孩子们进行古诗词表演，还加入了"我问你答"的抢答环节来激发孩子们的积极性，更是借鉴了"飞花令"的形式，让诗词大会变得丰富多彩。

大班老师们挑选了更有代表性和挑战性的诗词作品进行演绎，比如《木兰辞》《三字经》《弟子规》等。抢答环节，老师们精心设计了古诗词小知识问答游戏，比如：诗仙是哪位诗人？图中的这位诗人是谁？看图说出相关诗句等，一场抢答游戏将诗词大会推向高潮，在座的家长和孩子都飞速转动大脑，帮助自己的团队进行抢答，现场好不热闹！大班更加关键的一个环节就是——飞花令。想要

玩好"飞花令"，诗词的积累是关键，开始孩子们没有意识到这个问题，在积累诗词的过程中有些孩子漫不经心，等试玩过一次"飞花令"游戏之后，前期积累不够的小朋友就着急了。老师趁势引导孩子们学会抓紧点滴时间积累诗词，这下可好，孩子们不仅在幼儿园活动区里积累，回家还拉着爸爸妈妈一起背古诗，抢"飞花"，有些心思细腻的小朋友还把背会的诗词画成画，老师们便将这些诗词画作展示在公共走廊里，做成一面古诗墙，古诗墙的出现又反过来激励了各年龄段孩子们学习古诗的兴趣……一时间，诵诗之风在全园兴起，孩子们用各种方式诵读经典，朗朗的吟诵声回荡在整个幼儿园，葵花园氤氲在浓浓的古典文化气息中。家长们都说，多年忘却的古诗词被孩子带着回忆起来了，不会背的诗词也被孩子们带着会背了。

通过此次诗词大会活动，孩子们接触了不同朝代的诗词，不同年龄班之间也得到了交流。小班的孩子萌生了对诗词学习的兴趣，中班的孩子开始感受诗词的韵律美，大班的孩子已经可以领会诗词的意境，并将自己领会的意境用图画表达出来，还尝试根据诗词的内容进行分类……

这实在是个很好的开始，自第一次"葵园诗词大会"以来，它已经成了我园的一项传统，每年如期举行，感染着一代代北新娃。愿这些诗词能够永远陪伴着孩子们，奠定孩子们的文学基础，提升孩子们的气质，渲染孩子们成长的瑰丽旅程，伴随孩子们走过漫长的人生岁月。

舌尖上的中国年

在众多的传统节日里，辞旧迎新的中国新年是大家最为期待的节日。它总能为人们带来喜悦和期盼，当然还有那一场场味蕾上的盛宴。新年到来之际，老师们进行了充分沟通和交流，将体验传统民间小吃作为庆新年系列活动之一——舌尖上的中国年，让孩子们在亲手制作、亲自品尝的过程中感受中国年的喜庆氛围，了解传统风味小吃，体验中华饮食文化。

香香的腊八蒜

作为刚刚入园的"小新叶"，小班宝宝们第一次参加幼儿园的庆新年活动。考虑到孩子们的年龄特点和身心发展情况，老师将美食锁定为制作过程更加安全、操作更加简单的北方传统小吃——腊八蒜。

"'兄弟七八个，围着柱子坐，只要一分开，衣服全撕破'是一种蔬菜哟，小朋友们快猜一猜……"在俏皮有趣的猜谜语游戏中，腌制腊八蒜的活动拉开了序幕……

老师和小朋友们围坐在一起，你一言我一语地讨论着谜底。看着宝贝们不解的小眼神，老师带小朋友们朝植物角走去，观察了一会儿，宝贝们开心地大声说："我知道了，是我们吃的蒜！"老师鼓掌点赞，并引导孩子们想一想大蒜有几种吃法，这一次宝贝们争先恐后地回答："直接吃，我爸爸吃饺子时候直接吃。""我家炒着吃。"……老师顺着孩子们的话回应道："你们说得太棒了，但是大蒜还有一种吃法，就是将蒜宝宝们一个个分开，剥净放进瓶子里，和醋、糖一起密封腌制，这种蒜叫作腊八蒜。是很久很久以前，聪明的爷爷奶奶们发明的，只有我们国家才有哟！"

随后，老师播放准备好的小视频，让孩子们感受腊八蒜的起源和寓意。"哇！原来制作腊八蒜是提示我们算账呀，虽然小朋友们还没工作，没有收入，但是在过去的一年里也有很多收获，学到了很多小本领，今天我们也一起做腊八蒜，算一算自己学会了几项小本领，为新年做准备，好不好？"老师话音一落，小朋友们便手舞足蹈，满怀期待。

在喜庆的音乐声中，小朋友们和老师们分工合作，将玻璃瓶、蒜、醋、糖分放在餐桌上，一切准备就绪，马上就可以动工啦！每个班里总有那么几个"小大人儿"，动作麻利又迅速，不一会儿就剥出 一个白白胖胖的蒜宝宝，听到老师的表扬后，他们备受鼓舞，在小朋友间"奔走相告"，做起了"小老师"，挨个儿传授自己剥蒜的小技巧。在老师的提醒下，小朋友们才想起了腊八蒜的寓意，纷纷"算"起了自己在这一年里学到的小本领："我学会了跳芭蕾。""我学会了捏毛毛虫。""我学会了唱好多儿歌。""我学会了说古诗。""我学会了拍篮球。"……快乐的时光总是过得飞快，不一会儿每个蒜瓶子都变得满满的。老师和小朋友们一起将蒜瓶子倒满醋，再放入一点点糖，将瓶子盖好密封，大功告成啦！

老师一脸神秘地说道："我们的腊八蒜做好了，老师还有一个小秘密要告诉你们，蒜宝宝在接下来的几天里，会变颜色，你们觉得会变成什么颜色呢？"

"会变成黑色吧！"

"棕色，因为醋是棕色的。"

"不对，我觉得是红色，你看这里都有一点点红色了。"

"可是，我觉得是绿色。"

……

整间教室里都弥漫着醋的酸、蒜的香，再加上宝贝们的欢声笑语，也许这就是年的味道吧！孩子们的世界总是充满了未知和神秘，但是经过一路的观察和探索，他们终将找到属于自己的答案。

酸酸甜甜糖葫芦

每到冬天，大街小巷都能看到一串串糖葫芦，被透过窗子的阳光照得晶莹剔透，这酸甜的味道不知引来了多少渴求的目光。中班组老师们围绕着如何提高孩子们的动手能力，享受更多童年乐趣，精心设计了"制作糖葫芦"的活动。

"都说冰糖葫芦儿酸，酸里面它裹着甜……糖葫芦好看它竹签串，象征幸福和团圆……"一首《冰糖葫芦》勾出了孩子们肚子里的小馋虫，看到视频中的糖葫芦，他们就已经跃跃欲试，迫不及待了。

活动前，老师带着孩子们寻找有关糖葫芦的各方面的知识：糖葫芦的由来，做糖葫芦需要哪些食材，糖葫芦是怎么制作的……这些都引起了孩子们的好奇。经过一番讨论和介绍，孩子们了解到山楂、橘子、圣女果、草莓、熟山药等都可以作为糖葫芦的食材。裹糖的过程更是让孩子们大开眼界，原来冰糖在锅里加热就可以变成黏黏的糖水，将串好的串串在锅里一转，沾上糖，就做成了酸甜的糖葫芦。经过前期一番调查，孩子们和老师们一起决定把准备食材的工作带回到家里。家庭齐参与，清洗食材，打包带来，在爸爸妈妈和小朋友们的努力下，准备工作一气完成。

终于可以大展身手啦，看着一双双发光的小眼睛，老师不忍心地提醒道："小朋友们不急，在串糖葫芦之前咱们要洗干净小手，在串的时候更要注意安全哟，竹签很锋利，不要扎到小手！"制作前的安全提示是必不可少的一项，温馨提示过后，终于可以制作啦！"我要串一串橘子的，我最爱吃橘子啦。""我的这串是给爸爸的，这串是给奶奶的，这串是给妈妈的……"大家纷纷表达着自己的安排。

在热热闹闹的聊天中，一个兴奋的声音传来："老师，看我的小雪人糖葫芦！"原来是希希，他在草莓中间夹了一段香蕉，又贴上两个小芝麻做眼睛，他高高地举着自己的作品，满脸骄傲。这时小朋友们发现：原来串水果也是个技术活和艺术活，不仅要把各种各样的水果都串得牢牢的，还要讲究颜色搭配。孩子们受到了启发，纷纷动起了小脑筋："你们看，我这个像不像一棵树？""我这个厉害，是有规律哟！"可爱的孩子们把串糖葫芦变成了一场创意秀！

一串串糖葫芦陆续完成，没有竹签了，剩下的食材怎么办呢？"我们一起分享吧！"在几个小朋友的提议下，大家纷纷跟伙伴们分享自己的成果，教室里传来阵阵开心的笑声和啧啧品尝美食的声音。糖葫芦被孩子们送到食堂裹上糖衣，直到放学前，大家的目光始终都没有离开甜甜的糖葫芦。回家的时间到了，小朋友们纷纷拿上一盒糖葫芦，小心翼翼地走到大门口，兴奋地递给爸爸妈妈、爷爷奶奶，回家的车还没有开动，糖葫芦就已经装进了肚子里。

一次难忘的串糖葫芦体验，不仅提高了孩子们的动手能力和创作能力，还让孩子们学会了分享和珍惜自己的劳动果实。一份份甜蜜被小可爱们带出幼儿园，甜进了家长的心里。我们相信，此次体验的过程就犹如播下一粒粒传播的种子，落入童心，萌芽生根。

老北京炸酱面

老北京炸酱面的味道几乎承载着北京人一年之中的大多数时光。飘香的肉酱加上几种清脆的菜码，与手擀面条拌在一起，吃到嘴中真是回味无穷。针对大班幼儿的最近发展区，大班组老师们共同设计了"做老北京炸酱面"的活动。

活动前，老师和小朋友们共同讨论：需要准备的食材，老北京炸酱面的面要怎么和，菜码都可以准备哪些，做面的工具都有哪些……经过一番思考和激烈的讨论，老师把小朋友们的想法用思维导图的形式呈现出来，帮助他们梳理已有经验。

经过讨论，孩子们从最简单的食材搜集开始，黄豆、绿豆、黄瓜、白菜、豆芽菜，这些易得的食材都可以作为菜码拌进面里。为了方便他们直接操作，老师把准备菜码的工作还原到家庭中，请幼儿在家中和爸爸妈妈一起提前准备半成品的食材，比如黄豆、绿豆在家泡好焯熟，黄瓜、胡萝卜等请爸爸妈妈切好片，孩子们只需在幼儿园继续加工成蔬菜丝就好，这样的操作既帮助幼儿减去了难度，又增加了亲子共

育的过程。同样，面团也可以在家提前准备好，于是一场家庭和面秀就此展开，面粉加水揉搓，变成了面团，孩子们乐此不疲。再加上面板、擀面杖、塑料切刀等工具的协助，大家仿佛已经闻到了炸酱面的味道。

从准备到加工一气呵成，孩子们开始展示厨艺，小小的面团经过擀制变成了面片，折叠几层后用刀纵向切条，一根根面条在孩子们的巧手中切好啦。"老师，您看，我的面条多长呀！""老师，我得多擀点，回家还要给爸爸妈妈吃呢！"一张张喜悦的笑脸承载着每一个家庭对新年的期盼。在此过程中，既有成功也有小挫折，有的宝贝的面团太软，撒的薄面少了点，好不容易切好的面条都坨在了一起，但孩子们都没有放弃，重新揉面重新做，在一次次的尝试中锻炼了灵巧的双手，也感受到了劳动成果的来之不易。

看着一份份菜码切好装盒，面条也摆放整齐，孩子们的那份满足溢于言表。他们开心地捧着自己的炸酱面争先合影。老师们相信，这不仅是一次简单的制作过程，更重要的是将每一份新年的祝福装进心中，孩子们感受着传统文化给大家带来的欢乐和喜悦。

民间小吃是古老文化的象征和传承，每一种味道都是人们内心固有的情怀。每每年终岁末，葵花园里都是一片热火朝天，隔着窗就能听到孩子们和老师的欢声笑语，感受到中国年里的幸福甜蜜。每种民间小吃都由孩子们亲手制作完成，从手到口，从口到心，孩子们用自己的独有方式，尽情感知着生活的美好，用心制造着浓浓的年味儿，散至葵花园每个角落。

感知皮影戏

皮影戏是我国民间古老的传统艺术，是我国民间广为流传的傀儡戏之一，始于西汉时期，距今已有两千多年的历史。在灯光的照射下，皮影戏用兽皮隔亮布进行表演，灯光影绰、纵横交错间宛如一本时光集册，生动演绎着历史长河中的民间风俗故事。

这样一个充满传统魅力又生动有趣的活动，如果能够走进幼儿园被孩子们感知、体验，一定会是一件让孩子受益终身的事情。那么，如何让古朴、灵动的传统戏结合幼儿园小朋友的年龄特点开展适宜教育活动呢？我与老师们研究得出：制作皮影难度过大，可行性不强，可以考虑邀请专业皮影戏剧团走进幼儿园，为孩子们开展充满传统魅力的皮影戏表演活动，让孩子们近距离感知皮影戏。但是只是一场观看，对于孩子们来说操作性又不强。经过再三讨论，感知皮影戏的活动方案最终形成。前期，孩子们亲身探索，了解皮影相关知识；亲自设计邀请函，布置观影会场；中期，观看皮影戏，孩子们可以与操作员进行沟通，近距离感知皮影戏；后期，孩子们可以自主创编剧本，举办皮影展，并举行表演活动。每一个环节都经过老师们的精心策划，每一项内容都饱含教育意义。

葵花园宝宝们的又一场传统民间艺术之旅开始了……

听说要观看皮影戏表演，孩子们都开心得手舞足蹈。为了调动幼儿的已有经验，帮助幼儿建立经验联结，老师和孩子们一起进行了谈话活动，请孩子们聊一聊对皮影戏都有哪些认知和了解，"你知道什么是皮影戏吗？""皮影戏是如何表演的？""你在哪里看到过皮影戏表演呢？"小小话题引发了孩子们的无限思考，充分激发了孩子们的谈话兴趣，孩子们你一句我一句地讨论开来：

"我在庙会上和爸爸妈妈一起看过皮影戏表演。"

"我和爷爷尝试做过皮影玩具。"

"我最喜欢皮影戏，像我们看的动画片一样，它是一种十分好玩儿的表演。"

"皮影人都有线拽着，胳膊、腿，还有头都可以动起来。"……

孩子们共同讨论，各抒己见，充分表达着自己对皮影戏的认识与理解。

老师根据听到的答案，继续引导着问道："那么，我们为什么要看皮影戏？皮影戏表演将会用到哪些工具呢？"老师借机引导："孩子们，我们可以针对这几个问题，做一项调查，那么我们怎么才能得到答案呢？"带着这个疑问，有的小朋友提议可以向爸爸妈妈询问，有

的小朋友建议在网上展开调查，有的说可以通过看书寻找答案，有的说可以等皮影戏剧团的叔叔阿姨来了以后问他们……永远不要低估孩子们的能力，在老师的引导下，孩子们把调查方法总结得如此全面。接下来我们要做的就是放开手，多倾听和观察幼儿，给予幼儿充分的信任和时间，让他们自主探索。

由此，关于皮影戏的调查正式开始，孩子们用他们自己的方式进行着探索与发现，我们每天都可以看到孩子们带着自己的调查成果来园、离园。一周之后，孩子们有的制作了小画报，有的收集了皮影戏的照片，还有的在爸爸妈妈的支持下制作了电子幻灯片。在老师的引导下，孩子们将自己取得的调研成果进行分类汇总，并组成汇报小组，走进中小班，将调查成果分享给中小班的弟弟妹妹们。

汇报小组的成员细致分工，有的负责主持，有的举着画报，有的负责播放幻灯片，讲解井然有序，详细生动。"弟弟妹妹们好，我是今天的主持人，由我们来给你们讲解皮影戏的小知识。"接下来七八个孩子就并排站好，开始分工讲解，虽然每个孩子负责的内容不是很多，但都讲解得形象生动：

"皮影戏源于西汉时期，是皇帝为了怀念死掉的皇后而请人表演的一种傀儡戏。"

"你们知道吗？皮影的制作是很复杂的，有许多技巧，制作工序可分为：选皮、制皮、画稿、镂刻、敷彩等八个步骤。"

"弟弟妹妹们，你们看，皮人有各种颜色，代表着人物的善恶美丑。"

"绘画也有一定的讲究哟，女生饰品大都是花、草、云等图案，男生的用龙、虎、水。"

"看我这个，皮人里的好人物为五分面，坏人物为七分面，人物包括生、旦、净、末、丑，一个皮影要用五根竹棍操作。"……

也许有些专业的词汇，中小班的孩子没有太理解，还需老师们进一步详细讲解，但是能看出孩子们都很喜欢，听得很专注。小小讲解员们收到了一波又一波掌声。给弟弟妹妹们分析、讲解调研成果，孩子们十分得意，很是开心，迫不及待想要邀请皮影戏剧团的叔叔阿姨，尽快来到幼儿园为小朋友们进行皮影戏表演。

可是问题又来了——怎么让剧团的叔叔阿姨感受到孩子们的激动与期待呢？如何让叔叔阿姨知道幼儿园的位置、表演时间，顺利完成本次皮影戏表演呢？大班的孩子们开动脑筋，运用已有经验提出：

"老师，我们可以给叔叔阿姨制作邀请函。"

"对，我们向他们发出邀请，写好时间、地点，告诉他们。"

"可是我们不会写字呀？"

"不会写字才没关系呢，我们可以请老师帮忙或者我们直接画一幅地图，叔叔阿姨一定会懂的。"……

经过一番讨论，几个孩子一拍即合，开始发动班里的其他小朋友一起帮忙制作邀请函。孩子们分工合作，有的画地图，有的画装饰，半天时间，几份精美的邀请函就出炉了，同时，还为弟弟妹妹们制作了一个关于皮影戏表演的精美海报张贴在幼儿园多功能厅门前，提醒弟弟妹妹们准时前来观看。

接下来就是会场布置，孩子们用气球点缀，并将自己制作的画报和收集的照片一一展览在多功能厅的四周，供大家仔细欣赏。万事俱备，只欠东风。终于，孩子们迎来了皮影戏剧团来园演出的日子，孩子们为此雀跃、欢腾。观看皮影戏表演时，孩子们全神贯注，生怕漏掉哪个小细节影响观看效果……灵动的皮影，精彩的情节，每一个故事里的人物在幕布后穿梭演绎，活灵活现，每一次故事高潮都伴随着孩子们的阵阵掌声……皮影戏观看结束后，孩子们纷纷走向台前，围在剧团的叔叔阿姨周围，听叔叔阿姨介绍皮影戏的人物角色和演绎原理，好多孩子忍不住伸出自己的小手偷偷摸一摸皮人。在一旁的老师看到了孩子们的小心思，便向专业人员借来了几面皮人，让孩子们尽情地摆弄、探索。孩子们得到了专业指导，对自己接下来的剧本制作和表演充满了信心。

小小皮影，看似不大，却蕴藏着许多玄机。为了让孩子感受到皮影制作带来的成功体验，老师和小朋友们经过商议，决定尝试采用不同材质的物品进行皮人制作，经讨论，孩子们分别采用硬卡纸、无纺布进行制作，由孩子们亲自绘画、裁剪，最后粘贴和制作，内容可以是卡通人物，可以是身边真实人物，也可以是皮影剧中的经典人物。教室瞬间变成了一间皮影作坊，"小工人们"紧锣密鼓地忙活着……

感兴趣的孩子们，回家也不忘"工作"，动员爸爸妈妈和自己一起编写皮影戏剧本。最终，在老师和家长的共同帮助下，孩子们成功制作出小皮影和成品剧本，并在幼儿园成功举办了小小皮影展和小型皮影戏表演活动。

兴趣是最好的老师，生活是对幼儿最好的教育。抓住孩子们的兴趣点，家园携手，给予孩子们有力的支持和帮助，让孩子们在亲身经历中感悟传统文化的无限魅力。正所谓"一口道尽千年事，双手对舞百万兵"，皮影戏演绎的不仅是幕布中精彩的故事，更是幕布外代代传承的中国民间传统文化。一场场惊喜，一次次探索，皮影戏以它独有的魅力，装点着葵花园幼苗们的美好童年。

/四/ 培养生态文明的使者

探秘湿地公园

"青青的草地蓝蓝天，多美丽的世界，大手拉小手带我走，我是妈妈的宝贝"……这是一首葵花园中宝贝们都会哼唱的歌曲，带着对自然生活的向往，带着对神秘大自然的想象，葵花园中班组的宝贝们走进翠湖国家城市湿地公园，举行了"翠湖湿地踏青日，欢庆六一乐童年"参观活动。

孩子天生喜爱动植物，喜欢亲近大自然，愿意动手动脑，用各种感官探究问题。为了更好地协助孩子完成此次活动，为了孩子在探索自然的过程中得到更有力的支持，我们特别邀请了几位家长志愿者为小朋友们本次湿地之行"保驾护航"。

清晨，孩子们背起"行囊"，好像快乐的小鸟一样，和老师、家长志愿者准备出发。孩子们小小的行囊里装满了各种"宝贝"——植物观察记录表、自然写生簿、折叠椅、小水壶……在兴奋愉悦、向往憧憬的氛围中，孩子们终于来到了湿地公园，眼前这片神秘净土让孩子们产生了无限的想象，更是对孩子们有着无限的吸引力。为了此行更加顺利、有序，我们特地请来了湿地公园里漂亮亲切的导游姐姐，为我们做引导工作。

活动开始前，全体小朋友一起举行了简单的启动仪式，在韩老师的带领下，孩子们通过简单的团队小游戏进行了热身。随后，我们为参加本次活动为小朋友们保驾护航的家长志愿者颁发了荣誉证书，感谢他们的积极参与和辛苦付出！

聆听着鸟儿的歌唱，享受着扑鼻而来的植物清香，孩子们正式开始了翠湖湿地之旅。行进间，孩子们迫不及待地开启了任务模式，用自己的感官探索大自然的奥秘。在家长志愿者和老师的帮助和解析下，他们找寻着此前约定好的动物和小植物，并认真记录着自己的发现。

在导游姐姐的引导下，孩子们终于如愿踏上了这片"神秘净土"，进入湿地公园的孩子们既紧张兴奋，又小心翼翼，因为导游姐姐告诉我们，驻扎在翠湖湿地里的动物"朋友"们，十分胆小，我们需要轻声走路，小声说话，悉心爱护、保护它们。

在探索、记录的过程中，孩子们敏锐地发现了一些未知的小植物并提出问题，家长志愿者为他们耐心解答。这

还是孩子们第一次以大自然为课堂，在自然环境中学习知识本领，在解答过程中，每一位小朋友都听得聚精会神，专注认真。

游走在大自然中，无限舒适、惬意，聆听大自然的各种声音，无限悦耳、动听，就在孩子们专注探索的时刻，远处传来鸟儿的鸣叫声，这种声音引起了孩子们的兴趣，让他们产生了讨论：

"这是大雁的叫声，我知道。"

"大雁有小宝宝了。"

"我们得小点儿声音，别把大雁和它的宝宝吓走了。"

……

孩子们尽情感受着周边的美好，也在不断表达着内心的疑惑：

豆豆："这里根本不是什么湿地公园，这地面一点也不湿。"（答案揭秘：宝贝，湿地公园并不代表地面一定是湿的，而是一种以水为主体的公园。湿地代表着一种特殊的生态系统，它不同于陆地生态系统，也有别于水生生态系统，是介于两者之间的过渡生态系统。）

乐乐："这里为什么跟别的公园不一样，要预约才能进？"（答案揭秘：翠湖国家城市湿地公园属于国家重点湿地自然保护区，因为生活着几百种植被和动物，因此跟普通公园不一样，为了起到保护作用，这里都是要预约才能进入的，而且每周只开放3天，每天不能超过300人。）

小飞："为什么来到这里我们要小声说话，不可以用扬声器呢？"（答案揭秘：因为在这里生活的小动物非常喜欢安静，尤其是鸿雁，它们每年4—6月进行繁殖，随着天气的变冷和小宝宝的长大，它们会迁徙到温暖的地方过冬。如果我们这里的自然环境比较嘈杂，它们明年就不会来这里生活了。）

孩子们就是这样善于发现，乐于表达，而自然探秘的意义，不正在于此吗？

美国著名教育家杜威指出教育即生活，把学校、家庭、社会、自然融为一体。在与原生态自然环境的互动过程中，孩子们充分融入自然，感受自然，体会自然的美好与神奇，懂得了爱护动植物、保护动植物，并学会在自然环境中如何自主、自信、独立。翠湖湿地之行虽然结束了，但孩子们亲近自然、喜欢探索的欲望不会止步，将自然教育融入生活，把生活教育带入自然，在未来的时间里，我们会继续抓住大自然中的教育契机，为孩子们开展更多有益、有趣、亲近自然的活动！

环保时装秀

为了丰富教学内容，给孩子们创造更多的探索机会，我们一直在寻找既可以突出北新实幼人文、科技、环保特色，又可以结合孩子日常生活的教育契机，于是我们带领老师们开始了各种特色课程的探索实践研究。

环保是我们早期便开始着手研究的一项特色内容。随着近些年来社会对环保的重视，反映环保主题的东西很多，如废旧物品制作、走向大自然的教育，等等。在日常生活中，我们已经通过教育实践活动、小标语设计等方式引导孩子们从小养成节水节电的好习惯。为了将这一活动变得更加丰富，更具有可操作性，我召集老师们坐在一起讨论下一步的计划，老师们共同出谋划策，最后总结出了一个好创意：举办一场幼儿环保时装秀。活动前，老师们精心策划，将环保时装秀设计成了一场形式新颖，需要老师和孩子们自己设计、亲手制作的环保服装展示表演。有了具体的方案，活动就开始了。

制作环保服装不是一件容易的事情，按照计划，我们采取家园共同配合的方式，孩子、老师、家长齐上阵，各展所长。听到这一主题活动，家长们表示自己眼前一亮，会给予全力支持。根据各班不同情况，老师和幼儿讨论协商，最后由幼儿自主选择

参加方式，孩子们都有自己的小心思，因此选择的方式也是五花八门。有的是老师和孩子在幼儿园设计服装图，孩子回到家和爸爸妈妈一起搜集材料进行制作；有的是孩子回家和爸爸妈妈一起设计服装图，回到幼儿园寻找材料，和老师一起制作；还有的是幼儿独立设计，老师和家长一起为孩子们搜集材料，孩子们在幼儿园独立完成。在老师的引导下，孩子们有了自己的计划，接下来的一周里，总能看到一些孩子们拎着大包小包，小心翼翼地保护着，由孩子们脸上的神情不难猜出，那包里都是孩子们环保时装的小成果。

随着环保时装秀的临近，孩子们的神秘服装也渐渐成型，那些创意真的是千奇百怪，各式"时装"别具特色。有的采用废旧报纸结合几张彩色纸条，通过折叠、粘贴、拼接制作成连衣裙、鞋帽；有的采用各种废弃的彩色塑料袋，做成马甲、草裙；还有的利用旧纸箱，挖出洞，绘上涂鸦，孩子们穿上以后就变成了会走路的机器人；甚至有些小朋友用彩色塑料瓶，做成盔甲……

真正表演前，老师们安排了彩排。按照老师的叮嘱，这一天所有的孩子都要拿着作品来到幼儿园多功能厅进行分享、展示，孩子们都满脸骄傲，展示着自己的服装。这时一个两手空空、表情沮丧的小朋友——蛋蛋，引起了我的注意，我走上前去蹲下询问，原来这个小朋友爸爸妈妈工作忙碌不在身边，平时都是由爷爷奶奶帮忙照看，但是爷爷奶奶年纪大了没能帮他按时完成，半成品还在家里。看着孩子难过的样子，我决定带着他一起完成他的环保时装，其他小朋友了解情况后，也纷纷主动来帮忙：“我还有报纸，给他做吧。”边说着，边跑回班去取报纸。“我还有废布料，正好可以做几个蝴蝶结，黏在他的衣服上。”“我还有塑料布，你用吗？可以在上面画上好看的图案呢。”“你看我这个塑料花，刚好掉下来了，你可以黏上，给。”……

孩子们你一言我一语，为蛋蛋出着小主意，看到朋友们分享给自己的一堆材料，蛋蛋脸上终于有了笑意。一时间多了好多小帮手和材料，热情的“小雷锋”们为了帮助蛋蛋还会争得面红耳赤，最后不得不找老师帮忙决定到底用哪种材质制作，看到这个情况，老师微笑着回复：“我觉得每一种材质都很特别，你们的想法也一样棒，如果是我，也会很难做出选择，但是我们的服装是帮蛋蛋做的，我们是不是应该问问他，听听他喜欢哪种材质呢？”在接下来的制作过程中，孩子们都会问问蛋蛋的意见，就这样一群孩子帮着蛋蛋完成了他的小心愿。

背景音乐一响，大背景亮起，环保时装秀正式开始了。孩子们按照彩排的顺序一一出场，他们穿着自己亲自参与制作的环保时装进行表演，那种骄傲是从未有过的，那种兴奋、喜悦远远比穿上买来的华丽衣服更要感染人。各种有趣的想法让这场时装秀趣味十足，孩子们的服装有的飘逸，有的坚挺，但个个都活泼生动。最后蛋蛋出场时，所有的孩子都和他手拉手，一起走出来，因为蛋蛋的衣服不仅是一个服装，更代表着孩子们的友谊。

这次活动既是对环保科技知识的一次普及，也培养了孩子们的动手能力、合作能力，提升了孩子们的自信心，对孩子们的长远发展有着深远的意义。环保时装秀的成功举办，也让我受到了启发：我们会把环保教育进行到底，还将与时俱进，融入更多新鲜元素，让孩子们在情景化的游戏中收获更多有益体验。

新《白雪公主》

2013 年的金秋十月，丹桂飘香，就在月末一个碧空如洗的下午，我接到了海淀区教委的电话，鼓励我们园所代表海淀区参加十一月末的“北京市教育系统节能减排文艺作品展演”。这个任务重要又时间紧迫，我挂了电话以后迅速思考，整理思路，确定了大致方向和整体规划；然后立即集中召开领导班子会议进行深入讨论，在会上我跟大家说明了任务的具体部署和此次展演对于我园的特殊意义。这是全北京市的节能减排环保展演活动，海淀区教委给了我们这个契机，对于这样一个机会，

我们怎么才能把我们幼儿园的特色更直观地展现出来呢？

听到这个消息，大家同我一样，感到无比激动和自豪，都进行了严肃认真的思考。有的老师提到我们可以做一场环保手工展，因为以前做过，孩子们有了一定的经验积累。但是我对大家分析说："大家的意见很好，这段时间幼儿园最基本、最直观有效的活动就是我们熟悉的环保手工展，但大家对利用废旧材料进行手工制作已习以为常，这样一种模式已经变得越来越普通了。其实，我们应该打破以往的这种模式探索一些创新的思路。"葛老师由此受到启发，她说："我们园所的特色教育就是以环保为主，所以我有一个初步的想法，我们可以通过一个环保话剧的形式来展现我们园所的特色和文化。"经过大家的集思广益，最终决定剧本主要由葛老师负责，服装主要由美术设计能力较强的杨老师负责。

在环保剧的具体内容上，我与葛老师讨论了多次，我告诉葛老师一定要从孩子们身边熟悉的小事入手，以小见大来展现节能减排这样一个环保元素，激发和引领幼儿通过自己熟识了解的生活经验，真实且活灵活现地表现剧目内容，过程一定要突出和体现主旨。葛老师非常认真，通过与孩子们的谈话，她了解到孩子们对于环

境保护最直观的感受，有的小朋友说："有很多人乱丢垃圾是不环保的。"有的小朋友说："不能随地扔垃圾，要扔进垃圾桶里，还要分类。"还有的小朋友说："有的人乱砍伐树木，不爱护小花、小草，没有保护环境。"在了解到幼儿关于环境和环保的已有经验后，葛老师认为环保剧应该突出环境的变化，用具体的环境变化来体现环保的思想。我也非常认同："葛老师的切入点很好，环境从坏变好，坏人也从恶变善，情节中融入有趣的故事，这样的对比和变化可以让这个剧主题更加突出，情节更有趣味性，也更有教育意义！"

经过讨论，考虑到孩子们的已有经验和兴趣爱好，我们最终选择以《白雪公主和七个小矮人》的故事为原型，故事中的背景是大森林的环境元素，我们进行改编并加入环保的元素。就此葛老师开始改编环保剧《新白雪公主》。然而因为演出时间需要限定在八分钟以内，所以内容一定要言简意赅、精华汇聚，这样一来，创编的过程就需要逐字逐句斟酌揣摩，葛老师经常忙碌完一天的日常工作之后，利用下班时间细细打磨。经过一个星期的反复修改，剧本的内容精益求精，还进行了大胆创新，加入了体现孩子们童真的舞蹈表演，节奏非常欢快。经过我与葛老师一次又一次的讨论和修改，新剧本终于完成，主要通过四幕来展现环境和角色的心理变化，当最后环境变好了，小主人公们也在心理上获得了成功和愉悦的感受。这种剧作能够让孩子们产生共鸣，对环境保护产生一种更高的认同感。

杨老师作为服装设计者，在以往时装秀的基础上，让角色服装的艺术美感有了很大程度的提升。葛老师和杨老师也针对剧本的环境设置以及服装设计进行了反复多次的沟通，确保让服装更好地体现角色的特征，也让孩子们在这个过程中，将环保的体验作为重中之重。

在和老师一起带领幼儿进行剧目编排的过程中，我发现孩子们都喜欢饰演一些正面的角色，比如女孩子都喜欢饰演善良的白雪公主，男孩子都想当勇敢的猎人，他们都觉得这个就是正面的角色，印象也比较深刻，而对于恶毒的皇后，孩子们其实是特别不喜欢的，也不愿意出演，但是就专业的话剧来讲，每个角色只能对应一个孩子，而且需要根据孩子的具体表现来选定角色。针对这个问题，我们专门找时间，和孩子们进行了充分的沟通和交流，一起探讨选角色这件事情。最终结合孩子们的性格特点和参演意愿，我们选定了 13 个孩子出演话剧。随着剧目的逐渐成熟，我们也遇到了一些难题，音响效果就是我们当时遇到的一个最大问题，因为话剧在演出的过程中背景音乐变化性很强，对于五六岁的孩子来说，随机应变的难度系数比较大，一不留意，或者音麦一歪，就听不到孩子们的台词了，所以孩子们在舞台上不能纯用音麦演绎。我们商讨再三，为了呈现更好的演出效果，最终选定的方案是把所有孩子的台词都录下来，又要追求真实，所以由孩子们真声实录，孩子们在舞台上边表演边说台词，录音室配合播放台词内容。经过近一个月的编排，孩子们渐渐把握了角色特点，整个话剧加上舞蹈也更加丰满了。

北京市的中小学和幼儿园都参加了此次节能减排的系列展演活动，鉴于我们整场活动的布局以及形式的选定新颖有趣，组织单位特别安排我园的环保剧作为全场第二个节目，从现场的表演上能够看出来孩子们非常有舞台感，比如我们在排练的时候，孩子一直是面向他的表达对象，与观众没有眼神交流，但在真正演出的时候，孩子们很自然地对话并大胆地看向了观众，这是非常值得表扬和肯定的。最后无论是我们选定的题材和展演的方式，还是我们园所孩子的表现，都赢得了领导和观众们很高的赞誉！通过这种特色教育，孩子们的心中从小就埋下了环境保护的大爱种子，以多种教育方式和表现手段为载体，我们会继续将环保作为持之以恒的教育之路。

坐在台下的我也听到了观众的真实评价，有观众说："这个童话剧将雾霾的危害引入剧目当中，非常符合我们当下的环保主题，向大家宣传了保护环境、减少雾霾的环保观念。"此时，我心中也为付出辛劳的老师和孩子们感到自豪，在参与表演的过程中，孩子们体验着合作的重要性，也渐渐懂得了"演王后不代表自己就是坏人""配角一样重要，是剧目中精彩的重要部分""每一个角色的刻画都需要责任，都需要努力与坚持"的道理。而这些，也正是老师希望孩子们在参与表演的过程中收获的财富。

本次活动的参演，是我们园所在"双色教育"理念引领下将环保教育作为幼儿园特色发展方向取得的又一阶段性成果，也显示了我们园经过探索与实践，在环保教育上取得的新成绩。

第五章

创新·特色发展，各美其美

文化的全面提升为各园特色建设奠定了良好基础，基于幼儿园文化背景，我们坚持以特色教育为载体促进幼儿全面发展，在此基础上分析找准各园的优势，四所园逐渐探索形成了自己的特色。

北辰园坚持走"以环保为本，育金色未来"的绿色环保特色育儿之路；凯盛园确立了"让阅读像呼吸一样自然"的理念，通过多种途径打造书香园所，让幼儿体会阅读的快乐和生命的美好；苏家坨园以"在社会交往中遇见最美童年"为载体，努力让幼儿成为健康活泼、好奇探究、勇敢自信的自己；天阅园则通过科学知识的普及、科学方法的培养、科学精神的灌溉，让童年梦想插上科技的翅膀。

当然特色建设不是一朝一夕的事，而是一个长期培育的过程。我们的四所园也将在探索特色发展的道路上，继续努力创新，实现各美其美。

/ 一 / 以环保为本，育金色未来

党的十九大报告中指出："建设生态文明是中华民族永续发展的千年大计"，"像对待生命一样对待生态环境"，"加快生态文明体制改革，建设美丽中国"。"绿水青山就是金山银山"的思想也表明了环境保护是中国未来发展的一个重要课题。我园北辰园位于海淀北部新区，紧邻中关村环保科技示范园，这些因素都让我们意识到了环境保护的重要价值。因此，我们确立了以环保教育为特色教育。自建园以来，我们一直秉承着"有爱、有趣、有益"的教育理念，以促进幼儿的全面发展为核心原则来实施环保教育，坚持走绿色环保的特色教学之路，在幼儿人生的启蒙阶段融入环保教育内容，不仅丰富了园所已有的课程体系，更对幼儿的全面发展和社会的进步有着重要的意义。

在课程体系建设初期，我们从构建美丽校园入手，希望通过整体环境的打造让人们感受到身临其境的美感，从而萌生爱护身边美好环境的愿望。而这种潜移默化的影响，也会逐渐帮助幼儿形成初步的环保好习惯。此外，我们还申报了"生态学校"建设项目，在项目活动的引领下实现环保教育的专业化、系统化。在充分的环保实践活动探索后，我们进一步关注到"儿童视角"的环保课程建设。在《指南》精神的引领下，我们通过教科研活动推进课程建设工作，以儿童的全面发展为出发点明确幼儿环保教育过程中能够获得的关键经验，进而生成环保课程的基本框架。

在环保课程实施的过程中，我们强调教育活动一定要贴近幼儿生活和社会实际，鼓励幼儿亲身体验。我园的环保主题教育通过亲身经历，亲手操作，鼓励全体幼儿从点滴做起，让幼儿

感受到环保的真正意义。比如，每月开展一个环保教育主题，设计与主题相关的系列活动，引领幼儿层层深入地探索，使幼儿获得科学的环保知识，提升幼儿的环保意识。主题选材从幼儿身边熟悉的家庭和幼儿园环境入手，再到我们生活的城市环境，以及人类生活的地球环境。我们开展过的环保主题有"绿色天使广播站""好玩的报纸""守护春天""地球清洁工""清洁的空气"等，老师们结合环境污染的实际情况，根据孩子们的好奇心与兴趣，组织了一系列生动的教育活动。在环保教育开展的过程中，我们还在园内建立了国际生态学校，引进安装了大型厨余垃圾处理设备"绿色环保妙妙屋"。在这里，小朋友们可以了解到垃圾处理系统的运行过程，知道厨余垃圾经过处理可以变成有机肥料。在平日里，孩子们会主动把厨余垃圾收集起来，定时送入这个神秘的大机器，并用劳动所得的肥料来种植自己心爱的小植物，体验着做一名"环保小卫士"的快乐与自豪。

此外，我们还参与了中国学前教育研究会"十三五"重点课题"幼儿教师科学领域专业成长的支持策略研究"。通过开展"支持幼儿自然角探究的教育实践"子课题研究，我们将环保教育实践与大自然探秘的主题活动相结合，以"生成性话题、节日引发的话题、深入研究的话题"三种形式开展小中大班环保教育活动。我们希望通过贴近幼儿生活、来源于幼儿真实兴趣的话题，更大程度地回归儿童视角，在引导幼儿亲近自然、游戏自然、深入探究自然现象的基础上爱上大自然，从而萌发守护大自然、关爱身边动植物之情，并萌生爱心和环保责任感。

随着我园环保教育课程体系的不断建构，我们对课程评价也有了更多思考和尝试。在大型的环保主题活动中，我们也会更加关注幼儿的综合表现，以求在教育推进过程中更好地促进幼儿的全面发展；我们也会关注教师在设计和实施环保教育过程中的专业发展。只有老师们在不断的自我反思中更加熟悉幼儿的特点，更加追随幼儿的兴趣，我们的环保课程实施才会更有可持续发展的价值。

班级里的环保墙

一次户外活动时，大一班的孩子们在滑梯上开心地上上下下。突然听到几个孩子的惊叫声："呀，螳螂。""它怎么了？""为什么不动？"循着孩子们的声音，张凡老师走过来一看，原来是一只螳螂趴在大滑梯的角落里，这时更多的孩子涌过来想看看究竟发生了什么事情。看到原来是一只螳螂，孩子们你一言我一语地议论着："螳螂的肚子怎么那么大呀？是不是有宝宝了？""那得赶紧把她放到产房里，不然生出来的小螳螂会被大螳螂吃掉。""不会吧，它还会吃自己的宝宝吗？""螳螂一次能生多少个宝宝呢？""它从哪里生宝宝呢？"这时，乐乐看看张老师说："我们能把螳螂妈妈带到班里吗？它生宝宝需要照顾，我们来照顾它。"张老师看到孩子们对螳螂这么感兴趣，就同意了乐乐的提议。

孩子们找来一个透明的盒子，里面放上一些小树枝，把螳螂妈妈安置在这个"新家"里。每天都会有小朋友来到自然角看一看螳螂妈妈，大家都想知道螳螂妈妈什么时候会生宝宝。一天，乐乐又来到自然角看螳螂妈妈，他发现螳螂妈妈头朝下趴在树枝上，从腹部排出泡沫状的东西，乐乐兴奋地喊："张老师，螳螂生宝宝啦。"全班小朋友和老师都被他的声音吸引过来，想看一看螳螂妈妈是怎么产卵的，螳螂妈妈在树枝上产出很多白色的卵，孩子们发出阵阵惊叹声。又过了几天，孩子们发现盒子里出现很多小小的螳螂，原来是螳螂宝宝从卵中孵化出来了，于是他们一直细心照顾着螳螂宝宝……

一次意外的发现，让孩子们近距离观察到了螳螂妈妈生宝宝的全过程。孩子们看到了螳螂妈妈产卵时的辛苦，看到了许多小螳螂从卵鞘中诞生，看到了小螳螂逐渐长大的过程，感受到了生命的神奇。于是孩子们和老师一起将螳螂生宝宝的全过程记录下来，呈现在班级的环保墙上，希望让更多人了解"神奇的生命"的故事。

不仅是大班创设了探秘大自然的环保墙，结合"生命的故事"探究生成"有关生命的追问""从小螳螂开始的食物链""爱心领养站"系列内容，中班、小班也有风格各异、内容不同的环保墙。在小班开展的探秘昆虫的过程中，老师根据幼儿"好

的还是坏的"的问题生成"益虫与害虫"的探究。中班结合"植树节"活动开展保护树木、珍惜水资源的环保教育活动。

建园以来，结合我园的地域优势，我们确立了环保特色，并在教育教学实践中渗透环保教育的理念。随着我们对环保理念及实践的思考的逐渐深入，我们对于环保教育的开展也有了新的认识。环保应该最终落实到孩子的行为中，但这种行为应该是有内在动机的，这样看来，我们的教育应该更加注重激发幼儿内心的愿望。为此，我们的每个班级都设置了一面环保墙，引导老师们将环保教育实践与大自然探秘相结合，以"生成性话题、节日引发的话题、深入研究的话题"三种形式开展小中大班环保教育活动。

小小的墙面，大大的道理。我们希望通过贴近幼儿生活、来源于幼儿真实兴趣的话题，更大程度地回归儿童视角，在引导幼儿亲近自然、游戏自然、深入探究自然现象的基础上爱上大自然，从而萌发守护大自然、关爱身边动植物之情，并萌生爱心和环保责任感。

共享单车保卫战

从 2016 年开始，共享单车如雨后春笋般进驻各大城市，填补了很多城市"最后一公里"的空白，人们的出行模式正在悄然改变。人们开始慢慢习惯这种简单便捷的出行方式，共享单车也走进了北新实幼大班孩子们的视野。

一次过渡环节，大泽小朋友与同伴们聊起了共享单车。提到共享单车，有的小朋友说："我妈妈上班时，从家里走到公交车站比较远，她就骑共享单车。"有的小朋友说："我见过很多坏的共享单车，停在马路边上。"通过倾听孩子们的谈话，老师敏锐地捕捉到他们的兴趣点，生成了一次有关共享单车的教育。

孩子们分享了自己知道的关于共享单车的秘密。小琪说："有了共享单车，我们更方便了，到近一点的地方就可以骑着共享单车，不用打车了。"小懿说："我还见过一种共享单车，是有车筐的。但是我看到有些人把小孩放在车筐里，这样很危险。"萱萱说："共享单车扫二维码就能骑，特别方便。"梦溪说："共享单车多了，我们去哪里都不用开车，就不会有那么多雾霾了。"源源说："有了共享单车，我们去哪儿也不堵车了。"

分享了关于共享单车的秘密后，孩子们又发现了很多问题，比如，咱们周围哪里有共享单车？共享单车应该摆放在哪里？车到底是怎么解锁的？……为了探索这些问题的答案，老师和孩子们一起制作了记录表，孩子们拿着自己的问题记录单，有目的地和爸爸妈妈一起踏上寻找共享单车秘密之旅。

之后，孩子们兴奋地与大家一起分享各种发现与收获。涵涵说："想骑共享单车要先下载 APP，它会告诉你哪有共享单车，还要交押金，扫到二维码后，锁才会开，车子才能骑。"子兮说：

"不同公司的车锁是不一样的，有的密码在手机里，有的密码在车上，如果密码是在车上的话，需要使用完共享单车后将密码锁打乱。"大宇说："在用完共享单车后，把它放在一个不影响他人的位置，同时还要摆放整齐。"在共享单车亲子探秘活动进行过程中，孩子们再次生成了许多新的问题，比如发现很多坏了的共享单车，还有很多到处乱放的共享单车等。于是老师和孩子们一起上网查资料，发现这种现象非常普遍。子兮分享了自己修理共享单车的经历："我和爸爸在寻找共享单车的时候，发现有一个共享单车的链条坏了，爸爸把它修好了。"这个爱心行为激发了全班小朋友"拯救共享单车"的愿望。他们再一次制作了记录单，寻找坏了的共享单车，并和爸爸一起维修共享单车。有的修好了链条，有的修好了后座，有的给共享单车打足了气。

为了让更多的人爱护共享单车，孩子们制作了环保宣传画，给全园的小朋友们讲各种共享单车的故事，以及他们的爱心畅想，同时呼吁大家"爱护共享单车，从我做起"。大班的小朋友还当起了爱心志愿者，自己制作宣传海报，发给社区的叔叔阿姨们，让更多的人参与到他们的"共享单车保卫战"中来。

通过共享单车的探索之旅，孩子们的内心有了更多的环保责任感。他们用自己稚嫩的画笔勾勒出了未来的环保畅想，孩子们在活动中也有了很多收获，首先是总结出了小妙招：单车没有后座，不能带小朋友，如果能够有后座，我们就可以和爸爸妈妈一起出行了；然后是做到会质疑：在开通单车前都会交押金，我觉得交押金不就是不让人破坏共享单车吗？可是现在交押金没有意义，破坏共享单车的人得不到惩罚，要是能有监控就好了，这样就知道是谁破坏了；并许下了小小心愿：希望大家都能爱护共享单车，让我们的共享单车骑起来，少一些机动车，少一些雾霾。

孩子们通过亲身参与社会实践过程，更好地认识和了解了共享单车。随着共享单车的普及，它们为骑行文化赋予了一种新的内涵，那就是"共享"。共享单车的存在不应仅是一种骑行工具的代言，更应该是一种城市文明的代言。作为葵花园中的教育者，我们不仅要有一双善于捕捉教育契机的眼睛，更要给孩子们参与和体验的机会，尽管我们发现了这样那样的问题，但我们要在孩子的心中播撒下爱与责任的种子，让孩子慢慢体验"文明变成习惯、文明变成文化"的过程，这才是对"有爱、有趣、有益"的园训理念最好的诠释。

绿色环保妙妙屋

随着我们园所的不断发展，北新实幼受到了越来越多的关注，每当有人来我园参观交流时，都会对坐落在幼儿园一角的这个神秘小屋——"绿色环保妙妙屋"感到好奇，此时我也会非常自豪地对他们说："这是我们园所独有的'绿色环保妙妙屋'，是帮助我园小朋友树立环保意识的一个重要载体。妙妙屋里有着当今最先进的垃圾处理系统，通过这个'神秘小屋'，我们园里所有的厨余垃圾都能够得到有效的处理和利用。当它将厨余垃圾变成有机肥料后，孩子们可以用这些肥料给花草施肥，以此真正地让孩子们参与到环保行动中，让孩子们切身体会绿色生活，快乐发展。"

前来参观的人听到我的介绍都觉得这个"神秘小屋"很神奇，不禁纷纷赞扬："这样既能在园里形成一个绿色环保的循环系统，拥有园所独有的特色，又能巧妙利用幼儿好奇、好问、好探索的心理特点，适时生成幼儿感兴趣的环保教育主题。"现在看来确实是这样，我们很多环保教育主题活动的开展不仅使孩子们的兴趣得到了满足，而且使他们真正感受和发现了环保的快乐。

在 2013 年 9 月 10 日，我们园所举行了

创建"国际生态学校项目"启动仪式。"国际生态学校项目"是国际环境教育基金会在全球推展的五个环境教育项目之一，是当今世界上面向青少年的最大的环境教育项目，旨在帮助学校改善当地环境，节约资源并减少他们的碳足迹。这个项目也是生态环境部宣传教育中心作为中国代表机构加入国际环境教育基金会后，首次在中国启动的全球性环境与可持续发展教育项目。这个项目旨在更好地帮助中小学校和幼儿园开展环境教育和可持续发展教育，提出了国际生态学校的七项标准。目前全世界已有 50 多个国家开展了国际生态学校项目，覆盖亚洲、欧洲、非洲、美洲和大洋洲，并形成了全球生态学校网络和资源平台，以促进全校性的环境和可持续发展教育能力建设。目前生态学校网络还在不断扩展，就在我们园所启动该项目的这一天，我们的"绿色环保妙妙屋"也正式投入使用。

我向全体老师和小朋友介绍了生态学校项目的重要意义，表达了把我们园所打造成绿色校园的坚定决心。同时跟大家讲了"绿色环保妙妙屋"的建设过程："在小朋友们休息玩乐的暑假里，我和幼儿园的老师们为了创设更有利于小朋友生活和学习以及老师们工作的空间，进一步完善了我们园的硬件设备，其中就包括根据我们园所绿色环保的特色教育的需要建成的'绿色环保妙妙屋'。"随后，小朋友们走进妙妙屋进行参观，孩子们都为这个"神秘小屋"的到来感到新奇，纷纷向我提问："园长，这个小屋怎么这么大呀？""园长妈妈这个小屋能做些什么呀？"我满心欢喜地给孩子们讲解"绿色环保妙妙屋"的功能，并正式启动了这个"大家伙"。在专业人员的带领下，孩子们更直观地了解到了这个垃圾处理系统的运行过程，也知道了厨余垃圾经过它的处理可以变成对小花小草有用的有机肥料。

最让我开心的是这次活动受到了孩子们的一致欢迎，他们对此非常感兴趣，各班还积极准备了专门收纳厨余垃圾的收纳盒，有些孩子还主动把厨余垃圾收集起来，等待着"绿色环保妙妙屋"的加工。活动进行了一段时间后，有大班的孩子提出来："我们大班可以担任收集小班、中班厨余垃圾的任务！"在孩子们的要求下，我们的活动中加入一个新环节，由大班的孩子们轮流值日，每天前往各个班级收集厨余垃圾，然后送往"绿色环保妙妙屋"进行加工，做成肥料，孩子们再亲手将这些肥料送往幼儿园的花圃、草地，亲身体验做一名环保小卫士的快乐与自豪！

/ 二 / 让阅读像呼吸一样自然

随着时代的发展，阅读的重要性越来越深入人心。在我园凯盛分园五年的发展过程中，我们结合园所实际，确立了"让阅读像呼吸一样自然"的理念，进行书香园所的打造，构建幼儿园阅读特色。我们通过多种方式引导孩子们对于阅读的兴趣，培养他们良好的阅读习惯，让他们体会到阅读的快乐，最终带给他们有爱、有趣、有益的成长经历。

对于书香园所的打造来说，阅读氛围的营造很重要。我们首先从营造环境入手，将阅读环境的创设延伸到幼儿园的每一个空间；我们着力打造阅读文化走廊，在走廊墙上创设可互动的绘本故事场景和角色；我们创建了读书阅览室，阅览室里有很多不同风格、不同题材的优秀儿童图书；在幼儿园的公共阅读区，我们投放了大量的优质儿童绘本，摆放了舒适的沙发、可爱的动物小凳子，孩子们随时都能自由阅读；在幼儿园大厅，我们还创设了阅读展示区，幼儿可以根据自己喜爱的绘本场景或角色进行创作：既可以进行绘画、折纸、泥工等手工制作，又可以录制音频和视频等内容。

除此之外，我们还针对孩子们的年龄特点，开展了许多不同形式、不同内容的阅读活动，比如小朋友可以拎着自己的书屋到幼儿园的任何一个地方和其他的小朋友分享故事，也可以拎着自己心爱的书屋到社区里给弟弟妹妹讲故事的"会跑的书屋"活动；由老师和小朋友共同制定规则的"故事大王评选"活动；孩子们不仅能够和小朋友交换到好看的图书，还可以体验创意摆摊、自主推销图书的快乐的"图

书跳蚤市场"；孩子们自发地将书进行分类、打包，捐赠给贫困山区的"小小一本书，爱心大捐赠"活动。还有爸爸录制绘本录音和视频、爸爸小广播站，爸爸来到幼儿园给小朋友讲故事的"爸爸故事团"等丰富的活动。让幼儿感受阅读之美，让幼儿在多彩阅读中快乐成长。

同时，我们还不忘打造"养心润泽"的教师阅读工程，帮助教师树立"阅读生活化，学习终身化"的理念。比如，开展"丢书大战"激发教师阅读兴趣，幸福阅读从"丢书"开始，让收藏的图书流动起来；利用"花林间阅读时间"活动打造教师阅读平台，让教师体验静静的时光在阅读中流淌的美妙感受；让教师在"参与式读书会"中共读、共思、共享；运用"云端听书"开启别样"宅"文化。

我们还注重家园携手，坚持开展"葵花社区家长学校之绘本分享会"活动。和家长分享不同种类的绘本，以及绘本的结构、语言、有趣的故事情节等，希望能将葵花园里的阅读氛围带到每一个家庭。开展打造家庭"一米书屋"活动，引导家长在家庭中为孩子创设一个温馨安全的阅读环境，让读书像汲取阳光和雨露一样成为一种最自然的事情。

"让阅读像呼吸一样自然"，我们通过创设良好的阅读环境，营造温馨轻松的阅读氛围，开展丰富多彩的阅读活动，让幼儿、教师、家长主动参与其中。让阅读成为一种享受、一种乐趣、一种心灵的交流，从而拓宽视野，润泽生命。

约会图书馆

海淀区北部文化中心的图书馆开馆啦！这个消息在孩子们之间流传着，也唤起孩子们对于新图书馆的极大热情与好奇。

天早上来园后，小朋友们和张老师聊起了北部文化中心的图书馆。悠悠说：

"张老师，你知道吗？新开的图书馆可大可大了，有好多层呢！"他边说边用小手比画着。妞妞也兴奋地说道："对呀，图书馆里有很多的书，我们可以借来看，在图书馆借书是需要借书卡的，我妈妈就有一张。"小琪也参与进来："周六我和爸爸刚刚去过图书馆，那里特别安静，好多人都在看书，图书馆里还有电脑呢，可以从电脑上找自己想要的书。"……孩子们你一言我一语，聊得十分热闹，这时张老师问道："如果小朋友去参观图书馆，应该注意些什么呢？"圆圆说："要保持安静，不能大声地说话，这样会影响别人的；要爱护图书，看过的书要放回原处。"彤彤说："上下楼梯的时候要注意安全，不可以自己乱跑。"石头说："还不能在图书馆里面吃东西，要不然该把书弄脏了。"……孩子们叽叽喳喳地发表自己的想法，和老师一起聊着有关图书馆的事，探秘图书馆的想法就像一颗种子在孩子和老师的心里孕育着。

新图书馆就在孩子们居住的社区附近，与大家的生活息息相关，何不利用这一丰富的社区资源，让孩子们在探秘图书馆的过程中，了解图书馆的借阅规则，体验阅读读书的乐趣？于是，我们的"书香漫步，约会图书馆"计划应运而生。

参观图书馆的日子终于到了，孩子们满怀期待地乘坐校车前往本次活动的目的地——海淀区北部文化中心图书馆。图书馆，我们来啦！

孩子们一走进图书馆，讲解员叔叔便热情地欢迎小朋友们的到来。在参观之前，讲解员叔叔先介绍了图书馆的一些规定和要求，孩子们认真聆听并且在心中默默记下了这些要求，和孩子们提前了解的差不多，孩子们已是心中有数。在一楼展厅里，有一个图书馆的模型，讲解员叔叔介绍说："这就是我们将要参观的图书馆，它一共有五层，每一层都有不同种类的书籍，一层有一个少儿阅览室，等大家参观之后可以到那里去看书，一定能找到你喜欢的图书。"讲解员叔叔的话让小朋友们更加迫不及待地想要开启这段图书馆参观之旅！

在讲解员叔叔和老师的带领下，大家乘坐扶梯来到了二楼的阅览区。一上楼，小朋友们就看到了大大的厅里摆了很多很多的书架，书架很高，每个书架上面都摆满了书籍，有一些读者三三两两地坐在阅览区看书，整个阅览区很安静。讲解员叔叔告诉孩子们图书馆有 5 层楼，每层楼都像现在看到的这样有很多书，但是每一层的书都是不同类型的。走到一个书架前叔叔停下了脚步，指着书架上的标志说："因为书太多了，如果想找一本书，我们可以按照书的标签对应去找，这样就方便多了……"

接着，大家又走到一个大大的机器面前。讲解员叔叔问道："小朋友们，你们知道这个机器是做什么用的吗？"这个机器很高大，上面还有一个玻璃门，看着机器，孩子们摇摇头。一个男孩子好奇地问道："叔叔，这是放书的吗？可是为什么要把书放在玻璃箱子里？"讲解员叔叔笑着说："小朋友，你很聪明哟，已经猜对了一半，这个柜子的确是放书的，可是它还有一个特殊的作用，那就是给图书消毒、杀菌。这样不仅能保证图书的卫生，还能保护来看书的人的健康和安全，让每一个来看书的人都阅读到干净、卫生的图书。"这么神奇的机器真是让小朋友们大开眼界呀！

当大家走到三层的时候，孩子们又有一个共同的发现，在参观的三层楼中，每一层都有一排机器，大家好奇地询问讲解员叔叔，这些机器又是做什么用的。讲解员叔叔耐心地告诉大家："这是自主办理机，可以帮助我们办理借书卡，还能自助完成借书、还书的过程，这样可以节省很多时间，操作简单，使用起来也很方便。"说完，讲解员叔叔还为孩子们现场演示了一下自助借书与还书的过程，孩子们认真地观看，并不断赞叹道："这个机器好神奇！"

参观暂时告一段落，最后孩子们来到了位于一层的少儿阅览室，那里可是小朋友向往已久的地方呢！孩子们轻轻地在书架间徘徊，寻找喜爱的绘本故事，三三两两地坐下来细细品读，静享美好的阅读时光！

北宋欧阳修说："立身以立学为先，立学以读书为先。"在孩子们的成长过程中，书籍总是担当着重要的引导角色。通过参观图书馆，孩子们感受了图书馆书香四溢的氛围，享受了美好的阅读时光。相信孩子们在约会图书馆的过程中，也早已感受到阅读带来的那份成长的力量。

原来阅读这么好玩

葵花园里，孩子们阅读的脚步永不停歇。在世界读书日即将到来之际，葵花园"原来阅读这么好玩"主题活动掀开了神秘的面纱。这里有多种类型的阅读主题绘本馆，有甜蜜的绘本味道馆，更有可爱温馨的小书窝……丰富的活动等待着孩子们开启"好玩"的阅读世界。

主题绘本·玩起来

一天，晨晨第一时间来到了恐龙乐园绘本馆，迫不及待地打开"恐龙考古"主题盒，盒子里的内容真丰富，而且还透着"专业"和"神秘"。恐龙化石、挖掘工具、手套、口罩、护目镜……晨晨戴上了口罩、眼镜，拿起工具，一切准备就绪，他开始像模像样地挖起了化石。一会凿一会刷，十足一个小小考古专家。

小贝和妞妞来到了"虫虫王国绘本馆"里的虫虫博物馆，他们来到蚂蚁工坊前，拿起放大镜开始观察蚂蚁。蚂蚁们都很活跃，在工坊里不停地爬来爬去，相互之间碰碰触角，很快地，有两只蚂蚁通过"天桥"爬到另外一个房间。不一会儿，蚂蚁们都簇拥在一起，有时一动不动，有时爬来爬去。妞妞说："它们怎么不打洞呢？他们是不是一群懒蚂蚁？"小贝回答说："我觉得蚂蚁跑累了，它们需要多休息一会。"于是两个小伙伴专注地观察着小蚂蚁们的一举一动。

每一个绘本馆的创设都源于班级中开展的相关绘本主题活动，孩子从了解相关绘本故事开始，初步了解故事中的内容，不断延伸相关活动，最后形成主题绘本馆的游戏。恐龙乐园绘本馆就是由日本绘画作家宫西达也的恐龙系列绘本衍生而来的，孩子们从《我是霸王龙》《你真好》《你看起来好像很好吃》《遇到你，真好》等故事中认识了一只可爱的小恐龙，从而也引发了探索恐龙的愿望。老师和孩子们一起走进了恐龙的世界，通过多种途径、多种形式了解恐龙的种类、恐龙生活的时代，以及恐龙的灭绝等相关内容，最后才形成了游戏中"恐龙乐园绘本馆"的主题。"恐龙乐园绘本馆"里除了恐龙考古玩具外，还有多彩的恐龙拼图、神奇的孵化恐龙蛋、手绘恐龙模型、火山喷发实验，以及和恐龙相关的绘本图书。孩子们可以在这里认识不同种类的恐龙，了解恐龙灭绝的可能原因，还能通过摆弄模型、恐龙沙盘等活动和恐龙模型进行互动。

"虫虫王国绘本馆"是由绘本故事《一寸虫》引发的孩子对各种昆虫的兴趣而来的。这里有好玩的游戏"一寸虫捉迷藏"，孩子们可以根据活动单的提示，到游戏区域找到对应的虫虫，并打钩做记录，全部找齐便可以完成任务；有"虫虫博物馆"，孩子们可以在里面观察欣赏标本，了解蚕宝宝生长变化的一生，观察蚂蚁的生活习性等；有"虫虫制作区"，在这里，孩子们可以利用不同材料，通过各种方法制作不同的虫虫，培养动手能力；还有内容丰富的"虫虫书屋"，帮助幼儿了解各种虫虫的知识。

幼儿园的绘本馆除了恐龙乐园绘本馆、虫虫王国绘本馆之外，还有声音交响曲绘本馆、海洋世界绘本馆、百鸟园绘本馆、七彩蝶园绘本馆、趣味西游绘本馆等十多个不同主题、不同形式、不同内容的绘本馆，可供孩子们自主选择与游戏。每一个有趣的绘本馆都让小朋友流连忘返，每一个快乐的游戏都让小朋友记忆深刻。

绘本味道·尝起来

绘本故事里永远藏着许许多多需要我们用心去体会的东西，比如爱，比如温暖。绘本不仅能够阅读，还有味道呢。在这一次好玩的阅读节上，我们用甜蜜的味道做主线，串联起孩子们对绘本故事，对食物味道，对传统文化，对爱与分享的美好体验。

阅读节那天，刘老师带着小一班的小朋友们来到了"甜甜糖果绘本馆"，看到绘本馆里有很多糖果和糖果绘本，孩子们开始了关于糖果的大讨论。

小禾说："去动物园的时候妈妈给我买过棉花糖，可甜了。"听了她的话，好几个小朋友也争相发表自己的意见："我也吃过棉花糖，软软的吃到嘴里就没了。""棉花糖是白色的，像棉花一样软。""还有红色的棉花糖，我吃过。"……孩子们纷纷议论起来，这时浩浩提问说："刘老师，棉花糖是用棉花做的吗？"刘老师微笑着将问题又抛给了孩子们："你们觉得棉花糖是用什么做的？"小诚抢先答道："棉花糖是甜的，我觉得肯定是用糖做的。"刘老师又问："那你们知道是用什么样的糖制作的吗？"孩子们有的说是用软糖做的，有的说是用硬硬的糖做的，有的说是用白糖做的，还有的说是用巧克力做的……

　　带着这样的问题，刘老师带着孩子们尝试进行棉花糖的制作。首先，老师找来了棉花糖机，又从食堂找来了白砂糖。制作前，老师先让孩子们看一看、摸一摸、闻一闻使用的白砂糖和平时我们知道的糖有什么不一样的地方。接着，在孩子们好奇目光的注视下，刘老师将白砂糖倒进棉花糖机。随着机器的转动，一丝一缕的棉花糖慢慢出现，刘老师带着小朋友用一根筷子，在机器中慢慢转动，棉花糖就被一点点缠绕在筷子上，不一会儿一支白白软软的棉花糖就做成了！看着这神奇的一幕，孩子们开心地拍着小手笑着、跳着，当把棉花糖放进口中的那一刻，小脸上洋溢着喜悦和满足。在游戏和体验中，孩子们体验了制作棉花糖的神奇过程，也收获了关于制作棉花糖的小知识。

　　好吃的糖果总想与最爱的家人一起分享，"甜甜糖果屋"满足了孩子们的小小心愿。在这里，孩子们还可以亲手为家人包装爱心糖果，山楂卷、果脯肉、胶皮糖、软糖、糖瓜儿、方块糖都能成为孩子们不错的选择，最后再用漂亮的小袋子包装起来，

爱心糖果完成！吃到孩子们亲手包装的糖果，相信家人的心里比吃了糖还要甜！

在丰富多彩的阅读节活动中，我们还开展了紫薯南瓜美食汇、汉堡男孩喊你来、春天就要吃春卷等活动，结合绘本中的故事情节，老师和孩子们一起来布置场地，准备食材，制作宣传海报等，孩子们玩得不亦乐乎，吃得不亦乐乎。黄瓜、西红柿、鸡蛋等食材，在孩子们的手中变成了绘本中的鲜活人物，孩子们通过制作、品尝食物来理解故事中的情节，阅读就这样被赋予了更多意义。

书窝畅读·嗨起来

在帐篷里读书是一种什么样的体验？凯盛园的老师和小朋友就体验了一把书窝阅读活动。活动还邀请了爸爸妈妈来参加，孩子们和爸爸妈妈齐动手搭起了一顶又一顶帐篷。帐篷搭好后，有的小朋友和好朋友一起，"躲"进了帐篷共读一本书；有的帐篷里家长正在绘声绘色地讲着故事，几个小听众正听得津津有味。依依和小宝来到成成妈妈的帐篷前，帐篷里已经有几个小朋友了，依依试探着问："阿姨，我们可以进去吗？""当然可以，欢迎你们来听阿姨讲故事。"依依和小宝高兴地钻进帐篷，和大家围坐成一圈。成成妈妈问："小朋友们，你们愿意和我一起去森林里探险吗？""想！"大家异口同声地答道，接着成成妈妈给小朋友们带来了《密林探险》的故事。

新奇的阅读环境让手捧图书走进帐篷的孩子们感到些许兴奋，孩子们一拨一拨地在各个帐篷间流动着。伴随着温暖的阳光和徐徐微风，孩子们在帐篷里渐渐沉静下来，与自然相融，仔细品味着读书的快乐。

在"好玩的阅读"小世界里，孩子们兴奋地行走在葵花园的角角落落，探一探虫子的秘密，寻一寻恐龙故事，尝一尝绘本中的美妙味道……这样精彩丰富的活动，让游戏化的阅读形式走进了孩子们的心中，也带给孩子们关于阅读的新观感和新体验。寓教于乐，玩转绘本，希望这样的阅读主题活动，让阅读成为孩子们生活中必不可少的一部分，让阅读照亮孩子们的成长之路，让他们拥有更美好的未来！

阅读的世界，原来这么好玩！

巧手"趣读"绘本记

每个人的心中，都有自己喜欢的书，也会有一些喜欢的书中的人物，孩子们也一样。不过他们喜欢的内容更丰富，更有趣，更天马行空。

这天，王晓征老师和大二班小朋友来到了绘本馆，王老师请每个小朋友选择一本自己最喜欢的书与大家分享。一桐拿了一本《我是霸王龙》，说："我最喜欢恐龙故事了，我喜欢霸王龙。"龙龙说："毛毛虫会变成蝴蝶飞走，但是好饿的毛毛虫就飞不动了。"他选择的是一本《好饿的毛毛虫》。小九说："小小鱼儿游啊游，我最喜欢小丑鱼的故事了，可是我没有找到小丑鱼的书，我家里有。"悦悦说："妈妈说我长得和小丸子一样可爱，我喜欢樱桃小丸子！"子墨说："我喜欢跳舞，我最喜欢《大脚丫跳芭蕾》。"说完还举起了她手中的绘本。轮到乐乐了，他说："我最喜欢妈妈，我妈妈是世界上最漂亮的妈妈。"……

王老师点点头说："小朋友们都非常喜欢阅读，都有自己最喜欢的书。你们知道吗？绘本不仅可以读，还可以做哟！"听了老师的话，孩子们你看看我，我看看你。怎么做？做什么？这时，乐乐回答说："我觉得可以画一幅妈妈的画，画一个最漂亮的妈妈。"孩子们似乎受到了启发，你一言我一语地说出了自己的想法。

选择好了想要制作的内容，孩子们开启了巧手制作的活动。轻轻泥、纸类、果壳、树枝、布类、贝壳……都是小朋友们选择的材料。还可以选什么呢？遇到困难怎么办呢？不用着急，爸爸妈妈也加入制作活动中。

经过几天的制作，孩子们的作品陆续完成了，我们将孩子们的作品摆放在大厅里进行展览，就这样，幼儿园里开办了一场绘本创作展览。步入大厅，一个个精美的作品就展现在眼前：开心果壳制作的霸王龙、网纱做的芭蕾舞女孩、轻轻泥捏的小猪佩奇一家、豆子做成的小乌龟、小石头做的西游师徒四人、无纺布做的小鳄鱼、贝壳做的三只蝴蝶、硬纸壳做的猴子捞月、纸筒做的猫头鹰、圆纸片拼贴的立体毛毛虫……或巧妙，或有创意，或精美，让人不禁感叹孩子和家长们那无限的创造力。

各班小朋友在老师的带领下来到大厅参观，大厅里还会不时听到孩子们的议论声："快看，这是我和妈妈一起做的。""这个是我缝的，还不小心被针扎到手了呢，不过我没哭。""这个用开心果壳做的小恐龙好可爱！""这个小松鼠抱着一个松塔，是真的松塔耶！""太神奇了，原来还可以用石头画画呢！"小班的弟弟妹妹，更是对这些可爱的人物造型喜爱得不得了，总想用手去摸一摸、碰一碰，路过的哥哥姐姐还会耐心地提醒他们："小弟弟，不能用手碰，如果不小心碰坏了，别人就看不到了，而且制作的小朋友还会伤心的。"

每一天孩子们都会在这里流连忘返，驻足观看。漫步在这里，仿佛走进了一个绘本故事王国，聆听到了经典角色的心声……

我们把经典的绘本阅读融入美工创作中，孩子们用巧手制作了绘本中自己最喜爱的角色，这些角色是大家熟悉的、有趣的、经典的，在孩子们的演绎下更多了一份童真和可爱。一个个鲜活的绘本角色展示在葵花园里，表达出孩子们对图书的那一份独特认知，也向每一个人传递出爱阅读的理念。

/ 三 / 在交往中遇见最美的童年

社会化是个体由自然人成长、发展为社会人的过程，是个体同他人交往，学习掌握社会角色和行为规范，形成适应社会环境的人格、社会心理、行为方式和生活技能的过程。良好的社会性发展对幼儿身心健康和其他各方面的发展都具有重要影响。社会性发展对于幼儿终身发展具有重要的教育价值，因此我们结合苏家坨园的教育资源，确定了社会性特色的发展方向，以社会性发展为载体促进幼儿的全面发展。

我们认为社会性发展离不开宽松、接纳的精神氛围，于是我们从教师入手，鼓励教师间的积极互动，以此来营造和谐的园所氛围。一方面，通过评选表彰"党员先进岗"，以及开展"金点子奖"活动激发教师积极阳光的心态和充满正能量的人生态度。另一方面，开展"师徒结对""大型活动全园联动""年级组活动跨组帮扶"等活动，引导教师间形成互帮互助的工作氛围。在生活中，教师之间也会主动相互关爱，如帮助园中怀孕、生病或家里有困难的教师，形成了"向阳、向上、向善"的集体氛围。

宽松、接纳的园所精神氛围为社会性教育奠定了良好的基础。在此基础上，我们组织幼儿开展形式多样的社会性活动，让幼儿在活动中体验与人交往的乐趣，促进幼儿社会适应能力的不断发展。比如开展"礼貌小明星""苏园星榜样""帮帮队在行动""小小志愿者"等互动体验活动；利用教师节、重阳节、"三八"妇女节、学雷锋日等节日开展感恩、爱的教育，并在民族主题美食会、端午节包粽子、元宵节摇元宵、中秋节打月饼、新年包饺子等大型幼儿园活动中挖掘民俗教育价值，体验节日的快乐；结合党的十九大、中非论坛、"一带一路"、70年大庆、垃圾分类、向太阳村献爱心等事件，促进幼儿的社会性发展。

此外，我们还在园中打造了理发店、甜品店、书店、花店、照相馆、电影院等场所，充分引导幼儿在游戏中认识社会角色，发展幼儿社会性交往、解决问题等方面的能力。同时，我园积极挖掘周边各种环境资源，为幼儿社会交往提供各种便利条件。我园地处海淀北部新区，自然资源丰富，凤凰岭、翠湖湿地、狂飚乐园、阳台山等风景名胜环绕，教师们利用周末的时间组织家长与幼儿开展"秀美家乡亲子游"活动，通过探寻家乡美景了解家乡风貌，感受家乡的秀美，提升幼儿对家乡的认识、了解与热爱。在社区资源

方面，我园充分利用邮局、银行、超市、饭店、理发店等社区设施，消防局、国家地震紧急救援训练基地等机关单位，组织幼儿进行参观和学习活动。

家长资源也为幼儿社会性培养助力，我们积极邀请家长参与幼儿园各项活动。运动会上，家长们带着表演项目来参与活动，和孩子们一起体验勇敢与拼搏、互助与互爱；阅读日活动，爸爸故事团带着精彩的故事走进幼儿园，与孩子们一起体会专注、认真的好处；端午节来临，奶奶们介绍节日风俗并教会我们包粽子的方法，感受传统文化的魅力……我们还邀请不同职业的家长来园和孩子们一起进行社会性教育活动，有交警爸爸来给我们普及交通安全知识，牙医妈妈来为我们介绍口腔保健方法，老师妈妈给我们带来幼小衔接小课堂，厨师爸爸教我们做披萨、烤饼干……充分发挥家委会的作用，由家委会牵头组织了攀登阳台山、探访蘑菇园、挑战狂飚乐园等精彩活动……

教育应为每一个孩子守护最美童年，这是新时代学前教育的使命与担当。苏家坨园将继续以促进幼儿社会性发展为指引，让孩子的成长具有无限可能，与孩子一起遇见最美的童年！

孩子们的"一带一路"

2017 年 5 月，"一带一路"国际合作高峰论坛正式拉开帷幕。当全社会都在关注"一带一路"的相关信息时，孩子们也加入其中，开始了解关于"一带一路"的方方面面。

什么是"一带一路"

刘骁颖老师和孩子们聊起了"一带一路"，小培说："'一带一路'就是一条好看的带子，挂在一只梅花鹿上。就像我最爱戴的发卡，旁边就有一条粉色的带子，走起路来一飘一飘的，可好看啦！"月亮说："'一带一路'就是幼儿园门口那条大马路。大马路上有红绿灯，有汽车，还有行人，'一带一路'就是路上的所有人和所有车。"伯延说："'一带一路'是个会议，我爸爸是警察，他好几天没回家了，他说要保护开会的人。"轩轩说："爷爷看新闻联播时，我听到过'一带一路'。有很多外国人和咱们一起走在'一带一路'上。他们有的人皮肤有点黑。"

关于"一带一路"，每个孩子都有自己的认识，刘老师与班里的孩子们开启了了解"一带一路"之旅。君君回家和爸爸妈妈上网查询了相关资料，并向小朋友们介绍："一带一路"就是"丝绸之路经济带"和"21世纪海上丝绸之路"的简称。圆圆为大家讲述了"张骞通西域"的故事，让大家了解了丝绸之路的形成过程，并且介绍了海上丝绸之路。

在刘老师的鼓励和帮助下，"一带一路"小记者团采访了幼儿园里的老师和园长，并向大家介绍了自己的收获：我们国家在近些年取得了一些让人骄傲的成绩，如修建了世界最长的跨海大桥，全长55千米的港珠澳大桥，修建了全球单体最大、综合自动化程度最高的智能码头——洋山深水港等。潇潇还和妈妈一起制作了小海报，向大家介绍"一带一路"：中国经过几十年的发展建设，国力强盛，技术先进，人民生活越来越富裕，为了加强和其他国家之间的贸易合作，才有"一带一路"……

好玩的"一带一路"

随着活动的深入开展，孩子们开始讨论更多关于"一带一路"的话题。程程带来了印有世界地图的书籍，向大家介绍："截至2019年8月，'一带一路'沿线国家有65个，有新加坡、马来西亚、缅甸、泰国、土耳其、以色列……"程程的介绍引发了孩子们关于各个国家的关注和讨论。于是老师们在幼儿园的公共走廊里，创设了可操作、可拼摆的中国地图和世界地图，越来越多的班级参与到"一带一路"活动中。孩子们在拼摆、游戏的过程中更深刻地了解到，"一带一路"是一条集文化、经济、贸易于一身的一条很长很长的路。而且，在这条长长的路上，发生了很多有趣的故事，如当时人们运输的交通工具是骆驼，我们国家的丝绸、瓷器和茶叶等特产会沿着这条路被运送到其他国家，除此之外，我们国家的文化也被传扬到世界各地……

海上丝绸之路一直延伸到非洲大陆，幼儿园里的郭延平老师去过非洲，她跟孩子们分享了非洲旅游的见闻和感受。郭老师介绍了埃及的金字塔，并为孩子们展示了自己拍摄的照片，孩子们非常喜欢金字塔。在赵培培老师班级的建筑区，就兴起了一股搭建金字塔的热潮，也经常能听到孩子们关于金字塔的讨论，菲菲说："金字塔的里面是什么样子的？堆满了石块吗？"童童说："应该有很大的空间，因为法老死后要住在里面。"菲菲又说："金字塔那么大那么高，像我家小区的楼房那么高。是怎么建成的呢？"他俩开始探索金字塔的搭建。最初的搭建，由于地基不稳固，金字塔未完成就已经倒塌。于是在赵老师的帮助下，他们观看视频，搜集资料，咨询老师和家长，搭建的材料也从最初的木质积木，换成了乐高积木，最终完成了他们比较满意的金字塔作品。

好吃的"一带一路"

美食对于孩子们有着天然的吸引力，对于"一带一路"的了解，当然少不了各国的美食。陆上丝绸之路从国内的西安、银川、乌鲁木齐，再到国外的土耳其、希腊、意大利，从中我们也可以勾勒出一条美食丝绸之路，西安的肉夹馍、兰州的牛肉拉面、新疆的羊肉串、土耳其的烤肉、意大利的披萨……个个都是人们耳熟能详的美食。魏梦萦老师和孩子聊起了"一带一路"中的美食，孩子们都分享了各自的美食体验，六六说："我在幼儿园门口美食城吃过兰州拉面，那个拉面的叔叔特别厉害，

他像变魔术一样把面团拉成一根根细细的面条。"听了六六的话小贝充满期待地说："要是叔叔能到我们班来拉面就好了。"听到孩子们的对话，魏老师非常支持孩子们的想法，说："那我们就

去试一试，把叔叔请到幼儿园来做拉面好吗？"孩子们异口同声地回答："好！"

魏老师带着几名小朋友来到幼儿园门口的西安美食城，拉面馆的老板和拉面师傅非常热情地接待了老师和小朋友们，小朋友们向他们表达了想要邀请拉面师傅来幼儿园表演的想法，拉面师傅欣然接受邀请来到幼儿园。拉面师傅为孩子们现场表演了拉面绝技，看着他把一个圆圆的面团，拉成无数根细细长长的面条，小朋友们赞叹不已，纷纷向叔叔提问："你是魔法师吗？""为什么面能拉那么长都不断呢？""我在饭馆也看过厨师叔叔做拉面。""下次我用超轻黏土也试试！"……

为了让孩子们更多了解丝绸之路沿途各个地域的文化与美食，我们开展了最受孩子们欢迎的"一带一路"美食汇活动。在活动中，幼儿园的厨师叔叔、阿姨们为孩子们烹制了很多异域美食，有新疆羊肉串、意大利面、马来咖喱饭、印度手抓饼……孩子们在尽情享用美食的同时，感受着多姿多彩的异域文化。

随着活动的不断深入，孩子们对于"一带一路"有了更深刻的理解，也渐渐感受到祖国的强大以及与周边国家的合作。孩子们认为只有自己变得更棒，才有能力去带动和帮助身边的人。于是在幼儿园开展的"大带小"、"小小志愿者"和"帮帮队"活动中，孩子们也在体验着支持、帮助、合作的力量。在一个人的童年时期，就埋下希望、支持、合作的种子，将会助力他一生的发展。今天我们所启发的、撬动的，将会对未来的社会发展带来积极深远的影响，孩子们今天的"一带一路"，就是未来世界的"一带一路"。

幼儿园里的小社会

区域游戏是孩子们最喜欢的活动之一，也是促进幼儿社会性发展的重要阵地。

在区域活动中，幼儿体验着与人交往的乐趣，在扮演不同角色的同时，与人交往能力、社会适应能力不断得到锻炼和发展。

腼腆的睿睿

梁超老师班里的饼干屋要开业了，于是梁老师带着孩子们讨论相关的准备工作，梁老师说："我们的饼干屋需要有店主，有人想尝试一下吗？"这时，睿睿和陶陶都特别想试一试，陶陶快速举起了手，看到睿睿没举手，陶陶看了看他，睿睿这时才举起小手。饼干屋开业这天，两位小店主来到店里，他们你看看我我看看你，不知道该做些什么事情，梁老师走过来拉着两个小店主进行一一介绍，如何向客人介绍产品，如何为客人结账，如何制作、摆放饼干……

饼干屋里来了第一位小客人——圆圆，圆圆说："我想买饼干。"睿睿拿过菜单说："你要哪种饼干。""你们这都有什么口味的呢？"圆圆问道。睿睿挠挠头，不好意思地说："我不知道。"陶陶接过菜单给圆圆介绍道："我们这儿的饼干有草莓味的、橘子味的、苹果味的，对了，还有巧克力味的。"听说有巧克力味的，圆圆高兴地说："那我要两个巧克力味的。"

饼干屋非常受欢迎，有客人陆陆续续来到饼干屋买饼干。这天，君君和小宝来到饼干屋，睿睿连忙迎上来把菜单递给他们，并介绍说："我们这有很多口味的饼干，有草莓味的、橘子味的、苹果味的，还有巧克力味的，你们要什么口味的呢？"君君和小宝选了自己喜欢的饼干，心满意足地离开了饼干屋。

热情的赛赛

区域活动时间，赛赛来到了照相馆，他喜欢摄影师的工作，于是选择做一名摄影师。赛赛准备好了照相机和拍摄道具，可是没有人到照相馆来照相。过了一会儿，还是没人来，怎么办呢？怎么能吸引客人来照相馆呢？于是赛赛来到美工区邀请小朋友来拍照："快来拍照呀，我们拍的挂历可好看了。"赛赛的好朋友小雨说："我来，我来。"来到照相馆，小雨指着桌上的台历说："我想拍这样的照片。"赛赛马上找来一个小猪道具递给了小雨。"好的，来笑一个，特别好。"说着赛赛咔嚓一下按下了快门。这时，站在一旁的豆豆说："我也拍一张，我想穿一件和挂历上一样的衣服拍。"赛赛看看挂历，是一件小猪佩奇的衣服，他有点为难地说："这件衣服没有，我给你选一个面具吧，也很好看的。"豆豆点了点头，拍摄了一张酷酷的照片。

赛赛将拍好的照片交给豆豆，说："欢迎下次再来拍照。"

配合默契的雯雯和木木

一天，雯雯和木木来到班级的小电影院工作，雯雯做售票员，木木做保安工作。雯雯邀请到了第一位客人小贝来看电影，小贝来到电影院说："我坐哪儿呢？"雯雯赶快搬来一把椅子请小贝坐下来。雯雯作为售票员，又是制作电影票，又是招揽客人来看电影，看电影的人越来越多，现场有些混乱，电影院的椅子也不够坐了。于是，木木赶快组织来电影院的小观众排好队，随后赶快搬来了几把椅子，组成观众席。这时，小美来到电影院，拿着电影票问："你好，我的座位是 2 排 3 号在哪呢？"雯雯看了看电影票："嗯，我也不知道。"一旁的木木热情地凑了过来："我知道，我来帮你找。"木木看了看电影票，自言自语道："2 排 3 号，2 排 3 号。"一边说一边用手指点数："第一排，第二排，1 号，2 号，在这里，3 号在这里。"小美连忙道谢，坐到座位上准备看电影。

社会领域的教育具有潜移默化的特点，学习内容应渗透在多种活动和一日生活各个环节之中。角色游戏，就是给孩子们创造的小社会，让孩子们以亲身体验的方式感受到接纳、关爱、支持的良好环境，避免呆板的言语说教。孩子们与成人、同伴之间的共同生活、交往、探索、游戏等方式，是他们认识社会、掌握社会交往方法的最自然、最有效、最适宜的方式。

我是小小志愿者

幼儿是社会的一分子，积极参与到社会生活中来，对于幼儿社会性发展有很好的促进作用。我们在思考和实践的过程中发现，"小小志愿者"活动非常受孩子们欢迎，便一直延续了下来。

什么是志愿者？

在日常生活中，我们经常会看到志愿者的身影，他们身着统一服装，胳膊上戴着红袖标，帮助身边那些需要帮助的人。孩子们的爸爸妈妈、爷爷奶奶也有担任志愿者的情况，因此关于志愿者的讨论也常常在孩子们之间展开……

小斐说："我爷爷是社区志愿者，他每天都在小区里巡逻。"洋洋说："我妈妈也有那个红袖标，她说戴上这个就可以保护大家了。"坤坤说："每天来幼儿园的时候，门口的保安叔叔也戴着这个红袖标。他们就是保护我们的人。"小楠说："戴红袖标的人是不是都很厉害？他们能保护别人。我也想保护别人！"

赵培培老师的班级邀请了身为志愿者的糖糖妈妈来园，为小朋友介绍关于志愿者的一些知识。糖糖妈妈告诉小朋友：志愿者是自愿为大家服务的人，是没有收入的，是为大家奉献个人时间和助人为乐的人。志愿者有消防志愿者、抗震救灾志愿者、奥运志愿者、环保志愿者、社区志愿者等。糖糖妈妈还介绍了自己作为社区志愿者的一些工作，包括在社区垃圾桶前指导大家对垃圾进行正确分类，协助清理社区中乱丢的垃圾，工作从早上一直到晚上，志愿者的工作很辛苦，但是大家都很快乐。

我们可以当志愿者吗？

听了糖糖妈妈的介绍，孩子们对于志愿者的工作多了一些了解，并且也更加憧憬自己做一名志愿者。于是老师和孩子们又展开了一场讨论："我们可以做志愿者吗？""我们可以做哪些志愿服务呢？"

乐乐说："我们大班的小朋友可以作为志愿者，在幼儿园门口迎接小班弟弟妹妹，让他们高高兴兴来幼儿园！"雯雯说："开运动会的时候，我们可以做志愿者，帮助老师、小朋友摆放玩具。"强强说："听妈妈说要开家长会了，我可以给爸爸妈妈引路、倒水。"睿睿说："我爷爷在社区值岗，我想给他送杯茶。"陶陶说："我奶奶也经常在社区垃圾桶那里值岗，我也想和奶奶一起工作！"

志愿者在行动

各个班级都开展了关于小小志愿者的讨论，并且制订了班级志愿者工作计划，各班级的志愿者们纷纷行动起来，为身边的人服务。

班级里，经常看到这样的场景，有的小志愿者帮助小朋友将椅子摆放整齐；有的志愿者负责浇花；有的志愿者把没有摆放好的玩具收整齐；有的小志愿者提醒洗完手的小朋友及时关上水龙头，提醒小朋友把垃圾分好类后放到对应的垃圾桶里；有的志愿者提醒小朋友上床午睡前把鞋子摆放整齐……班级里的小小志愿者带动大家养成良好的生活习惯，为班级贡献自己的力量。

"别哭了，老师就像妈妈一样！""我告诉奶奶第一个来接你。""幼儿园可好玩了，有好多好玩的玩具。"每当有小班弟弟妹妹哭哭啼啼，不愿意来园时，大班哥哥姐姐会作为小小志愿者安慰他们。大班的默默也是一名小小志愿者，看见有小班弟弟在幼儿园门口哭闹，他走上前说道："幼儿园可好玩了，里面有很多好玩的玩具，还有好多好朋友。"说完就牵着小弟弟的手走进了幼儿园，原本哭闹的小男孩，也就停止了哭泣，和大哥哥一起走进了幼儿园。哥哥姐姐还会来到小班，和他们一起玩玩具，帮助他们穿衣服，带他们熟悉班级环境，陪伴小班弟弟妹妹度过入园适应期。

"阿姨您这边请。""阿姨请您签到。"家长会上，小小志愿者们佩戴绶带，承担起迎宾、签到、领位的任务。诺诺妈妈在参加家长会时，看到自己的孩子作为小志愿者引导家长签到、找座位，而且能够在那么多家长面前勇敢地发言，介绍幼儿园的情况，激动之情溢于言表，她动情地说："孩子长大了，谢谢幼儿园让我看到了女儿的成长和进步！"

党的十九大期间，大班的孩子们作为小小志愿者对十九大精神进行宣传。在升旗仪式上，小志愿者们用海报的形式，向全园小朋友介绍了令人骄傲的国家重大科技创新项目——"飞得更高"的天宫、"潜得更深"的蛟龙、"看得更远"的天眼、"火眼金睛"的悟空、"千里传密信"的墨子，小朋友们共同为我们的国家竖起大拇指，感受作为中国人的那份骄傲。

大二班的孩子们还在老师的带领下，走进社区进行垃圾分类的宣传。看到有一位老奶奶走过来，涛涛迎了上去说："奶奶，您知道垃圾分类吗？"奶奶笑眯眯地回答说："不太清楚。"涛涛听到奶奶的回答，拿着海报一本正经地介绍起来："奶奶我来教您，用过的纸巾、废旧的垃圾袋属于其他垃圾，要扔到灰色垃圾桶里；剩饭剩菜、瓜子皮一类的厨余垃圾，应该扔到绿色垃圾桶里；废旧电池、过期的药是有害垃圾，应该扔到红色垃圾桶里；饮料瓶、纸张、纸箱是可回收垃圾，要扔到蓝色垃圾桶里。"涛涛非常认真地讲解了每个垃圾桶的作用，奶奶听了之后不禁给涛涛竖起了大拇指，称赞道："孩子你真棒，讲得真清楚。"涛涛开心地笑了，临走时还不忘嘱咐奶奶："您一定要进行垃圾分类呀，这样才能让我们的环境更美！"

志愿服务是每一个公民都应该积极参与的社会行为。参加志愿服务活动，培养志愿精神，可以帮助孩子拓宽视野，增长社会经验，培养个人能力。教育是启发，教育是唤醒，从小在孩子们的心里种下爱的种子，不断精心浇灌，悉心培育，终有一天会开出美丽的花朵。

/四/ 让童年的梦想插上科技的翅膀

2020年9月21日，北部新区实验幼儿园天阅园正式开园。天阅园位于科技氛围浓厚的中关村科学城，南临中关村壹号、中关村集成电路设计园等高科技产业园区，北靠中国资源卫星应用中心和生态环境部卫星环境应用中心等科研单位，所服务的居民大多是从事科技创新的工作人员。结合周边科技特质，我们努力创办一所具有科技特色的幼儿园，确定了"新叶向阳，科技天阅"的办园特色，倡导科教融合的教育理念，把科学启蒙教育作为载体，为幼儿埋下一颗热爱生活、好奇、好问、乐于创新、善于思考的种子，促进幼儿全面发展。

在实践工作中，我们在重视幼儿全面发展的同时，逐步探索以儿童为主题的天阅科技特色课程。首先，我们遵循科技课程源于幼儿生活的原则，在生活中激发和培养幼儿对科技的兴趣，促进幼儿养成主动学习、勇于探索、大胆尝试以及乐于创新的学习品质。我们的科技活动着重于引导幼儿关注生活中遇到的真问题，探索解决方式，并根据解决方案，尝试发明、自制一些用品，在活动中了解一些浅显的科技常识。例如，开展"科学知识问答""我身边的科学""天阅科技展"等活动，希望孩子们在真实的活动体验中感受成为"科学小达人"的快乐。其次，我们的课程内容选择和实践，会关注幼儿的年龄特点及学习方式，并关注幼儿在活动中的表达与感受，抓住幼儿的兴趣点和发展点，以"直接感知、亲身体验、实际操作"的方式开展有深度的学习和探究。在孩子们关注了嫦娥五号顺利返回地球的时事新闻后，老师们抓住教育契机，开展了探索嫦娥五号的活动，引导孩子们了解航天科技知识，并且合作制作了嫦娥五号模型。

除此之外，我们的课程实践注重培育幼儿的科学素养，科学素养包含兴趣、好奇心、求知欲、探索意识、批判性思维、科学精神、社会意识等。在课程实践中，我们着重于对幼儿学习品质的培养，给予幼儿安全、充足的创造空间，营造宽松、接纳的心理氛围，并投放丰富的操作性、多元化的游戏材料，鼓励幼儿动手操作和探索。

我们还将家园共育和社区资源纳入课程建设中。对于家园共育和社区资源的有效利用，我们也在不断探索和努力尝试中。比如，邀请家长为孩子们开展科技讲座，为孩子们录制介绍科学知识的视频……在课程评价方面，我们关注幼儿的过程性发展，以"儿童学习故事"的方式记录幼儿的学习与发展过程，关注的是教育过程，而非教育的结果，注重教育过程中幼儿自身发展、成长的过程。

由于天阅园开园时间不长，科技教育特色还在不断探索和实践的过程中。在未来的时间里，我们将继续努力，以科技课程为切入点培养幼儿综合性基础素质，为其个人健康发展和终身学习奠定良好基础，为实现科技强国梦做出贡献。

探秘嫦娥五号

2020年12月，新年将至，天阅园组织了"童心同乐庆新年，科技阅动慧成长"的主题新年活动。此次活动中的"童心科技迎新年"活动，引发了岳天行老师的思考。嫦娥五号登月返回是我国航天史上具有重大意义的实事，岳老师决定抓住这个科技教育契机，引导幼儿了解国家大事，激发幼儿对身边发生的科学事件的兴趣。

12月17日1时59分，嫦娥五号返回器携带月球样品在内蒙古四子王旗预定区域安全着陆，探月工程嫦娥五号任务取得圆满成功。岳老师为孩子们介绍了嫦娥五号成功返回地球这个重大新闻，很多小朋友在家中也听到了这个新闻，孩子们对这个新闻中提到的"探测器"非常好奇，于是一场关于嫦娥五号的探索开始了。晨晨说："这个能够去月亮上的机器好厉害呀！"文文说："它是和火箭一起飞到天上去的。"岳老师肯定了孩子们的想法，说："小朋友们说得非常好，那请小朋友们再思考几个问题：嫦娥五号是什么？在月球它要完成什么工作？带回来的样品有什么意义？"带着老师的问题，孩子们观看了有关嫦娥五号的视频资料，之后岳老师用自制的嫦娥五号轮廓模型，为孩子们讲解了此次探月工程的全过程。

在听完岳老师的介绍后，孩子们表达了自己的理解，坤坤说："嫦娥五号是中国第一个在月球上取样返回的月球探测器。"明明说："嫦娥五号去月亮上采集土壤带回来让我们研究"。茜茜说："采集到的东西会进行研究、展览。"……孩子们还了解到嫦娥五号返回器，历经地月转移、近月制动、环月飞行、月面着陆、自动采样、月面起飞、月轨交会对接、再入返回等多个难关成功携带月球样品返回地球，这次太空之旅意义非凡，为中国航天事业的发展打开了新篇章。不仅如此，孩子们还对嫦娥五号的速度和构造进行了探讨，于是岳老师拿出了自制的模型轮廓，孩子们将其与嫦娥五号的效

果图进行对比，了解到嫦娥五号全重 8.2 吨，由轨道器、返回器、着陆器、上升器四个部分组成。

随着对嫦娥五号了解的不断深入，孩子们对于航天科技越发着迷，经常谈论自己了解到的关于航天科技的知识。一次热烈的讨论之后，孩子们决定制作一个嫦娥五号探测器模型，这个想法得到了岳老师的大力支持。于是孩子们开始制定嫦娥五号的设计图，确认制作所需要的材料。挑选出大家都认可的效果图后，孩子们决定在岳老师制作的轮廓模型的基础上继续搭建。在反复观察后，孩子们确定了最终需要的材料——银色和金色即时贴、锡纸、纸板、螺丝、螺母等，大家分别从幼儿园和家中搜集各种材料，第二天所需材料便准备就绪。搭建工作正式展开。在搭建的过程中，孩子们不断地将模型与效果图进行对比，查看缺失哪些零件，遇到奇特的结构时，会在老师或者家长的指导下查阅资料，了解各个部位的功能。在反复的搭建、调整、查阅资料，再搭建、再调整的过程中，一个完整的"嫦娥五号"在全体小朋友、老师和家长的努力下组装完成。完成的那一刻，孩子们欢呼雀跃，芳芳说："真想当一名航天员啊！"强强说："我也想以后为祖国建嫦娥五号。"

在这次科学活动中，小朋友们一起了解了嫦娥五号的工作任务与意义，一起制作了嫦娥五号的模型，探索了嫦娥五号的科技奥秘。在探索的过程中，孩子们接触到了新鲜的科学实事，从小种下了对科技好奇的种子，开启了科学探索和研究的初体验，对了解社会实事、探索科技感到浓厚的兴趣，燃起了浓浓的爱国心。

走近趣科技

科技很神奇，科技很强大，在开展科技特色活动的过程中，科技也逐渐成为家园沟通的桥梁。

航天在我们身边

2020 年年底，天阅园开展了"童心同乐庆新年，科技阅动慧成长"的主题新年活动，中一班可乐小朋友的爸爸从事航天工程相关工作，听说幼儿园要做科技新年主题活动，非常支持和配合，并表示可以为孩子们录制一些关于航天科技的小视频。

一天，可乐为小朋友们带来了爸爸录制的介绍嫦娥五号的视频，由可乐为小朋友们讲解火箭发射的过程："首先是火箭点火发射，抛弃逃逸塔，四个助推器分离，然后是一级火箭分离……"可乐讲得津津有味，其他孩子全神贯注地听着他的精彩讲解，流露出羡慕和敬佩之情。

科技使我们健康

小一班有个小朋友名叫心迹，是个非常可爱的小女孩。在小班入园初期，焦虑

情绪比较严重，心迩每天都是由爸爸接送，班里的李老师经常与心迩的爸爸沟通孩子的在园情况，提供一些缓解孩子入园焦虑的好办法，心迩爸爸非常感谢老师的细致工作。之后，在与心迩爸爸的交流中，李老师了解到心迩妈妈是一位医务工作者，由于工作繁忙，妈妈常常没有办法长时间陪在孩子身边，孩子非常想念妈妈。心迩妈妈了解到幼儿园即将开展科技迎新年活动，就录制了一份自己日常工作的视频，让孩子带到幼儿园与小朋友们一起观看。

"心迩的妈妈是医生。""医院还有机器人医生呢。""机器人也可以看病吗？"孩子们边看视频边讨论。李老师解释说："心迩妈妈在医院工作，在有病毒的时候，医院会用机器人给病人送饭，这样就能保护像心迩妈妈这样的医生护士不被病毒感染。心迩妈妈工作非常辛苦，我们应该感谢他们为我们的健康所做的努力，让我们为心迩妈妈鼓鼓掌。"一时间班里响起了热烈的掌声，心迩的脸上洋溢出自豪和幸福的笑容。

科技服务你我

小二班的诺诺，入园时自理能力比较差，焦虑情绪也比较严重。关注到孩子的焦虑情绪，每天早上来园后，徐冰老师都会拉着诺诺在班里走一圈，向他介绍班里的玩具，帮助他熟悉班里的环境，在他遇到困难时，徐老师也会第一时间去帮助诺诺，渐渐地诺诺的小脸上笑容越来越多。看到孩子的变化，诺诺爸爸经常对老师表达感谢，并且表示："如果班里有什么需要帮助的，我一定尽最大努力去做。"

听说园里要开展科技迎新年的活动，诺诺爸爸主动找到徐老师说："我们公司是一家高科技企业，主要研发智能家居产品，我可以给孩子们讲一讲科技改变生活的案例，希望能有助于孩子们对于科技的理解。"诺诺爸爸请同事做摄像师，到公司的科技展厅进行拍摄，细心挑选孩子们常见的科技产品进行讲解，有电动牙刷、指纹锁、手机、电脑，等等，耐心细致的讲解足以证明家长的用心。讲解活动后，诺诺爸爸还邀请老师和小朋友们在合适的时候，到他们的公司进行现场参观和体验。

伴随着科技活动的深入开展，家长也越来越多地参与到活动中来，以各自掌握的科学知识为孩子们展现科技的神奇魅力。与此同时，科技也逐渐成为家园沟通和家园合作的又一座桥梁，为促进家园共育贡献力量。

种下一粒"好奇"的种子

　　中一班小朋友的爸爸妈妈很多都从事与高科技或航空航天相关的工作，受家庭影响，孩子们热衷于科技这个话题。辰宇的妈妈从事航空航天工作，因此他对航空母舰、太空、飞机等非常感兴趣，还经常在拼插区和科学区进行自己的科技创造。

　　一天，辰宇妈妈给赵爽老师发了一段小视频，视频中，辰宇介绍了他是如何利用废旧材料制作卫星的。赵老师与班里的小朋友一起观看了辰宇的视频，看完后，孩子们也分享了自己的经验。琪琪说："我和爸爸在家做过火箭发射的实验，可好玩了。"童童说："爸爸妈妈带我去过科技馆，里面就可以做实验，有很多好玩的实验。"……在讨论交流过程中，乐乐提议："大家把自己的科学作品都带到幼儿园来，让大家一起欣赏吧。"豆豆同意乐乐的想法，说："可以拿到幼儿园展览，如果我们能做一个科技展览就太棒了。"

　　就这样，最初的"天阅首届科技展"的想法诞生了，孩子们的脸上洋溢着惊喜与期待。赵老师提问说："那我们都可以在科技展上展出什么作品呢？"听到老师的提问，聪聪兴奋地起身回答说："我也要像辰宇一样做一个卫星的模型。"很多小朋友都附和着，表示也要做卫星模型。于是赵老师说："生活中有好多神奇的东西，

帮助我们解决了很多难题，比如电脑可以打字，帮助我们工作，手机可以让我们随时联系到亲戚朋友，还有很多东西都给我们的生活带来了便利，那我们也可以想一想，如何帮助爸爸妈妈解决一些身边的难题吧。"希希似乎受到了启发，说："放假了，班里的小植物没人给浇水，我可以做一个自动浇花器。"星星说："我想制作一个可以发射的火箭玩具。"……科技展的想法在老师和孩子们一次次的交流过程中不断成熟、完善。

距离展览开幕的时间越来越近了，孩子们也陆续拿来自己的作品。希希完成了他的设想，在爸爸妈妈的帮助下用输液器制作了一个自动浇花器；诺诺和晨晨几个小朋友利用废旧材料制作了一个卫星模型，他们还赋予了卫星更多的功能，比如定位，当小朋友和爸爸妈妈走丢时，只要卫星一搜索，就能找到小朋友；青青在爸爸的帮助下用冰棍棍做了一架小飞机，还装上了电池，一通电只见飞机的螺旋桨快速转动起来……

家长们与老师沟通的话题也增加了科技展的内容，睿睿妈妈对赵老师说："睿睿这几天，天天在为科技展做准备，一回到家就抓紧制作自己的小风扇，特别认真专注。"小宝妈妈说："小宝现在制作的卫星越做越大，还要拉着赵老师跟她一起做。"

终于"天阅首届科技展"正式开幕了，地点就在中一班，园里所有的小朋友和老师都被邀请来参观科技展。小班的弟弟妹妹陆陆续续来到中一班，中一班的小朋友们守护在自己的作品旁边，眼睛中闪烁着光，迫不及待地想和大家分享自己的创作。看到有小朋友来到自己身边，萌萌拿着制作的卫星模型向弟弟妹妹们介绍："这是我做的卫星，天气预报就是通过气象卫星让我们知道的，我这个可不一样，它是探索其他星球有没有外星人的，这是它的接收器……"小讲解员们俨然一个个小科学家，为前来参观的小朋友们介绍自己的设计意图，并展示产品的各种功能，还不时邀请参观的小朋友上前体验呢。再看前来参观的小朋友们，聚精会神地听着中一班小朋友们的讲解，脸上的表情从疑惑和好奇，不一会儿就变成了惊讶和赞叹。

这次科技展活动的开展，让孩子们感受到了科技带来的无穷魅力。科技活动的开展，激发了孩子们对于科技的兴趣，启发了孩子们对于科技的思考，促进了孩子们的自主学习，使孩子们收获了很多科学知识、技能和相关经验。科技展活动的开展就像将一颗热爱科技的种子深深地植入孩子们的心里！

/附录/

《人民论坛》：用明明德成就向阳花日新的笑脸①
——写在北京市海淀区北部新区实验幼儿园建园 10 周年之际

"大学之道，在明明德，在亲民，在止于至善。"习近平总书记在北京大学师生座谈会上援引《大学》开篇之句，深刻阐明教育的根本目的在于使人弘扬光明正大的品德，在于教育工作者积极探索每个育人阶段科学育人的途径和方法，以培养新时代合格的社会主义建设者和接班人为旨归。时至今日，"培养什么人、怎样培养人、为谁培养人"已成为新时代中国特色社会主义教育的核心问题，与"大学之道"有着异曲同工之妙，是新时代教育工作者回答好并科学践行"办好新时代以人民为中心的均衡优质教育"这一命题的核心内涵。

坐拥西山生态园林，在被誉为"天然氧吧"的北部新区腹地，北京市海淀区北

---

① 选入本书时略有改动。

部新区实验幼儿园（简称北新实幼）让生命与自然的谐美，现代与传统的交响，是海淀温泉地区老百姓获得感与幸福感的真实存在。它填补了北部新区历史上没有优质幼教的空白，满足了当地老百姓对优质幼教的迫切需求。夏木阴阴啭黄鹂，葵花朵朵向日倾。在一个阳光和煦的上午，当我们走进北新实幼，如梦如幻的"葵花园"里活跃着孩子们欢快的身影，脸上的笑容是那么活泼，那么阳光，那么可爱；那书香氤氲的办公室内荡漾着教师们科学与人文的对话，脸上的笑容是那么灿烂，那么幸福，那么可亲……自由的空气、灵动的生命、灿烂的笑脸、向上的气场，这和谐、美好的景象令我们深受感染、深为感动，也让我们好奇为什么每一个人的笑脸都如此温暖迷人且具有亲和力？伴随着对肖延红园长采访的深入，我们终于读懂了北新人十年探索、真爱育人的教育情怀，读懂了北新人蕴藏在科学办园灵魂深处的"向阳花"精神，读懂了北新人"积极办好新时代以人民为中心的优质均衡学前教育"的内在动力，更加深刻地读懂了成就北新人灿烂笑脸的核心内涵——用明明德成就向阳花日新的笑脸！让每一个生命如同向阳花般生机无限、日新绽放。

明明德是新时代真爱育人先进文化之核心内涵

踏入北新实幼的大门，一幅温暖和煦的画面瞬间跃入眼帘，令人精神为之一振，眼前为之一亮。干净温馨、清新自然，这里是家的感觉；自由开放、妙趣横生，这里是梦的港湾；向阳明亮、天真庄严，这里是爱的摇篮。当内心的柔软被轻轻触动，当爱与温暖在血液中蔓延，我们不禁由衷地羡慕着生活在这所幼儿园的孩子们，更加迫不及待地想要去了解北部新区学前教育的"拓荒者"——被赞誉为从"马背摇篮"走出来的"园长妈妈"肖延红园长。

《易经》有云："蒙以养正，圣功也"，这成为新时代教育工作者将育人情怀转化成最朴实、最动人的誓言——"教育其实很简单，满腔真爱，一份宽容"。在肖延红园长的娓娓道来中，我们发现，"延安精神，红色基因"深深烙印在她内心深处，并诠释着真爱育人先进文化之核心内涵，形成北新实幼最具灵魂的科学发展内在力量。时光回到1984年，毕业于北京市幼儿师范学校的肖延红园长，怀着梦想与憧憬来到被誉为"马背摇篮"的北京六一幼儿院，成为幼教战线上的一名新兵，从此就与这份爱的幼教事业结下了不解之缘。就是在这座"红色熔炉"的浴火淬炼中，"爱幼儿如子，爱事业如命"的教育精神，"一切为了孩子"的革命精神更是让肖延红园长坚定了"将自己的青春全部献给幼儿教育事业"的教育信仰。正源于此，肖延红园长对孩子们的爱是那么彻底，那么纯粹，她把班上的每一个孩子都当成自己的孩子，以自己的高尚品德和人性的光辉关爱孩子们。当她来到孩子们当中，孩子们会自然地簇拥在她的身边，她发自内心地喜欢孩子。不少青年教师在刚刚任教的前两年，都会有些不适应，个别的还会把班带成"乱班"，让几岁的幼儿把自己气哭。肖延红园长虽然也经历过这样从头疼到愉悦的过程，但过渡的时间较短，她终日和孩子们在一起，每天都是以灿烂的笑脸全身心地投入工作中，她的眼神、手势及所有的形体动作，都给孩子们带去满满的爱。她常说，我们把爱的种子深深地根植于幼儿的心里，孩子们即使长大了，也仍然能感受到老师对自己的爱，对自己的理解、信任与尊重。在其他老师眼中，肖延红园长就像一个神奇的"魔术师"一样，她能够很快把一些执拗、难于管理的孩子融入集体之中，让天真如画的笑脸永远是孩子们最美的表情……二十六年在北京六一幼儿院的不断成长，肖延红园长始终以强烈的事业心、进取心及与时代合拍的创新精神在平凡的幼教岗位上辛勤耕耘；以坦荡荡的胸怀和正直的人品对待同事、荣誉和个人利益。无数个操劳的日夜，肖延红园长舍弃与家人团聚的美好时光，饱受腰间盘突出的钻心疼痛，依然坚持用笑脸和温暖给予教师鼓励与关爱……正是这些闪光的品质，赢得了人们对她的信任和尊重，她先后获得了"全国师德先进个人""北京市劳动模范""北京市特级教师"等荣誉称号。

赓续红色基因，砥砺前行力量。2010年5月15日，一个值得北新人永远铭记的日子。肖延红园长带着对事业的满腔真爱和一股不服输的精神，临难受命，不畏条件艰苦，勇于克服困难，毅然开启了只有一个园长的"拓荒之旅"。在温泉镇屯佃村一处简陋的四合院——筹备小组临时办公地点，肖延红园长做了简短动员后，镇定地登上椅子亲手悬挂国旗、党旗，在鲜红的旗帜两侧，"公正无私，团结一致，不怕困难，努力创新"十六个大字耀眼夺目。"我们挂上国旗、党旗，象征着我们服务山后百姓，打造优质幼儿园的决心。"以朴实的话语开篇，以坚定的信念砥砺，以巾帼之身行育人之志，肖延红园长决心秉承六一精神，努力打造北部新区第一所优质幼儿园。

面对"一穷二白"的新建园所，在红色精神的坚定支撑下，肖延红园长内

心拥有无比强大的力量，不断书写着北新人的光荣与梦想。肖延红园长和筹备组成员多次走访、调研所在地政府及社区居委会，了解百姓对幼儿教育的需求、周边教育资源以及生源分布特点。在随后的筹建中，为了确保幼儿园尽快开园、满足百姓需求，北新人夜以继日、争分夺秒地苦干实干。烈日灼烤的夏日，面临人员不足、经验有限、时间紧迫等诸多困难，笑称"只有工作日，没有休息日"的她们却从无一句抱怨，因为她们认为正在做的是"一项有爱的事业"。她们克服重重困难，仅仅用了两个月时间，北新实幼的优美环境、师资团队为当地百姓所称道；整整经历108天的奋战，北新实幼便以神奇的速度完成申报、装修、招聘、招生等一系列准备工作……10月11日开园当天，肖延红园长站在幼儿园的大门口，笑脸如蔼、满面春风，向孩子们敞开了温暖的怀抱。这笑脸的背后，是北新人深深扎根北部新区，一路微笑，一路阳光明媚，始终践行真爱育人的铮铮誓言，以对北部新区学前教育事业的一片痴情，以对孩子们的无疆大爱，筚路蓝缕启山林、栉风沐雨志弥坚，从葳蕤的云锦之树上，裁得教育公平、优质办园的五彩锦绣，为孩子们织出灿烂霞妆。艾青说："为什么我的眼里常含泪水，因为我对这土地爱得深沉。"高起点开园之后，面对北部新区这份深沉的爱，北新实幼坚持"快速起步，稳定发展"的原则，从人才招聘、师资培训、建章立制、团队建设等方面入手，短时间内便驶向稳步发展的快车道。开园仅六个月，北新实幼就代表海淀区教委成功举办北京市解决"入园难"问题现场会，办园经验得到与会各区县教委领导和嘉宾的认可，为同行树立了榜样、为海淀区争得了荣誉。北新实幼在随后办园的持续奋斗中经历了创建、发展、塑造品牌的过程，共同谱写了新园建设的三部曲——2013年被评为北京市一级一类幼儿园，2015年被评为海淀区示范园、北京市早教基地、北京市示范园，现已成为海淀北部新区百姓心中向往的优质幼儿园。并创造了十年建四园的"奇迹"，现有北辰园、凯盛园、苏家坨园和天阅园。正如肖延红园长所说："奇迹的背后是北新人传承红色基因，真爱育人，逢山开路，遇水架桥，我们用日新的笑脸共同见证了新园的筹建和诞生，铸就了充满艰辛和光辉的教育之路。"

"看似寻常最奇崛，成如容易却艰辛。"温暖的笑脸，真诚的关爱，北新实幼响亮地回答了"培养什么人、怎样培养人、为谁培养人"的时代之问、教育之问。十年来，肖延红园长和她的教育团队传承红色基因，乘学前教育蓬勃发展之长风，得"学前教育三年行动计划"之雨露，在北新实幼这只承载着绿色希望与金色梦想的童年摇篮，以无悔生命、全部激情耕耘出一片清新淡雅、草木丰茂的"葵花园"，更以满腔真爱、一份宽容成就了每一个孩子如草木拔节般日新月异的成长、如向阳花般温暖日新的笑脸。

明明德是新时代科学办园先进生产力之动力源泉

当再次细细品读北新实幼十年发展历程，我们不免感动于北新人那一个个日新而纯真的笑脸，同时又不免沉思，是什么使北新实幼保持着永恒的动力？徐徐清风中，北新实幼似动若静，依然在向阳花景致中飘动着无形的灵气和人气。向阳花，显示着大自然的灵感和魅力，是生命的色彩、阳光的象征，更是明明德的最好诠释。诗人勃莱克曾说："把无限放在你的手掌上，永恒在一刹那里收藏"。而北新实幼，收藏的就是那无限的真理吧！是的，是那令向阳花日新绽放的力量成就了北新实幼那片茂盛的葵花森林，使得"向上、向善、向阳"的生命有了真实而高远的意义，成为新时代科学办园先进生产力之动力源泉。

在深入采访交流中，我们深深地被北新实幼的科学办园理念所折服——"童年是人生中最轻快、最灿烂、最活跃的人生音符。洋溢着笑脸的童年，可以让人秉性高雅、思维敏捷，让人对生活、对未来充满无限期待。教育应为每一个孩子呵护童心，幼儿园应成为孩子们快乐成长的伊甸园，这是一种使命担当。"肖延红园长用一种极富诗性的语言诠释着这种育人理念，"我们幼儿园不仅要让孩子们身心健康成长，还要开启他们的智慧，超越其灵魂的深度、身心的厚度和生命的广度，使他们心头芳草绿如翠，眼前春水碧于天，犹如向阳花一样汲取阳光的温暖和力量……"诚如斯言，北新实幼在创建之初就以科学严谨的态度审视儿童的价值，坚守"着眼当下，看见儿童"的育人原则，以《纲要》《指南》精神为指导，明确了以"学会做人，学会做事，学会生活"为核心，遵循"以人文、科技、环保为特色，营造适宜幼儿生活的绿色成长空间；融乐群、博闻、智趣为一体，铸就促进学前发展的金色教育家园"的双色教育理念。在科学先进的办园理念指引下，随着对园所文化的不断实践和认识，在2015年荣膺北京市示范园之后，北新实幼开启了"扎根北部、放眼世界，立足当下、着眼未来"的园所文化育人之旅。

在全体老师和孩子们的共同参与下，北新实幼形成了由办园理念、教育愿景、工作园训构成的新的园所文化体系。其中，以"笑对笑开花，手拉手成林"的向阳花为园标，希望每个人都手拉手，形成向上、向善、向阳的力量，像向阳花一样每天都有一张张灿烂的笑脸；而"三年叶花果，一生木林森"的教育愿景，就是希望孩子们在三年的幼儿园生活中，都经历长叶、开花、结果的过程，为他们的一生打下良好的基础；"有爱、有趣、有益"的工作园训，是站在孩子的视角，让每一朵向阳花接受阳光雨露的滋润，茁壮成长，成为生命中最珍贵的礼物。这就是北新实幼凝练的"葵花森林"文化，以充分尊重幼儿生命的独特价值，遵循幼儿生命成长的秩序，用真心、真爱关注儿童心灵和精神成长，用一个一个可观可感的行动和"一言一行总关情"的细节，让他们的未来每天都有如向阳花日新的笑脸。建园以来，已有近千个孩子在这里度过了快乐幸福的幼年时光，成为他们一生值得回味的美好人生经历。

在科学办园的先进育人理念指引下，北新人以课程建设为育人途径，儿童为本，文化为根，积极探索构建具有时代意义的由常规课程、生活课程、开放课程、综合课程和环保课程构成的"葵花课程体系"，形成了"科技引领、绿色环保"的办园特色，成为科学办园的重要载体，并先后结集出版了 5 本园本课程。我们看到，北新实幼从幼儿一日生活中的各个环节入手实施课程，让孩子们在动手实践、亲身体验的过程中获得满满的成就感，激发出强烈的好奇心，形成自主探究的良好习惯。如环保课程，北新实幼在幼儿日常生活中创设感受自然、亲近自然的机会，让孩子们在动手操作、游戏中感受环保与生活的密切关系。带领孩子们进行环保材料的艺术创作，一双双小手制作的有趣有爱的自然物品将公共环境装点得精致玲珑；开设环保创意教室，充分满足孩子们探索和制作环保作品的兴趣；开辟绿色种植园，让孩子们亲身参与种树养花过程；开建绿色环保妙妙屋，指导孩子们收集厨余垃圾，制作有机肥料，为绿色种植园施肥灌溉，感受垃圾变废为宝的过程，为垃圾分类贡献力量；开展丰富的环保日活动，环保画展、环保玩具大置换、趣味环保运动赛、环保达人秀、环保时装舞会等形式各异的活动，激发了孩子们参与环保的热情……随着环保特色的逐年深化，在班级环保主题活动、日常生活中的环保教育、环保社会实践、生命科学课题探究的基础上，北新实幼通过"走进自然、探秘自然、玩转自然"等多种方式，实现新时代生态幼儿园的智慧与秀美。

"德者，本也"，北新实幼不负时代之托，勇担教育使命，落实立德树人根本任务，通过多种途径引导孩子成为更棒的自己。无论是丰富的班级活动、爱国主义教育主题活动，还是渗透在日常生活中的随机教育，都让每一颗充满好奇与探索的心灵在异彩纷呈的活动中绽放出灿烂的笑脸，以达到"你笑起来真好看"的美妙意境。在"一日生活皆课程"的理念引导下，北新实幼坚持"保中有教，教中有保"的原则，通过师幼对话、游戏活动中的情感创设、大型活动中的主题贯穿以及传统文化节日等活动，引导幼儿树立正确的社会主义核心价值观，促进孩子身心健康。同时，北新实幼开展走进"太阳村"、"敬老院"、"红歌会"、"点亮小小爱国心"等主题教育活动，将爱的种子深深根植在孩子心中，发扬爱的美德，传递爱的力量。尤其是面对 2020 年新冠肺炎疫情，北新实幼化疫情危机为德育教育契机，带领孩子们敏锐捕捉生活的不同，深刻领会对"国家认识"的特殊表达，厚植爱国主义情怀，激发孩子们实现中国梦的历史使命感和责任感；引导家长开启科学的居家生活模式，让孩子对于"良好习惯"身体力行；"致敬逆行者""线上音乐会""不一样的春耕""不一样的升旗""线上运动会"等多种线上德育活动，贴合孩子切身感受，让孩子们学会敬畏生命、爱护生命，实现向阳花精神的升华。

"顺木之天，以致其性"。科学办园的教育实践，园所文化的育人探索，真正成为北新实幼先进生产力的"源头活水"，昭示了新时代学前教育"横空大气排山去，砥柱人间是此峰"的精气神，凝聚了北新人笑对笑开花的激情和力量，不仅是基于儿童观的生命哲学，更让"明明德"发出科学睿智的理性光辉和震撼人心的真理力量，爱与道德的火花在孩子们幼小的心灵中点燃。

明明德是新时代办人民满意教育之最美笑脸诗篇

办好新时代以人民为中心的优质均衡学前教育，事关国家发展，事关民族未来，是一份沉甸甸的责任，是明明德的具体体现，是新时代最美笑脸。作为一名幼儿教育工作者，肖延红园长常常不由自主地思考和审视自己的工作："我们面对的不仅仅是一个个孩子，而且是千百个甚至上千万家庭的希望。教育是最大的民生，作为海淀区政府惠民折子工程，办好人民满意的北新实幼是我们的重大课题和重

要关切。"

令人欣慰的是，2010年金秋十月北新实幼迎来第一批孩子时，当地的人大代表、曹嘉诚小朋友的爷爷喜笑颜开："谁能想到，我们的愿望今天真的实现了，更没有想到的是幼儿园还这么好！孩子能上这样的幼儿园，我们很知足，我们很幸运！"这些话鼓舞着她、督促着她、温暖着她。为了实现当地老百姓幼有所育的良好期盼，肖延红园长和她的北新团队铁血柔肩担重任，快马加鞭不下鞍，迅速满足周边社区学前教育需要，在快速提升学前教育质量方面不懈努力，让每一个孩子都拥有幸福的笑脸，并在短短十年间缔造了北部新区学前教育的"神话"。北新实幼不仅以过硬的育人品质树立着市级示范园标杆形象，还积极发挥示范、辐射作用，以宝贵的办园教学经验带动着其他园所的发展，共同描绘姹紫嫣红的教育盛景。多次接待来自国内12个省市以及瑞典、挪威、芬兰的幼教同行参观学习，将学前教育的实践经验与国内外同行朋友交流分享，并成为北京大学教育学院园长研训实践基地和北京教育学院培训基地……北新实幼用明德之光照亮新时代学前教育事业高质量发展之路，向孩子、家长、社会包括自己交了一份满意的答卷，书写着新时代办人民满意教育之最美笑脸诗篇。

"苟日新，日日新，又日新"，这一古训不仅是对创新的启迪，也恰恰与北新实幼所提倡的"向阳花"精神不谋而合。"太阳每天都是新的"，北新人以明明德之内生动力注入向阳花持久日新的力量，成为办好人民满意教育最鲜亮的底色。十年来，北新实幼以教师发展作为推动文化传承创新的中坚力量，通过"培养高尚师德、促进专业成长"的重要途径，构建良好的教师文化，培养教师的专业敬业精神，用"乐群、博闻、智趣"的管理理念铺就教师职业发展幸福路，用"教师专业发展"铸就学前教育的金色家园。在培养高尚师德方面，北新实幼按照"大胆说出来、公开写下来、日常做出来"的思路制订了"师德建设年"计划，一系列演讲会、座谈会、诗歌颂等活动潜移默化地培养着教职员工爱岗敬业的高尚情操，传递着"微笑向暖"的恢弘能量。在促进专业方面，北新实幼以"专"为本保质量，通过发挥骨干教师的引领作用、开展园内"示范＋传帮带"的内生式培训轮岗锻炼，以提升教师的专业水平和综合素养；通过"柔性"流动把适合的人放在合适的岗位上，有针对性地给平台、压担子，实现着"众木成林"的良好愿望。同时，北新实幼实施了"用一份责任写两本家书"的教师管理制度。一本是《幸福册》，教师们在各种大型活动中或是幼儿园发展中的重要时刻，自发写下心里话；另一本是《大事记》，记录着幼儿园发展以及每一位教师和幼儿成长的精彩片段。十年来，北新实幼一直在用心记录、用心书写，一声声真挚的祝福，一句句发自内心的表达，让老师们的笑脸定格在享受职业幸福的过程中。

"芬芳葵园，师道匠心"。十年来，从只有1个园长发展到182人的教师队伍，北新实幼先后培养出全国优秀教师、北京市骨干教师、北京市优秀教师、区学科带头人、区骨干教师等多名优秀人才，还有17名优秀干部肩负海淀学前教育的重任，更有多名教师先后参与了多项教育部、市区级重点研究课题，在市区级各类比赛中荣获特等奖、一等奖等多项荣誉，更有多篇论文公开发表……来自人格魅力的"师爱之心"、来自良师益友的"朋友之心"、来自因材施教的"赏识之心"、来自教学风范的"征服之心"，北新人在提升专业素养的过程中实现着自我价值，也用自己的人格魅力和广博学识赢得了广大学生、家长和同仁的尊重，诠释了真正的师道匠心。

"用明明德成就向阳花日新的笑脸"，这是北新实幼赋予其呵护儿童生命自由成长的关键密码，凝练出明明德的核心价值追求，以弘扬孩子们的光明品德，在灿烂的阳光下日新绽放，以此成就北新人的文化基因与高贵信仰。十年来，北新人通过简单朴素的真爱直抵心灵，让孩子们扣好人生第一粒扣子；用科学办园的品格打开孩子们探索与创造之门，让孩子们与笑脸相伴并获得健康成长；坚定"用心做教育，智慧育团队，专业促发展"的信念为办好人民满意的教育树立光辉榜样，创造出新时代幼教事业的新高度！回首过往，纵有艰辛，硕果满枝；展望未来，不负韶华，砥砺前行。我们相信，在"办好新时代以人民为中心的均衡优质教育"的时代命题引领下，北新人一定会用他们"满腔真爱，一份宽容"的教育箴言，用他们的责任与担当，用他们的热情和激情，用他们的良知和责任，双手扶持千木茂，慈怀灌注万花稠，拨动更多孩子稚嫩的心弦，让每个生命像向阳花日新的笑脸一样绚丽绽放！

播种真爱 花开未来

北京市海淀区北部新区实验幼儿园园长 肖延红

1984年，我从北京幼师毕业，到北京六一幼儿院工作，一干就是二十六年。六一人"一切为革命，一切为孩子"的奉献精神，已经深深地印在我的心里。经过多年努力，我从一名普通教师成长为北京市劳模，这一切都离不开海淀教育这片沃土的培养，离不开"六一精神"的熏陶。2010年，为解决海淀山后幼儿"入园难"的问题，经组织任命，我来到海淀山后，创办北部地区第一所教委举办的公立幼儿园。在海淀区委区政府、海淀区教工委教委的大力支持下，北部新区实验幼儿园从初建发展成一园四址，十一年弹指一挥间，我们实现了让数千个家庭"在家门口就能上好园"的愿望。

回望走过的路，有播种的艰辛与不易，更有满满的收获与幸福。是海淀教育让我理解了"金名片"的使命和意义；是"六一精神"让我懂得了奉献与坚守；是北新团队让我体会了传承与发展。

在此，特别感谢各位领导、专家和教育同仁们，对我们的亲切指导和帮助。下面，我将与大家分享我们的育人故事。

传承革命精神 播种爱的种子

还记得2010年，我刚刚来到海淀山后，当时这里的4个镇有30多万人口，但是却没有一所教委举办的公立幼儿园，"入园难""入园贵"成为压在老百姓心坎上的"石头"。在第一个"学前教育三年行动计划"的推动下，在海淀区委区政府、海淀区教工委教委的大力扶持下，我们克服了重重困难，高效开园，成为百姓口中的建园奇迹。

假如"奇迹"有颜色，那一定是红色。建园伊始，条件十分艰苦，在临时筹建地点，我们先在墙上悬挂了国旗和党旗，并立下誓言：公正无私，不怕困难，团结一致，努力打造山后第一所优质公立幼儿园！这是我们的初心，也是我们的真爱。

正是怀着这份朴素的真爱之心，为了早一天开园，大家冒着酷暑凑来办公设备，"5+2""白加黑"地拼搏奉献，有多少加班的夜晚，就有多少感人的瞬间。记得我们的武老师为了准确地申报预算，冒着似火的骄阳跑遍了京城大大小小的批发店，

常常是彻夜无眠。成老师还在哺乳期，但她从不叫苦，和大家一样没有上下班之分。还有我们的丁老师，那时候赶上家里老人去世，她料理完老人后事，没有片刻休息，就强忍着悲痛赶回来投入新园的建设中。就是这样，大家并肩作战，争分夺秒，坚持高标准和高起点，用实际行动践行着我们的初心与真爱。

记得开园那天，海淀区温泉镇的人大代表——曹嘉诚的爷爷，激动地握着我的手说："我每年的代表提案里都会写上，希望在山后建优质的公立园，让山后的孩子也可以享受到像六一、北海那样的教育，今年终于可以实现了！"朴实的话语，道出了百姓真挚的心声。

我永远忘不了那一天，我们用真爱播下一颗红色的种子，播种在北部新区的这片沃土上，种下老百姓"在家门口上优质园"的希望，同时也播种在了我们心里，成为我们的教育梦想。这颗种子已经深深地扎下了根，并且一直在向阳生长。

文化引领方向 人人向阳生长

如果说真爱是种子，那么文化就是阳光雨露，滋润"万物"向阳生长。

我们坚信，优秀的幼儿园一定要有优秀的文化引领，因为它体现着幼儿园的精神，它能凝聚人心，形成合力，也能熏陶浸染，润物无声，是幼儿成长、教师发展和园所进步的基石。

在 2010 年建园之初，我们首先思考的就是：建什么样的园？培养什么样的儿童？结合时代要求和地域特点，我们以向阳花为文化雏形，用"三部曲"开启了文化育人的创建之旅，即"提出办园宗旨，带着方向建园""打造园所环境，带着文化建园""重视团队建设，带着思考建园"，这也是最初我们对文化育人的实践探索。

开园之后，我们秉承"快速起步、稳定发展"的原则，短时间内便驶向了园所发展的快车道，2013 年被评为北京市一级一类幼儿园，2015 年被评为北京市级示范园。我想这一切都离不开我们对园所文化的不断思考与探索。

被评为示范园之后，为了更好地实现育人的目标，我们以"不忘初心，放眼世界，立足当下，着眼未来"为新的命题，对文化进行了再思考和实践，在全体老师和孩子们的共同参与下，形成了由办园理念、教育愿景、工作园训构成的园所文化体系。

办园理念：笑对笑开花，手拉手成林。我们坚持用微笑灌溉孩子的梦想花蕾，用"大手牵小手"的方式与孩子一同成长。

教育愿景：三年叶花果，一生木林森。"叶、花、果"，彰显了生命的阶段特点与周期性，幼儿园的学习生活是孩子与世界对话的第一步，也是至关重要的一步，如何走好这一步，考验着教育者的智慧。我们必须尊重孩子的成长规律，循序渐进地引领孩子的身心发展。

工作园训：有爱、有趣、有益。这是我们的工作标尺。爱是教育的本质与真谛，"有趣"是让孩子们在一种轻松惬意的环境中，感受游戏的魅力与自然的神奇。"有益"则是要使每个孩子都获得有益的经验、宽阔的视野，从而促进孩子的和谐发展。

在园所文化理念的指引下，我们对管理、环境、教师、课程和家园有了更加清晰的价值共识和思考定位，并在实践探索中不断充盈、完善。

（一）阳光民主的管理文化

一个人可以走得很快，但是一群人才能走得更远。管理是园所文化建设的前提。十一年间，我们从一所园发展为四所，人员队伍越来越庞大，随着新人的不断加入，我也一直在思考什么样的管理才能适合快速发展，才能引领更多的人，使园所产生更强的生命力，向着更远的目标持续发展。

我们以"向阳花"作为精神指引，形成了"向上、向善、向阳"的管理文化。

第一是"向上"的精神文化。我们以党建为引领，以"三个阵地"（文化阵地、宣传阵地、学习阵地）为载体，通过开展政治学习、师德演讲、集体拓展、红色之旅等丰富多彩的群团活动，加强教职工思想政治建设，使之坚定理想信念，实现感恩、向上。

第二是"向善"的行为文化。行为文化体现着价值观的引领，建园之初我们就设立了两本家书的善行文化，一本是《幸福册》，教师们在各种大型活动中或是幼儿园发展中的重要时刻，自发写下友善、互助、鼓励的心里话；另一本是《大事记》，记录着为幼儿园发展做出贡献的每一位教师的实践行动。十一年来，我们一直在用心记录用心书写，一声声真挚的祝福，一句句发自内心的表达，将老师们的职业幸福定格，让真爱在我们的幼儿园里洋溢，每个人都绽放向阳花般的笑脸。

第三是"向阳"的制度文化。我园教师平均年龄 28 岁，是一个有激情、有干劲的团队，我们通过班子会、教代会、班务会等例会制度的实施，采用双向互动管理，鼓励他们为幼儿园发展建言献策，努力让教师成为园所制度的设计者、园所建设的推动者、园所管理的主人公。通过"双公开""双报告""双测评"工作加强民主监督，将《内控管理制度》《三会一课制度》《党组织议事决策制度》等落到实处，实现开放、透明，使阳光制度既温暖又公正。

（二）绿色温馨的环境文化

环境是园所文化建设的载体，幼儿园的环境在空间上既要满足幼儿充分的活动面积，还要呈现温馨、舒适的适宜幼儿成长的真实生活场景。如何真正实现环境育人的教育价值，我们充分挖掘每一处教育空间，形成了"绿色温馨"的环境文化。

从整体空间布局来说，我们因地制宜，精巧设计，在自由和开放的空间中体现"家"的感觉。幼儿园每一处角落，都能带给你温暖与和谐。从幼儿园的大门开始，环境文化就已经在潜移默化地影响着每一个人。"铁艺大门"的设计是我们四所园一直延续的，它以"钟表"和"方向标"为原型，寓意着人生要有方向，做事要珍惜时间。班级环保墙的打造，是孩子"日行一善"的小天地，也体现着我们所提倡的环保教育理念：要为儿童创造机会，让孩子在生活中感受环境保护的作用和价值，从而激发他们关爱地球、做环保小卫士的行动。同时，我们在种植园地旁边巧妙地打造了"绿色环保妙妙屋"，孩子们将厨余垃圾收集起来，投放到先进的生活垃圾处理系统中，将制作出来的环保肥料用于自己的小农场，感受环保行为与自然生命的和谐。

在公共空间的利用上，我们更加关注孩子与环境的互动性和参与性。例如，在我们的公共阅读区，丰富多样的图书满足了孩子们自由选择的需要，他们在恬静、惬意的环境中享受阅读的乐趣。还有孩子最喜欢的生活馆，那些大胆有创意的想法都可以在这里动手实现。在公共走廊上，还设有孩子们感兴趣的棋区、乐高区和公共自然角，他们的专注力和创造力在同伴游戏中逐渐提高。而楼道两侧记录着孩子成长的重要时刻，每当他们走过都会驻足观看，寻找自己和伙伴的身影，与家长、老师分享那一刻的喜悦与进步。

很多前来参观的老师都会说：“虽然路途遥远，但是不虚此行，这里的环境能让人静下心来，享受教育的温暖，感受心灵的思考。”

（三）德能并重的教师文化

教师是园所文化建设的关键，只有德能并重，才能播种未来。为此我们通过“培养高尚师德、促进专业成长”两个途径构建良好的教师文化。

一是鼓励老师做有爱有德的“善良人”。我们每年都会在建园周年纪念日开展师德主题活动，十余年来从未间断，并形成了“师德系列文化年”。我们按照“大胆说出来、公开写下来、日常做出来”的思路，制订详细的活动计划，通过演讲会、座谈会、诗歌颂等活动诠释我们对爱趣益文化的思考，让真爱落实在每一日的工作中。

疫情期间，老师和孩子们长达八个月没有见面，只能通过每周的视频会传达彼此的惦念与牵挂。对于毕业班孩子来说，更是充满遗憾。为了弥补这个缺憾，老师们决定为孩子每人制作一本“幸福成长册”，这里面包含了孩子三年成长的点滴重要时刻。为了呈现最好的效果，老师们对每一个孩子三年的幼儿园生活照片进行了无数次的筛选，家中的沙发、桌子、床面铺满了照片，在上千张照片中亲手写下祝福与回忆。因为疫情孩子不能来园，于是我们的老师成了“快递员”，亲自挨家挨户送到每一个孩子小区门口，虽然疫情阻断了拥抱的距离，但是阻不断老师的牵挂与爱，看到孩子拿到礼物的那份开心与幸福，老师们觉得再辛苦都值得。

二是鼓励老师做有思有专的“精良兵”。要实现真正意义上的高质量，老师们的专业信念和扎实的业务能力是非常重要的。在教师队伍的培育过程中，我们非常注重"柔性"流动，因为把适合的人放在合适的岗位上，才能发挥更大的价值。当然，这需要完善评定机制，我们通过岗位工作意向调查、各类"专业"基本功展示评价、工作质量评价等综合性评价活动，发现每个人的专长，有针对性地给机会、压担子，打造"精良"尖兵。此外，我还特别注重课题研究。在真实的参与过程中引导老师们做"有灵魂""有儿童""有发展"的研究。通过开设"心灵假日"和"思想驿站"帮助年轻的老师们解决工学矛盾，培养研究的毅力；通过构建"1+1+4+N"的学习共同体，由园长牵头，以研修负责人为中转站，汇聚四所园的力量，让老师们在争鸣中思考，在质疑中研究；挖掘干部的智慧，推动教研能力的提升，通过"资源共享库""优秀传帮带"的方式，不断培养教师的专业成长，实现成果转化，更好地服务教育实践。

十余年来，我们从1个园长发展为今天200余人的教职工队伍，形成了市骨干、区骨干、园骨干层次分明的雁阵规模，收获了北京市"辛勤育苗"先进集体、海淀区三八红旗集体、"推进学前教育三年行动计划"先进集体等多项荣誉称号；并作为北京市优秀示范幼儿园多次接待市区内外各级幼儿园参观交流，接受深圳、山西、秦皇岛等地园长挂职锻炼培训。2019年，我们的张凡老师作为优秀教师代表在全国首届学前教育创新大会上做主题发言，我们的团队在全区数百所学校中脱颖而出，作为唯一一所幼儿园荣获海淀区先进党组织称号，更多次在国家级、市级和区级各类活动及评比中荣获特等奖、一等奖，在提升专业素养的过程中实现自我价值。

（四）儿童为本的课程文化

幼儿的学习就是幼儿通过自己特有的方式与周围环境互动的过程。我们在幼儿园课程建设中，始终坚持幼儿为本的教育理念，以为幼儿后继学习和终身发展奠定良好基础为目标，以促进幼儿德、智、体、美、劳各方面协调发展为核心，尊重幼儿的年龄特点和学习方式，以游戏为基本活动。苏格拉底曾说："教育不是灌输而是点燃，一万次的灌输，不如一次真正的唤醒。"我们坚信，好的教育就是在孩子的心田播撒向上的种子、培育向善的品格、收获向阳的果实。

教育必须为社会主义现代化建设服务、为人民服务，我们始终牢记立德树人的根本任务，将为党育人、为国育才的使命化作有爱、有趣、有益的活动。每周一庄严的升旗活动、国庆节的庆祝活动，建党节的"英雄故事会"，阅读日的"红色阅读节"，

让孩子们从小接受红色教育，在孩子们的心田播种红色的种子。

每个孩子来到幼儿园，心里都装着一个等待点燃的火把，为了点燃它们，幼儿园以文化为根，以促进幼儿全面发展为核心，积极探索符合幼儿学习方式的课程体系，构建了包括常规课程、生活课程、开放课程、综合课程和特色课程在内的五大葵花课程体系，为幼儿提供有爱、有趣、有益的文化滋养，在幼儿心灵深处播种、耕耘。

记得有一次，佳佳小朋友连续好几天都是在家吃了早饭才入园，我问他："为什么不来幼儿园吃早饭了？"孩子说："因为我不喜欢光盘行动。"孩子的一句话，引起了老师们的思考：让孩子们明白粮食的来之不易，不能光靠说教。于是，老师和孩子们一同开启了关于粮食主题的探索活动。参观首都博物馆、粮票故事采访、粮食种植活动、粮食储存大探秘、粮食加工体验馆等一系列的活动，让孩子们在直接感知、亲身体验、实际操作中理解了粮食的来之不易，他们自发倡议全园的小朋友要爱惜粮食，践行光盘。

这样的案例还有很多，老师们用自己的教育智慧，抓住一个个教育契机，润物细无声地滋润幼儿，尊重和保护孩子们的好奇心和学习兴趣，帮助孩子们逐步养成积极主动、认真专注、不怕困难、敢于探究和尝试、乐于想象和创造的良好学习品质，为幼儿终身学习奠基。

（五）尊重参与的家园文化

一所优质园必定要获得家长的认可与满意，因此，家园文化是园所文化建设的标准。为了让家长积极、有效参与，在构建家园文化的过程中，我们尝试了"给予尊重—引导参与—收获信任"的三步走策略。我们相信，当我们给予孩子全部的爱，当一个个北新宝宝在这里收获最快乐的童年生活时，家长朋友们一定会愿意为北新教育点赞。

1. 尊重的态度

尊重是成功沟通的前提。我们首先从尊重家长对教育内容的知情权入手，建立了幼儿园网络平台和官方微信平台，以丰富的影像资料帮助家长了解幼儿的一日生活。我们尊重家长对孩子独一无二的爱，于是为每一个幼儿捕捉最精彩的活动瞬间，给每一个幼儿充分参与活动的机会。从某种程度上说，尊重是一种润物细无声的漫长过程，但当它发生应有的效用时，我们会收到毫无保留的认可与合作。

2. 参与的机会

参与是家园合作最好的印证。为了提高家长参与的有效性，我们开展了家长开放日、家长助教、家长故事团、家长微课堂等丰富的活动，邀请家长代表参与课程开发，设置"家长意见箱"听取家长对幼儿园发展的意见建议，让家长有机会走进幼儿园，走进班级，走进幼儿真实的一日生活，通过全方位的参与和了解，增强家园共育合力。

进入疫情常态化防控以来，我们及时调整了家园共育的模式，通过每周线上视频，以每天微短片的形式让家长了解、参与孩子的幼儿园生活。在早晚来园离园环节，我们对错峰流程更加严格和细致，这也为家长提供了参与的机会，很多家长都自告奋勇要做志愿者，同老师们一起值岗。中班的一位爸爸连续好几天都出现在门口，后来我们才知道，因为冬天天气恶劣，早晚都很冷，他主动提出要多值几班，想让女同志们少值一会。通过值岗参与，很多家长都表达："站了一次岗，我就体会到老师们平时太不容易了，虽然就半小时，但是无论春夏秋冬，刮风下雨，每天都这样坚持，和275个孩子一一弯下腰打招呼，你们在平凡中坚守，真的很辛苦！"真诚的话语，特别的经历，拉近了家园的距离，也让家长更加信任和支持我们的工作。

3. 信任的回应

教育渴望回应，而孩子的发展、家长的信任便是对我们最好的回应，更是我们从事幼教职业所享受的幸福。在北新教育的润泽下，北新宝宝们茁壮成长，北新家长们也更加认可我们的工作。他们更愿意积极地参与，为了支持幼儿园的各项大事小情，他们更愿意主动地献计献策，更愿意付出真诚。作为管理者，我感谢这样一种家长文化的形成，它会给北新的发展增添新的动力，也会让每一位北新老师更加自信地追求更高品质的教育。

展望花开 未来绽放 各美其美

当了十余年的园长，我也一直在不断思考，什么样的教育才是优质教育？ 回顾十余年来幼儿园的发展，历数从事幼教三十七年的点点滴滴，我认为最好的教育就是：尊重规律、以人为本、花开未来、各美其美。

（一）一园四址·各美其美

"一花独放不是春，百花齐放春满园。"随着学前教育的不断发展，北新实幼的办园规模不断扩大，我们必须在不断的积累与沉淀中找准自己的优势所在，无论我们建几所园，都要以人为本，打好文化底色，抓牢教育质量，以园所特色为载体，着眼于各美其美的多元发展，呈现"百花齐放"的美丽景致。我们现有四所园，其中北辰园坚持"以环保为本，育金色未来"的绿色育儿之路；凯盛园通过多种途径打造书香校园，努力追求"让阅读像呼吸一样自然"的目标；苏家坨园以"在社会交往中遇见最美童年"为载体，努力让幼儿成为健康活泼、好奇探究、勇敢自信的自己；天阅园则通过把科学种子播到孩子心中，努力在学前阶段培养孩子的探究精神，服务孩子的全面发展。一校一品，一园一特色，我们尊重教育本真规律，探索适宜的发展轨迹，也在多元发展的交响曲中感受着各美其美的育人幸福。

（二）展望花开·各美其美

幼儿的发展是一个持续、渐进的过程，同时也表现出一定的阶段性特征。在沿着相似进程发展的过程中，每个幼儿的发展速度和到达某一水平的时间不完全相同。要充分理解和尊重幼儿发展进程中的个别差异，支持和引导他们从原有水平向更高水平发展。为此，我们致力于让在北新的每一个孩子，都能找到自己的闪光点，都能绽放光芒。今年教育部"双减"政策的落地，更加让我们深刻地感受到尊重每个儿童的不同才是硬道理。我们都要有"把儿童放在教育正中央""教育服务儿童发展"的意识，每一个孩子都是一个鲜活的、有能力的、独特的生命个体，对于他们而言，适宜的才是最好的。叶圣陶先生曾说："教育是农业而不是工业。"工业和农业最大的不同在于，工业可以是快节奏的，而农业则必须按时令操作。因此，我们的播种绝不是"拔苗助长"式的催化教育，只有尊重每一个生命的生长规律，才能实现向阳生长；只有掌握了爱的艺术，才会浇灌出绚烂的向阳之花。在经历了"一个人的美术展""最炫的街舞小教练""科学区里的小博士""了不起的钢琴王子"等实践后，我们惊喜地发现了"静待花开"的时刻，更感受到了各美其美的育人魅力。

（三）以人为本·各美其美

教师决定了幼儿园的教育质量，他们是幼儿园的中坚力量，是幼儿园文化的传播者，是幼儿园教育理念的践行者，他们的意识形态、教育理念、行为方式、言谈举止都是教育的一部分。为此，幼儿园在管理上坚持以人为本，努力发现每一位教职员工的闪光点，以政治学习、岗位竞聘、专业技能大赛、党政工团团建活动为抓手，重视思想建设，为每一位教职员工搭建舞台，营造了向上、向善、向阳的北新氛围。十年的播种，北新实幼赓续红色基因，风雨兼程，实现了向阳生长；十年的耕耘，变化的是年轮，不变的是初心和使命……在不断地积累和探索中，我们播种并奉献于我们最热爱的幼教事业，献给了海淀山后这片沃土，当然也收获了无数个宝贵的"幸福记忆"。

"播种真爱，花开未来"，是我们心中对自己所从事的幼教事业的美好期许，也是督促自身不断与时俱进的源泉动力，更是我们心中永远不变的初心和"一号命题"。今天的孩子，就是明天的建设者。面对新时代学前教育的发展，我们每一位学前教育工作者，都要承担起这份沉甸甸的责任和使命，为新时代中国特色社会主义事业培养建设者和接班人。站在新的起点上，北新人一定会不忘初心、牢记使命，播种真爱，为幼儿收获一个美好的未来而勤耕不辍！

积极办好新时代人民满意的学前教育

北京市海淀区委教育工作委员会原书记 尹丽君

海淀区首场幼儿园园长办学研讨会，意义非凡，影响深远。那么，我们为什么要走进北部新区实验幼儿园呢？

首先，肖延红园长是从一位年轻的劳模教师成长起来的优秀园长。肖园长在北京六一幼儿院工作了二十六年，从一名懵懂青涩的幼师毕业生成长为一名优秀的骨干教师，后来担任北京六一幼儿院的副院长。"延安精神、红色基因"深深烙印在肖园长的内心深处，"一切为了孩子"的革命精神让她坚定了"将自己的青春全部奉献给幼儿教育事业"的教育信仰。在办园过程中，无数个操劳的日夜，肖园长舍弃与家人团聚的美好时刻，饱受腰椎间盘突出的钻心疼痛，依然坚持用笑脸和温暖给予教师鼓励与关爱……正是这些闪光的品质，使她赢得了人们的敬佩和尊重，也无愧于"北京市劳动模范"这份殊荣。

2010 年，接受组织任命，肖园长来到北部新区筹建新园。面临人员不足、经验有限、时间紧张等诸多困难，她带领着团队风雨兼程，夜以继日，实现了高效率、高起点办园，做到了建园有方向、办园有思想、塑园有灵魂。坚持"文化立园、特色兴园、人才强园"的管理思路，凝练了"笑对笑开花，手拉手成林"的葵花森林文化理念，形成了"科技引领，绿色环保"的办园特色，打造了一支"懂得尊重、善于接纳"的人才队伍，形成了一园四址的办园格局，赢得了家长的高度认可与支持，创造了北部新区教育的"奇迹"。

第二，肖延红园长是一位专家型的幼儿园园长。三十七年的幼教生涯，肖园长在学前教育的专业之路上一步一个脚印，积累了大量的研究成果和实践智慧。在她的带领下，北部新区实验幼儿园在教科研领域取得了丰硕的成果，成为海淀区学前教育发展中的中坚力量。

来到北部新区实验幼儿园，我想大家都感受到了这是一个以儿童为中心的乐园，处处充满了童真、童趣，孩子们都洋溢着向阳花一般的笑脸。秉承"一日生活皆游戏""一日生活皆课程"的幼儿教育理念，幼儿园构建了由常规课程、生活课程、开放课程、综合课程和特色课程组成的"五位一体"课程体系。在"有爱、有趣、有益"的教研文化下，肖园长带领老师们坚持做"有灵魂""有儿童""有发展"的研究，始终站在儿童的视角发现问题、解决问题，强调研究成果在实践中的转化和运用，真正形成了"播种·生长"的新样态。

第三，肖延红园长是我们海淀教育工作者的优秀代表。肖园长生于海淀区温泉镇，是海淀培养出来的优秀儿女，现在又回到北部服务于地区的教育发展。应该说，肖园长在做事业的同时是饱含一种乡土情感的。开园仅六个月，北部新区实验幼儿园就代表海淀区教委承办了北京市解决"入园难"问题现场会，办园经验得到了与会各区县同仁的认可，为同行树立了榜样、为海淀区争得了荣誉。幼儿园在2013年被评为北京市一级一类幼儿园，2015年被评为海淀区示范园、北京市早教基地、北京市示范园，现已成为海淀北部新区百姓心中向往的优质幼儿园。

学前教育是基础教育的基础，我们要继续坚定初心、砥砺奋进，贯彻党的教育方针，落实民生工程，积极办好新时代人民满意的学前教育。在此也希望北部新区实验幼儿园能够紧紧抓住海淀北部新区发展的机遇，以中关村科学城建设为契机，开启新的时代征程，擦亮海淀教育的"金名片"。

为首都学前教育高质量发展提供有力支撑

北京市教委学前处处长 郭春彦

祝贺北部新区实验幼儿园教育家办学实践研讨会顺利召开！这是海淀区学前教育的一件大事，也是北京市学前教育的一件大事！海淀区委教工委教委举办这样一次实践研讨会，总结梳理一位优秀的幼儿园管理者，一所幼儿园从无到有再到一园四址的发展历程和发展经验，对干部教师、幼师的成长，幼儿园管理有积极的借鉴作用，特别值得我们积极梳理，深入研究。下面我谈几点感受，与大家共勉。

第一，肖园长的成长体现了优秀幼儿园的中层管理者需要具备一定品质和教育专业性，教育专业性需要扎根一线的经验，需要深耕教育实践。从1984年到2000年，这16年间，肖园长其实一直在教育一线带班，她有扎实丰富的师生互动经验。对幼儿的发展、教师的成长乃至园所的运行，她有全方位细致的了解，这个是办好一所幼儿园的基础。

第二，要有教育的思想，教育的思想就是对教育实践的思考，并且将教育积极思考付诸实践形成对教育行为理论化的规则的一个概括。肖园长在教学一线耕耘了16年，先后担任班组长、保教主任、副院长、园长，这每个阶段的领悟对她来说，都是对教育的思考和提炼。她精于业务，勤于思考，敢于面对挑战，形成了自己独特的办园理念、办学理念和管理理念。

第三，要有对教育事业的情怀。肖园长是我们首都学前教育的优秀代表，几十年来，一心一意就干了一件事儿——学前教育。几十年来，踏踏实实，满怀对教育事业的爱、对幼儿的爱，无私奉献，成就了千百个幼儿和老师的成长。

北部新区实验幼儿园的发展，是我们新时期首都学前教育发展的一个典型代表。从2010年开始，随着社会经济的快速发展和外来人口大量进入北京，叠加北京生育高峰，北京市进入了入园的高峰，北京市也将增加教育学位作为重要的民生项目。同时，按照国家的要求，我们连续实施了三个学前教育行动计划，扩学位，增普惠，强管理，提质量。十年间，北京市增加了30多万个学位，"入园难"问题得到了解决，普惠率达到了87%。

十余年来，北部新区实验幼儿园攻坚克难，品牌创新园，从一砖一瓦开始，白手起家，创办北部新区第一所公办幼儿园，体现了我们北新实幼所有教职工的政治责任和党性担当。十余年来，肖园长和她的团队关注解民生、扩资源、优辐射，由一所园发展成一园四址，让更多的老百姓受益。我们还了解到，海淀区十年来，启动了多项教师的培养工程，造就了一批像肖园长这样的优秀管理者，对学前学位扩增了5万多个，占了北京市十年间扩增学位的六分之一，这是非常难得一件事，也深刻体现了海淀的学前教育工作者、区教工委和区教委的努力。

进入新时代，我们将进一步推动首都学前教育迈向高质量发展的新阶段，海淀区对新区的打造，也给我们提供了典型样本。我们也希望海淀区继续贯彻落实办好人民满意的教育，推动更多的教育家在办学方面进一步完善机制，扩大优质教育资源，涌现出更多的好老师、好园长，让越来越多的老百姓享受优质的学前教育，让我们更好地为党育人、为国育才，为培养德、智、体、美、劳全面发展的社会主义建设者和接班人做出更大的贡献。

厚积薄发 用心播种

北京教育科学研究院早期教育研究所所长 苏 婧

在国家、党和政府对学前教育愈发重视的大背景下，北部新区实验幼儿园的成长和发展得到了北京市及海淀区行政、教研部门的支持指导和关怀引领。走进北新实幼，我非常感慨，肖延红园长此次的办园研讨会，是提升园所内涵质量、提升教师专业化水平、聚焦学前教育质量精准发力的一项重大举措，释放出鼓励倡导专业办园、专家型园长办园、教育家办学实践路径的重要信号，这是一个非常值得称道的方向。通过近几年与幼儿园的接触，我们感觉到了厚积薄发，此次研讨会也体现了海淀整个区域学前教育蒸蒸日上的局面，体现了用心播种、向阳生长的学前人的整体风貌。我在想，像肖延红这样的一个专家型、专业型的园长，她的成长历程是怎样的？到底是哪些关键事件和基本素质铸就了这样一个专家型的优秀园长？我在思考，是由于北京六一幼儿院传统理念的熏陶，是肖园长个人的成长经历积淀，还是肖园长个人可贵的、坚韧的品质？在今天办高质量学前教育的大背景下，这样一个过程到底可不可以复制？我大概总结了以下几个要点：

第一点："三朴三实"。"三朴"：朴素、朴实和质朴。"三实"：扎实、真实和充实。我觉得这"三朴三实"体现了肖园长的特点，北新实幼的办园理念也正如园长的风格。"笑对笑开花，手拉手成林"生动而深刻地体现出了关系在教育中的重要作用，它凸显了教育的本质是关系。从中，我们能感受到一种大手拉小手、小手拉大手关系的重要性。我们要处理好管理者和教师、教师和教师、教师和幼儿、幼儿和幼儿、园所和家长以及社区的关系。由此，北新实幼教育理念"三年叶花果，一生木林森"，将幼儿园为人一生的可持续性发展奠定坚实的基础凸显出来；幼儿园工作园训"有爱、有益、有趣"，非常朴实，言简意赅。

第二点：北新实幼不断扩充学位，在处理好规模和质量的关系方面做出了很大的努力和贡献。不仅在筹备55天之后就高效开园，成为老百姓口中的建园奇迹，还在十年间打造一园四址，让优质教育资源辐射周边，办成了老百姓满意的高质量幼儿园，这些都是非常值得其他分析和探讨的地方。

第三点：北新实幼非常重视园所文化的打造——阳光民主的管理文化、绿色温馨的环境文化、德专并举的教师文化、儿童为本的课程文化和尊重参与的家园文化，这一系列的文化对于关系和儿童为本的论述是一个完整的体系，各个要素之间是相互呼应的。这也是非常值得我们园长借鉴的地方。

第四点：园长一定要有系统思维。为什么要办这所幼儿园，什么是优质的幼儿园，是每一位园长都需要"静思"的。园长更需要做行动的思想者，幼儿园不需要做高大上的研究，只要结合实际并解决实际问题，做坚实的行动者就可以。

德国作家赫尔曼·黑塞在《德米安》中写道："对每个人而言，真正的职责只有一个：找到自我。在那之中尽情生活，全心全意，不受动摇地生活。"那么我想对于园长而言，对于我们的团队来说，真正的职责也就只有一个：找到与儿童的连接点，找到与教师的连接点，找到与事业的连接点，在那之中尽情工作，全心全意，不受动摇地促进儿童的发展，成就教师的发展，成就事业的发展。

"六一精神"在这里弘扬

北京市六一幼儿院原院长　刘 燕

每每来到北新，我都会回想起曾经与肖园长一起奋斗的时光。从我 1998 年到北京六一幼儿院工作到今天，我们一起共事了十二年，最深的感受主要有三个方面。

踏实肯干，甘于奉献。北京六一幼儿院从建园起就是寄宿制幼儿园，孩子在园的每一天都需要更多一些的呵护与照顾。那时候肖园长虽然很年轻，我们都叫她小肖，但是她忙碌起来却一点不含糊，从来不怕吃苦。无论有任何大事小情，她都会想在前、做在前，在老师们心中有着很高的威望，是深受大家爱戴和尊敬的业务干部。除了日常工作，我们还非常重视社区早教工作，但是这一项工作都要靠周末去完成，无论是深入社区家访，还是开展早教工作宣教，她都是奉献在前，没有任何怨言。

潜心研究，专业有为。作为幼儿园的管理者，我非常重视师资队伍建设，尤其是教师的科研能力和科研素养。记得我刚到六一的时候，小肖已经在六一工作十几年了，在专业上，她非常努力上进，潜心研究，参加过中央教科所史慧中先生和北师大庞丽娟教授的课题研究，并且是核心组成员。正是因为这段宝贵的经历，她在后来的工作中更加独当一面，也经常给我提供很多关于队伍培养的合理化建议。就这样，我们共同配合，带领着老师们夯实日常保教工作基础，同时钻研课题研究，逐步走向更加专业的发展。

心怀责任，勇于担当。还记得 2000 年，小肖担任了北京六一幼儿院副院长职务。让我至今记忆犹新的是，无论什么事，她都能井井有条、高质量、高标准地完成好。六一的园所非常大，人员多，事情多，家园工作任务也比较重，需要逐年培养的年轻老师也越来越多，工作中难免会出现纰漏与闪失，但不管是不是自己的问题，小肖都能主动担当，高度负责，经常加班加点，带领干部不断提升。

2010 年，海淀区迎来了第一个学前教育三年行动计划，为了解决"入园难"问题，海淀区政府、海淀教育两委要在北部办公立幼儿园，并物色有能力的管理者。当我得知她要到北部新区实验幼儿园任园长工作时，由衷为她感到高兴。出于对她的关心，当时也跟她交流过，我清楚地记得当时问了她一个问题："新建园工作不是简单的事，一定会面临一些辛苦与挑战，你的身体不太好，到北部上班又比较远，你做好准备了吗？"当时她的回答让我至今回想起来都非常感动，她说："我知道建新园一定会非常苦、非常累，但是组织的安排不仅是一种信任，更是一种责任，我是咱们六一的第一位劳模，应该在最关键的时候担起这份责任，将'六一精神'带到北部，更好地传承，有您和六一做后盾，没什么可怕的。"看到她当时的信心，我就知道，将来她一定会做出一番成绩。

今天来到北部新区实验幼儿园，我内心既有感动又有感慨。感动的是这个团队内涵丰富的文化、这里的每一个人传递出来的精气神，还有在孩子身上感受到的幸福和阳光，这就是教育应该有的样子，幼儿园应该有的样子；感慨的是小肖十余年的初心与坚守，没想到看起来柔弱的她有着巨大的能量，能办好山后的优质教育。正如她当初说的，要把"六一精神"在北部更好地发扬，她真的做到了，而且有了更深的思考和更加创新的传承。在未来的发展中，我相信她会带领自己的团队，继续创造更多新的奇迹，为海淀教育贡献更多的智慧和力量，也祝愿北部新区实验幼儿园越来越好！

/ 后记 /

因为有你

当我打开眼前这本还散发着油墨气息的新书时，眼前仿佛又展开了一幅画卷，过去的情景历历在目，每一张面容跃然纸上，让我满怀感激并深感幸运。感恩自己遇到的每一位师长、每一位同事，庆幸自己一毕业就进入六一幼儿院，在那里成长、成熟，后来又被组织委以重任，在北部新区开拓出一片学前教育的新天地。回首过去，从 2010 年到现在，北部新区实验幼儿园已走过了十余年，从零开始到一园四址，从海淀山后的学前教育空白到北京市一级一类示范园，我们走过了一段艰辛而又光辉的发展历程，而这一切，是因为有你……

我要感谢所有走进和走出北新实幼的孩子！因为有你们，才有了我们。"把最好的献给你"是我们的初心和动力，而你们灿烂的笑脸也是我们最温暖的慰藉和陪伴。

我要感谢所有的家长！是你们的理解和肯定，甚至身体力行的支持和帮助给予了我们莫大的鼓励，因为有你们，我们感受到教育的路上不是孤军奋战。

我要感谢我园所有的教职工！每一位优秀的园长、校长背后，都有一个优秀的团队。你们是我这一路上最亲密的伙伴，也是我面对困难时最坚定的战友！所有的荣誉属于北新实幼这个团队，因为有你们，才有了这本书里所展现的那一个个感人的故事、一段段动人的插曲，才有了今天的北部新区实验幼儿园！

我要感谢所有支持和帮助过北部新区实验幼儿园发展的上级领导和各界朋友！因为你们的一个个支持、一次次援手，让我们在艰苦创业的道路上内心不恐惧、不孤单，并且总能柳暗花明！你们的星星之火汇聚成我们前行中最温暖的力量！

我更要感谢我们这个伟大的时代、我们的党和祖国！是时代给了我们机会，是党和国家赋予了我们使命！就在这短短的十余年里，和无数像我们一样的开创者一样，不只是公办学前教育从无到有，从有到优，昔日的海淀山后农村也已成为高科技企业云集、发展潜力无限的海淀北部新区！

在此，我还要特别感谢参与本书写作和供稿的老师们：曹明正、葛富清、刘少杰、庞红梅、张珍珍、王月颖、周晓娇、任静、丁一、李蒙、陈洁、张磊、沈敏、秦韵、邓亚娟、丁建兰、杜文娟、张凡、韩暄、高丽、赵更辉、刘建平、张颖初、李楠、刘锦、张蕾蕾、梁晶、岳天行、赵爽、徐冰、赵雅芹等。

同时也要感谢对本书的编写给予支持和帮助的海淀区教育党校、轻舟教育和出版社的领导、老师和编辑们，因为有你们，才有了这本书的付梓发行。

感谢所有的过往和经历，感恩所有遇到的人们！

未来，我们将继续坚守初心，风雨兼程，"把最好的献给你"，努力去实现我们心中最美好的教育愿景："三年叶花果，一生木林森"！

2021 年 5 月